KB205363

기독교
고전교육을
말하다

Repairing the Ruins

The Classical & Christian Challenge to Modern Education

기독교 고전교육으로 모색하는 **현대 교육의 회복**

기독교 고전 교육을 말하다

더글라스 윌슨 엮음 · 임종원 옮김

꿈을 이루는 사람들

다음 세대를 가르치는 교사와 학교, 부모들의 멘토 같은 책

이경원 교장_서울국제크리스천아카데미

《기독교 고전교육을 말하다》는 고전교육을 시행하고 있는 서울국제크리스천아카데미Seoul International Christian Academy, SICA에게 멘토가 되어준 책 중 하나입니다. 이 책은 기독교 학교의 본질이, 학교 안에서의 모든 선택과 결정이 하나님 존재와 본성, 속성과 매우 깊게 관련되는 것이라고 이야기합니다. 즉, 커리큘럼이나 교사 선택, 프로그램 등 학교의 모든 교육 과정은 하나님과 분리될 수 없고, 그분이 말씀하신 문화명령의 요구 사항들과도 분리될 수 없다는 것이지요.

SICA를 시작하기 전, 기독교 고전교육 학교를 꿈꾸던 저는 기독교 고전학교 연합Association of Classical Christian Schools, ACCS 컨퍼런스와 소속 학교들의 교사 세미나에 여러 번 참석했습니다. 이 책은 아이다호 로고스학교 교사들이 학교를 설립하거나 오랫동안 학생들을 가르치며 얻은, 기독교 교육의 본질과 고전교육의 핵심을 정리한 보물 같은 내용으로 가득합니다. 또한 공교육뿐 아니라, 하나님의 원래 계획에서 벗어난 기독교 교육의 문제까지 성경을 중심으로 파헤쳐 그 해결점을 정확히 짚어냈습니다.

막상 학교를 시작해 보니 이 책의 내용이 매우 구체적이고 실질적인 동시에 매우 탁월하다는 사실을 실감하게 되었습니다. 성경이 우리의 기준이라는 데 잠정적으로 동의하면서도, 어떻게 커리큘럼과 연결하고 어떤 자료를 사용할지, 어떻게 교사를 찾고 훈련할지 성경적 논리로 명확하게 설명하는 책은 많지 않습니다. 하지만 이 책은 그에 관해 매우 정확하게 언급하고 있습니다. 예를 들어, 부모나 교사들은 학생들에게 어떻게 사고하도록 가르칠지 깊이 고민합니다. 논술학원이나 철학 수업에서 하는 이야기에 귀 기울여 배우기도 합니다. 그러나 어디에서도 사고의 본질이 무엇이며 논리적 사고가 어떻게 가능한지, 사고의 연결과 확대가 어떤 과정을 통해 일어나는지 설명하지 않습니다. 그저 생각하고 결론을 내고 모순을 발견하는 것이 사고의 본질인 것 같습니다.

그런데 바로 이 책에 사고의 본질을 꿰뚫는 기독교적 기준과 설명이 담겨 있습니다. 어떤 내용에서 논리적 모순을 찾았다면, 그 모순의 진위를 가를 기준이 있습니까? 있다면 무엇입니까? 이 같은 질문에 기독 교사들은 답할 수 있습니까? 부모들은 이 질문의 답을 알고 있습니까? 그 답은 어떤 방식으로 설명해야 할까요?

이 책은 총 세 개의 '부'Part로 구성되어 있습니다.

'성경적 세계관'을 주제로 하는 1부는 복음을 교육의 핵심으로 삼는 것에 관한 실제적 조언과, 그 적용 사례로 성경적 수학 교육을 소개합니다.

'고전 지성'을 다룬 2부에서는 성경적 근거를 들어 언어와 문학, 역사 수업에 필요한 사고의 본질을 살피며, 논리와 변증의 근거와 목적과 방법을 연결합니다. 또한 우리 교육을 혼돈과 혼란으로 몰아넣는 평등주의를 경고하고 단계별 고전교육 접근법을 설명하며, 정확한 해결책을 제시합니다. 이렇게 각 과목과의 연계를 통해 우리는 기독교가 지적이며, 기독교 교육이 지향하는 학문이 하나님의 속성인 지성과 맞닿아 있음을 알 수 있습니다. 그리고 한 걸음 더 나아가 일맥상통하는 논리로 기독교 교육을 비이성적이고 비논리적인 것으로 여기는 세상 학문계에 변증을 펼치게 될 것입니다.

'적용편'이라 할 수 있는 마지막 3부는 학교에서의 실제 교육 과정과 정관 정책, 학교 설립 과정을 구체적으로 다루고 있습니다.

우리나라에도 건강한 기독교 고전교육 학교들이 세워지기를 꿈꾸며 이 책을 추천합니다. 물론 일반 기독교 대안학교에 필요한 성경적 기초를 놓는 데도 이 책은 큰 도움이 될 것입니다. 이미 우리 교육 환경 가운데 들어와 있는 세속주의와 인본주의의 영향에서 벗어나는 건 쉽지 않은 일입니다. 하지만 모든 구원의 역사에 관여하시는 성령님이 교육 문제에서도 우리에게 승리를 주시리라 믿습니다. 하나님이 주신 책임을 회피하지 않고, 이 시대를 분별하며 성결함으로 다음 세대를 교육하는 학교와 교사, 학부모 모두를 축복하고 격려합니다.

진정한 기독교 교육의 모델과
적용점을 제시합니다

신병준 교장_소명중고등학교

공립학교에서의 5년, 미션스쿨에서의 21년, 그리고 기독교 학교를
설립하며 보낸 5년 동안, 저는 끊임없이 고민해야 했습니다.

"어떻게 해야 하나님이 기뻐하시는 교육을 할 수 있을까?"

사범대학을 다니며 선교단체에서 훈련받은 저는, '성경적 관점에
서의 교육'을 실천하기 위해 최선을 다해 선한 싸움을 해왔습니다.
그리고 그 과정에서 마땅히 해야 할 구체적인 질문들과 마주할 수 있
었지요.

첫 번째 질문은 이것입니다.

"교사로서 나는 학생들을 어떻게 바라봐야 하는가?"

저는 기도할 때마다 하나님이 아이들을 어떻게 바라보시는지, 예

수님이 사람들을 어떻게 대하셨는지, 나는 어떻게 아이들을 대할 것인지 매일 묻곤 했습니다.

하나님은 인간의 타락한 본성에 관해 '만물보다 더 거짓되고 아주 썩은 것은 사람의 마음'이라고 진단하셨습니다렘 17:9. 하지만 그러면서도 독생자 예수 그리스도를 십자가에 못 박아 피 한 방울 남김없이 쏟게 하기까지 부패하고 패역한 인간을 사랑하셨습니다. 교사인 저는 그런 존재인 학생들을 어떻게 바라봐야 할까요? 이중성을 극복하지 못하는 연약한 인간이기에 어쩔 수 없이 필요한 훈육과 징계 앞에서 고민할 수밖에 없었습니다.

두 번째 질문은 이것입니다.

"교사로서 나는 도덕과 윤리를 어떻게 성경적 세계관으로 가르칠 것인가?"

저는 제 교육 철학이 과연 성경적으로 합당하고 하나님의 '원안 교육'에 맞는지 숙제처럼 끊임없이 묻고 확인했습니다. 지금도 그 싸움을 계속하고 있고요. 국어, 영어, 수학, 과학, 지리, 정치, 경제, 문화, 역사, 음악, 미술 같은 과목들을 어떻게 성경적 세계관으로 가르칠 수 있을까요? 이것은 모든 기독 교사의 고민이자 홈스쿨 가정 부모들에게 주어진 과제입니다.

세 번째 질문은 이것입니다.

"성경의 관점에서 커리큘럼 가운데 교과를 어떻게 녹여낼 것인가?"

제가 섬기는 학교에서는 '기독교 인문 고전교육을 실행하는 과정에서 트리비움Trivium을 어떻게 구현할지' 계속해서 고민하고 있습니다. 성경적 세계관으로 교육받은 학생들이 직업을 갖고 사회에 진출

해서 복음 전하는 사람으로 세워지고, 세상 학문까지 성경적 관점에서 변증하는 전문가가 되게 하기 위해서입니다.

　현장에 있는 교사로서 저는 이 같은 문제들의 해결책을 찾고 실행에 옮길 기독교 학교가 세워지기를 간절히 소망합니다. 저는 개인적으로 '기독교 학교'보다 '기독 원안 학교'라는 표현을 더 좋아합니다. 해외 기독교 학교의 커리큘럼을 그대로 흉내 내거나 답습해서 '무늬만 기독교'인 학교들이 있지 않은지 문제를 제기하게 되기 때문입니다. 예수 그리스도를 향한 믿음을 견지하고 성경적이고 통합적인 관점을 품어 복음을 변증할 사람을 길러내는 것을 학교의 궁극적 목적으로 삼고 있는지 스스로 돌아봐야 합니다.

　그런 맥락에서 이 책은 성경적 세계관과 고전 지성에 관한 성경적 관점과 적용법을 충실히 제안하고 있습니다. 또한 실제로 기독교 학교를 세우고 구체적으로 운영하기 위한 진솔하고 지혜로운 조언을 가득 담고 있습니다. 자녀를 경건한 그리스도인으로 양육할 책임이 있는 부모와 그런 책임을 위임받은 교사는 진정한 성경적 가르침의 모델을 경험하고, 진정한 기독교 교육을 갈망하는 부모와 교육 관계자들은 탁월한 안목과 풍성한 사례들을 접하게 될 것입니다.

　우리나라의 교육을 걱정하며, '기독교 교육이 유일한 답'이라는 소망과 비전을 품은 부모와 교사, 교육 관계자들 모두가 함께 만들어 갈 교육 모델을 제시하는 귀한 책이기에 일독을 권합니다.

● 이 책에 실린 모든 구약 성경 구절은 새번역 성경(대한성서공회)에서 인용했습니다.

1부 성경적 세계관

2부 고전 지성

3부 이 시대에 효과적으로 적용하기

'기독교 학교다운' 기독교 학교를 꿈꾸며

말린 데트바일러

복음 외에 기독교 고전교육을 재발견해서 얻은 결과들보다 더 지대하게 제 인생에 영향을 미친 것은 없습니다. 또한 기독교 고전교육을 만나게 된 여러분도 분명 머지않아 저와 같은 경험을 나누게 될 것입니다.

역사학자들은 최근 교육계에서 고전교육 방법론이 다시 주목받는 것이 전혀 놀랄 일이 아니라고 말합니다. 기독교 고전교육은 방법론적으로 기초가 튼튼하고 성경적으로도 충분히 설명할 수 있는, 이 시대를 향한 하나님의 명령입니다.

제대로 읽고 쓰고 셈할 줄은 모르지만, 그래도 그것을 좋아하는 아이를 보고 저는 즉시 대안들을 찾기 시작했습니다. 그때 자비로운 하나님이 오랜 세월에 걸쳐 검증된 트리비움이라는 방법에 관한 역사적 기록을 보게 하셨습니다.

20세기 중반, 중세 연구가이자 작가인 도로시 세이어즈Dorothy Sayers는 모든 학문 영역에서 문법과 논리(변증), 수사를 가르치는 삼중적 방법Three-Fold Method, (트리비움)이 실제로 거의 폐기되었다는 사실을 매우 슬퍼했습니다. 문예 부흥과 종교개혁 시대의 학문적 성과는 오늘날과 감히 비길 수 없을 정도입니다. 하지만 그것은 전혀 이상한 일이 아닙니다. 왜냐고요?

간단히 말해서, 우리가 제대로 사고할 줄 모르기 때문입니다. 우리는 바르게 생각하는 법을 배우지 못했습니다. 오늘날 트리비움을 지지하는 사람들은 자녀 교육에 이 학습 체계를 적용했을 때 아이들이 활짝 피어나는 모습을 다시 목격하고 있습니다.

현대 교육이 처한 현실을 누구 탓으로 돌려야 할까요? 그건 바로 저와 여러분의 탓입니다. 제게는 네 자녀가 있는데요. 안타깝게도 저는 하나님이 허락하신 은사대로 아이들을 올바로 교육할 책임을 온전히 감당하지 못했답니다. 여기서 책임이란 아이들이 다닐 학교를 선택하는 수준을 훨씬 넘어서는 것입니다. 그런데도 저 역시 너무나 오랫동안 자녀 교육을 다른 사람이나 다른 교육 기관에 그냥 위탁해 왔습니다.

신명기 6장에는 부모가 자녀 교육에서 감당해야 할 역할이 매우 분명하게 언급되어 있습니다. 아이들을 돌보는 일이 부모에게 맡겨진 한, 제가 해야 할 일 중에서 주님께로 아이들을 데려가는 것보다 중요한 일은 아무것도 없습니다. 누구든 직장을 바꾸거나 원할 때 사역지를 옮기거나 다른 지역으로 이사할 수 있습니다. 하지만 부모가 자기 아이들을 키울 기회는 단 한 번뿐입니다. "죽는 순간에 '직장에서 시간을 더 많이 보냈어야 했어'라고 후회하는 사람은 없다"라는 상투적인 말속에 지혜가 담겨 있습니다.

그러나 이렇게 반문할 사람들도 있겠지요.
"이미 기독교 학교가 많이 있는데, 새로운 학교가 더 필요하다는 말입니까?"

면밀하게 조사해 보면, 대다수 기독교 학교가 세상의 관점에서 아이들을 바르게 교육하지 못했을 뿐 아니라(최소 100년 전에 유행하던 교육 기준에 비춰봐도 말이지요), 그리스도인의 경건 훈련에서도 탁월하지 못했다는 결론에 도달하게 될 것입니다. 기독교 학교는 단지 성경 과목이 추가된 학교가 아닙니다.

신학이 학문의 여왕으로 여겨지던 시절이 있었습니다. 바큇살이 바퀴 축을 중심으로 뻗어나가는 것처럼, 모든 학문은 하나님으로부터 시작됩니다. '기독교 학교'라고 불리려면, 그 안에 삶의 모든 영역에 관한 건전한 성경적 가르침이 있어야 한다는 의미입니다. 마음과 정성과 뜻과 힘을 다해 하나님을 사랑하고 이웃을 자기 몸처럼 사랑하는 것은 그리스도가 가르쳐주신 가장 큰 계명입니다.

하나님 말씀에 따라 마음과 머리를 훈련하는 것은, 성경 구절 외우는 것처럼 '간단한'(?) 문제가 아닙니다. 삶의 모든 영역에 성경을 적용하는 것은 그리 간단한 일이 아닙니다. 아무리 철저하게 성경을 연구한 그리스도인이라도 그것을 신앙 성숙으로 승화하는 건 어려운 일입니다.

논란의 여지가 있겠지만, 미국 역사상 가장 위대한 목사이자 철학자인 조나단 에드워즈Jonathan Edwards는 매일 열세 시간 이상 공부하고 기도했다고 하지요. 산뜻하게 포장되어 어디서나 쉽게 구할 수 있는 그리스도를 자기 삶에 그저 '갖다 붙이는' 식의 기독교는 성경에서 말하는 기독교가 아닙니다. 그리스도인의 성숙은 절대 한순간의 회심만으로 이뤄지지 않습니다. 감사하게도, 오늘날 많은 부모가 경건한 자녀를 양육하는 책임과 축복과 기회에 관해 점차 각성하고 있습니다.

이 책은 기독교 고전학교 연합이 주최한 컨퍼런스의 다양한 강의를 정리하고 요약한 것입니다. 하나같이 굉장히 감동적인 강의들이기에, 여러분도 이 책을 읽으면서 많은 변화를 겪게 될 거라 믿습니다. 이 책을 통해 직접 기독교 고전교육 학교를 시작하거나, 자녀에게 적합한 기독교 고전교육 학교를 찾아보겠다는 도전을 받게 되기를 바랍니다.

각자 환경에 맞게 기독교 고전교육 모델을 개발하고 적용하는데 필요한 자료로, 이 책에 실린 강사들의 지식과 경험을 마음껏 활용할 수 있어서 너무 다행이라 생각합니다. 지금이 바로 여러분 삶의 모든 영역에서 '무너진 성벽을 수축할' 기회입니다. 그리고 이 책은 그 놀라운 과업을 가능하게 할 도구가 되어줄 것입니다.

Repairing the Ruins

1부

성경적 세계관

1강

+

교육 영역에서 성경적 세계관이 중요한 이유

더글라스 윌슨

많은 그리스도인이 '세계관과 기독교'라는 표현을 거부감 없이 자주 사용합니다. 그런데 여러분은 이 말의 의미를 제대로 알고 있습니까? 이 말은 도대체 무슨 뜻일까요?

성경적 믿음과 주변 세계를 서로 연결할 때(이것이 바로 기독교 교육이 의미하는 바입니다), 우리는 개인 믿음과 거대하고 드넓은 세상 사이에 존재하는 네 가지 정도의 관계 유형에 직면하게 되는데요. 그중 단 하나만 성경적 가르침이라 할 수 있습니다. 하지만 다른 방식들도 오랜 세월 기독교 안에서 많은 지지를 얻었습니다.

초대 교부인 터툴리안Tertullian은 개인 믿음과 세상의 관계에서 차별 없이 사는 사람들에게 "예루살렘과 아테네가 도대체 무슨 상관이 있단 말인가?"하고 물었습니다. 오늘날과 같은 타협의 시대에 사람들은 일반적인 타협안에 순응하며 문제를 해결하는데, 이것은 우리에게 매우 친숙한 태도입니다. 심지어 초대 교부 중에서도 예루살렘을 아테네에 종속시키려고 한 사람이 많았기 때문에, 터툴리안은 이 둘이 무관하다는 반응을 보였습니다. 그 후 이런 태도들은 오랜 세월에 걸쳐 수없이 반복되었습니다. 이런 점에서 현대 근본주의자 Modern Fundamentalist들은 기본적으로 초기 가톨릭 수도원 운동과 아주 비슷합니다.

성경은 세속주의가 특정한 마음 자세나 태도라고 말합니다. 하지만 모든 신비적 경건주의는 세속주의를 세상에 빠져 있어서 그로부터 벗어나야 하는 무언가로 봅니다. 이것이 바로 성경적 믿음과, 세상에 민감하게 반응하는 모든 기독교 학교가 지향하는 바입니다. 이런 학교들은 콘돔, 칼, 싸움, 마약 거래, 인종 갈등, 공공연한 무신론적 가르침 등등에서 도망친 망명자들로 넘쳐납니다. 그러나 세상에 대한 이 같은 반작용은 성경적 교육의 관점과 전혀 양상이 다릅니다.

양념이나 조미료를 첨가하는 것처럼, 출처가 다른 온갖 지식 체계에 신앙을 그냥 덧입히는 두 번째 대안을 선택할 수도 있습니다. 스스로 습득한 지식을 누구나 즐겨 먹는 흰 쌀밥에 비유한다면, 저마다의 신앙은 우리 몸에서 각자의 역할을 담당하는 반찬에 비유할 수 있는데요. 이것이 아이를 공립학교에 보내는 수많은 그리스도인 부모가 취하는 관점입니다.

이렇게 공립학교에서 온갖 '가치 중립적' 과목을 가르치는 줄 알면서도, 부모는 그저 집에서 조금만 거들면 된다고 생각합니다. 그러나, 당연히, 중립은 '불가능'합니다. 최근 점점 더 많은 부모가 이런 실상을 발견하고 있는데, 지난 1세기 남짓한 세월 동안, 이 '중립적인 쌀밥'에 '지독한 불신앙'이라는 성분을 집어넣은 사람도 있습니다. 현대 복음주의 진영에서 젖은 스펀지처럼 맥 빠진 신학적 예리함을 보여주고 있지만, 이제는 우리도 다소 엉뚱해 보이는 것을 잡으려고 목청을 높이고 있습니다.

어떤 기독교 학교는 공립학교와 같은 커리큘럼을 사용하는 기본적 접근 방식을 채택하면서, 기도나 성경 공부, 예배를 덧붙이기도 합니다. 기독교 교육은 예전부터 존재하던 지식의 태양계에 새로운 행성을 덧붙이는 것이기에, 매우 색다르게 보입니다. 그러나 참된 기독교 교육은 성경을 태양으로 보는 동시에 중심으로 삼는 '코페르니쿠스적' 혁명입니다. 바로 그 태양의 빛이 우리에게 다른 모든 것을 볼 빛을 제공하기 때문입니다. 태양이 없으면 객관적 실체도 없고 어둠만 존재할 뿐입니다.

세 번째는 성경적 확신을 희석하면서도 계속해서 성경적 용어를 구사하는 것입니다. 그 결과 우리는 곳곳에서 아주 미미한 믿음의 향기만 겨우 맡게 되었습니다. 이런 방식으로도 믿음과 세상 간의 상호작용이 일어나겠지만, 혹시라도 그 가운데 다툼이 일어나면, 세상은 철저하게 믿음을 짓밟으려 애쓸 것입니다. 이런 방식을 구분하기 어려울 때는, 특정 기독교 학교에서 실제로 세상과 어떤 '대화'를 진행하고 있는지 의심해 보는 것도 한 가지 유용한 방법입니다.

과거에는 그리스도인들이 이슬람교, 힌두교, 가톨릭, 모르몬교 등의 신자들에게 복음을 선포하곤 했습니다. 그래서 지금 우리도 그들과 반드시 '대화'해야 할 것처럼 느끼는데요. 타 종교인들과의 '대화'를 시도하는 그리스도인들은, 온갖 다양한 대안을 조사하고 감상하면서 가볍게 점검하는 척도로 자신의 믿음을 사용합니다. 이런 방식을 따르는 학교들에서는 기독교가 단지 특정 관점일 뿐, 전혀 절대진리로 인정받지 못합니다. 이런 경향은 지금보다 한 세대 훨씬 전에 설립된 기독교 학교들에서 흔하게 나타납니다. 이런 학교들은 특정 신앙 전통을 따라 계속해서 움직이고 있지만, 실제로는 더 이상 그것을 믿는 사람이 없습니다.

네 번째 방식은 모든 영역에서 각종 지식을 세워가는 기초로써 성경을 굳건히 붙잡는 것입니다. 성경을 최종 권위로 받아들여서, 그런 지식이 기본 신앙 고백과 일치하게 하는 태도인데요. 예수 그리스도가 만물의 주인이 아니라면, '2 더하기 2'는 결코 '4'일 수 없습니다. 예수님이 자기 백성의 죄 때문에 돌아가시지 않았다면, 의인과 죄인을 구분할 수 없었을 것입니다. 성경에서 말하는 삼위일체 하나님이 존재하라고 말씀으로 명하지 않으셨다면, 우리가 이해하는 우주는 전혀 존재하지 않았을 것입니다.

이렇게 말하고 나면 즉시 반론이 터져 나올 것입니다.

"아무리 그렇다고 해도 지금 당신은 단지 기독교를 진리라고 추정하고 있을 뿐이잖아요!"

이에 대한 답변은 다음과 같습니다.

"기독교는 확실한 진리에요. 우리는 기독교 학교입니다."

'진짜' 기독교 학교에 종사하는 사람들은 출발점에서부터 참 신앙과 '온갖 형태의 불신앙에 기초한' 사고 간 대조Antithesis를 반드시 이해해야 합니다.

성경은 여호와를 경외하는 것이 지식의 근본이라고 선언합니다잠 1:7. 그것만이 교육의 최종 목표는 아니지만, 경건한 경외심은 모든 교육의 근본이며 이 근본은 그에 따라 온갖 목표를 설정하는 기초가 됩니다.

취급 주의 스티커를 병에 붙인다고 자동으로 내용물이 안전하게 보관되는 것이 아님을 분명히 기억해야 합니다. '기독교 학교'로 불린다고 해서 반드시 모든 교육 내용이 기독교적이라고 할 수 없고, 모든 학교 관계자가 거듭났다고 할 수도 없습니다. 기독교 학교는 모든 교육 활동이 성경적으로 수행되며, 믿음과 불신앙 간의 대조에 관한 성경적 이해가 커리큘럼 전반에 스며들어 있는 학교입니다. 우리는 불신자처럼 생각하고 교육할지 신자처럼 생각하고 교육할지 선택해야 합니다. 이 대조가 모든 것에 영향을 미칩니다.

> "그리스도인 교사는 하나님 계시에 따른 빛을 받지 않으면 어떤 '사실'도 제대로 알려질 수 없고, 결국 제대로 배울 수도 없다는 점을 분명히 알고 있다. 심지어 아무리 간단한 수학 법칙조차도 하나님 계시가 아니면 결코 제대로 알려질 수 없다."[1]

이 모든 방식 중 단 하나만이 믿음과 불신앙 간 대조를 제대로 인식하며, 이 둘의 전쟁이 필연적으로 끊임없이 이어질 거라고 예견합니다. 그 외 다른 방식들은 '확실한 분리'나 '적절한 타협'을 통한 평화를 추구합니다. 그러나 대조에 기초한 교육은 모든 사상이 우리 주 예수 그리스도에게 사로잡혀야 성경적 가르침이 진정으로 일어날 수 있음을 잘 알고 있습니다고후 10:5. 세상에서 도망치거나 세상에 항복한다고 평화를 이룰 수 있는 건 아닙니다. 미국의 정통 칼빈주의 신학자이자 웨스트민스터 신학교 설립자인 존 그레샴 메이첸John Gresham Machen은 이렇게 말합니다.

"그리스도인은 인간의 특정 활동이 기독교에 적대적이거나 기독교와 아무 관련이 없는 한, 그것에 전혀 만족할 수 없다. 기독교는 모든 민족과 열방으로 널리 퍼져나가야 할 뿐 아니라, 모든 인간의 사상에도 깊이 스며들어야 한다."[2]

그러므로 진정한 교육은 반드시 '노골적으로' 기독교적이어야 합니다. 교육이 종교적 중립을 지킬 수 있다는 현대 '아편 중독자들'의 꿈은—미국 신학자 대브니Robert Lewis Dabney의 훌륭한 논문을 인용하자면—우리 사고 속에서 "교실을 깊은 물 속이나 어두운 동굴 속에 만들어야 한다"라는 말과 같은 의미로 여겨야 합니다.[3] 교육 영역에서 궁극적인 질문들에 관해 얼마든지 중립을 지킬 수 있다고 생각할지 모르지만, 그것은 결코 이루어질 수 없는 이상에 불과합니다. 모든 학교는 예수 그리스도가 '만물 위에 계시고 만물 안에 계시는 주님'이라고 고백해야 합니다.

중심 주제로 돌아와서 생각해 보면, 이것은 성경적 대조에 기초한 교육을 의미합니다. 이 점을 제대로 이해하지 못하면, 특정 대상을 순종하는 마음으로 이해하지 못하는 자기 모습을 보게 될 것입니다.

이를 이해하기 위한 기초는 주의 깊게 체계적으로 하나님 말씀을 공부할 때 얻을 수 있습니다.

신학은 모든 지식을 통합하는 지점이며, 하나님이 성경에서 그분을 계시하실 때 건전한 신학은 그렇게 자신을 계시하시는 삼위일체 하나님을 공부합니다. 그러므로 기독교 고전교육 학교는 반드시 복음적인 기독교 학교여야 한다는 사실을 명확하게 강조해야 합니다. 우리는 자유주의 신학의 흐리멍덩한 실수와, 그에 대해 반사적으로 반응하는 근본주의의 공허한 잘못을 모두 거부해야 합니다. 무엇보다 그리스도인들이 진정한 학습과 그리스도를 향한 사랑 사이에서 어느 하나만 선택해야 하는 것이 아님을 깨달아야 합니다. 가장 큰 계명에는 정성을 다해 주 우리 하나님을 사랑하라는 요구가 포함되어 있습니다. 우리는 그리스도 안에 계시된 하나님의 진리를 반드시 이해해야 합니다.

이 같은 대조는 태초부터 계속해서 우리와 함께 경주를 이어왔습니다. 창세기에서 하나님은 여자의 후손과 뱀의 후손이 끊임없이 대립할 거라고 말씀하셨고, 우리는 지금까지 그 전쟁을 수행하고 있습니다. 태초부터 하나님은 그 둘 사이에 경쟁 관계가 존재하게 하셨습니다. 이 전쟁은 굉장히 치열한 때도 있었고, 거의 인식하기 힘들 정도로 약해진 때도 있었습니다. 그러나 부활에 이르기까지, 하나님의 백성은 항상 끊임없는 전면전에 동참하고 있는 셈입니다.

하나님이 선하시다면, 하나님은 실제로 선하십니다. 그리고 악이 존재한다면, 악은 실제로 존재합니다. 하나님을 따르는 자들에게 대조적 사고는 반드시 필요합니다. 오늘날의 상대주의 문화에서는 흑

백, 선악 간의 명확한 구분을 허물려는 시도가 일관되게 이루어질 것입니다. 그리고 이런 온갖 도전은 흰 것과 희지 않은 것 사이의 구분을 흐릿하게 만들기 시작했습니다사 5:20. 하나님이 원하시는 대로 특정한 것을 분별하게 되기까지, 그분의 백성이 상당히 많은 훈련, 곧 교육받아야 할 여러 영역이 있습니다히 5:14.

세상에 관한 윤리적 이해는 우리가 섬기는 하나님의 성품에 대한 반영일 것입니다. 성경의 하나님은 선하시며 결코 변함없는 분입니다. 그러므로 계시된 하나님의 성품에 기초한 윤리는 선하며, 언제 어디서나 한결같이 선할 것입니다. 더구나 하나님이 주권자이시기에, 그분의 선하심은 어디에나 적용됩니다. 그래서 하나님의 선하심은 인간의 모든 노력에서 구석구석 영향을 미치지 않은 것이 없을 정도로 어디서나 충만합니다. 어떤 인간 활동도 그분의 권위에서 벗어날 수 없습니다.

하지만 비뚤어진 인간은 끊임없이 이 진리에서 도망치려고 애씁니다. 변덕스럽기 때문에, 인간의 마음은 항상 바뀝니다. 그러므로 인간 성품에 기초한 인본주의적 윤리도 비뚤어질 수밖에 없으며 끊임없이 새로운 모양으로 일그러질 것입니다. 현대 교육의 여러 현장을 휩쓸고 지나가는 온갖 일시적 유행을 일일이 설명할 필요는 없습니다. 사도 바울이 언급한 여인들처럼, 그런 사람들은 항상 배우면서도 결코 진리를 깨닫지 못합니다딤후 3:7.

교육이란 하나님 섬기는 법을 배우는 동시에 다른 모든 우상과 싸우는 법을 배우는 과정입니다. 하나님은 진리의 하나님이십니다. 그래서 우리는 하나님의 진리에 순종하고 그분을 섬기며 모든 거짓말과 맞서 싸웁니다. 이 같은 대조를 거부하는 모든 시도는 인식론적 속임수에 불과합니다. 오직 전략적 목적을 이루기 위해, 상대편이 아무런 전선도 형성하고 있지 않은 양 그럴듯하게 위장하는 속임수 말입니다. 전쟁을 벌일 때, 적들에게 전혀 전쟁이 일어나지 않을 거라는 그릇된 신념을 퍼뜨리는 것보다 훌륭한 전략은 없습니다!

그렇다고 불신자들에게 전권이 있다고 말하려는 것은 아닙니다. 아무리 해체당한 세속 지성이라도 그냥 무작정 내려놓기는 쉽지 않다는 의미입니다. 하지만 좋은 소식이 있습니다. 지성을 겨루는 전쟁에서 우리가 당장 승리하지 못한다 해도, 비그리스도인들은 분명 패배할 거라는 점입니다. 오늘날 하나님을 믿지 않는 지성은 막다른 골목에 부딪혔고 막다른 곳으로 방향을 돌려, 옛적에 활보하던 엉뚱한 길로 뛰어들었습니다. 지금은 상대주의가 현대 지성을 다스리고 있습니다.

그러나 이런 결과로 나타난 문화적 허무주의는 일관되지 않은 것들에 맞서 나름대로 일관성을 유지하려는 시도입니다. 물론 일관성 있는 것들에 관해서도 마찬가지입니다. 변증학과 성경적 세계관, 인생관을 들먹이지 않아도, 이런 대조를 선포하시는 하나님이 그 중심에 계시다고 가르치려는 교육자들에게 엄청난 기회가 도래하고 있습니다. 간단히 말하자면, 그것은 하나님의 길과 사람의 길 중 어느 쪽일까요?

비그리스도인들은 일관성 있게 생각할 수 없으며, 혼돈을 겪고 있는 현대 그리스도인들 역시 그렇습니다. 그리스도인 교육자들은, 기독교가 "저 멀리 어딘가에 옳고 그름이 존재한다"라고 선포하는 수준을 훨씬 뛰어넘는 것이라는 사실을 언제쯤 깨닫게 될까요? 사실상 이것은 성경적 대조라기보다 도덕주의에 지나지 않습니다. 성경적 대조는 옳고 그름이 어디서나 명확하게 존재한다고 선포합니다. 수많은 교육자에게, 이것은 교실, 복도, 교무실, 운동장, 주차장을 비롯한 모든 장소에서 그렇다는 뜻입니다.

이 같은 대조는 다른 모든 것과 성경적 세계관을 구분합니다. 그런데 각 사람은 저마다의 세계관을 갖고 있습니다. 그래서 이 이야기의 진짜 논점은, '특정한 하나의 세계관을 인정할 것인가?'가 아니라, 오히려 '여러 세계관 가운데 어느 것을 선택할 것인가?'입니다. 이 문제는 '한 분 하나님을 인정할 것인가?'가 아니라, 오히려 '여러 신 중에서 어느 신을 선택할 것인가?'와 일맥상통하지 않을까요? 아무 세계관도 인정하지 않으면, 아무 세계관에도 영향받지 않게 되는 것이 아니라, 오히려 더 심각한 세계관 혼란을 겪는 사고방식에 빠지게 됩니다.

하지만 그리스도인이라고 해서 이런 혼란에서 자동으로 면제되는 것은 아닙니다. 그리스도인도 '비그리스도인'처럼 행동할 수 있고, 그런 일은 (우리가) 죄악을 저지를 때마다 흔하게 벌어질 것입니다. 마찬가지로, 그리스도인들도 얼마든지 '비그리스도인'처럼 생각할 수 있습니다. 우리가 이야기하는 '성경적 세계관'은 '일반적으로 모든 그리스도인이 가진 세계관'이 아닙니다. '그리스도인다운' 행동과 '단지 그리스도인이 하는' 행동이 전혀 다른 것처럼 말이지요. 그리스도인다운 행동이란 하나님이 그리스도인에게 요구하시는 행동이며, 그리스도인다운 생각도 마찬가지로 정의해야 합니다. 그래서 우리는 성경에 나타난 하나님의 자기 계시와 창조 사역을 전적으로 완전하게 의뢰해야 합니다.

이것은 교육이나 사고방식과도 분명히 연관되어 있습니다. 하나님 주신 가장 큰 계명에는 '마음을 다해 주 우리 하나님을 사랑하라'라는 명령이 포함되어 있습니다. 이같이 하나님 사랑하는 법을 배우거나, 잘못된 방식으로 하나님을 사랑하지 않겠다고 거부하는 과정에서 교육은 핵심적 부분입니다. 그래서 여기에도 당연히 대조가 존재합니다. 교육자로서 우리는 이 과정에서 둘 중 하나, 곧 하나님에게 순종하거나 불순종하게 될 것입니다.

고전주의는 대조를 부인하는가?

이렇게 대조를 강조하는 것은 일부 독자에게 기독교 교육과 고전 교육의 양립 가능성에 관한 의구심을 불러일으킬 수 있습니다. 이 대조적 구분에서 상반된 입장에 선 것들이 '고전(적)'과 '그리스도 중심(적)'이라는 말 아닌가요? 그런데 어떻게 한 학교에서 양쪽을 모두 추구한다고 주장할 수 있을까요? 왜 우리는 그런 것을 시도하려는 걸까요?

기독교는 단지 추상적 개념이나 비현실적 관념이 아닙니다. 역사적으로 그리스도는 가이사 아우구스투스가 통치하던 시절, 유대 땅에 실제로 태어나셨습니다. 하나님 섭리를 따라, 기독교 신앙은 그 후 북서쪽으로 퍼져나갔습니다. 지금까지 서구 문화사에 드러난 하나님 나라의 영향은 가히 엄청납니다. 하나님 나라를 서구 문화와 완

전혀 동일시할 수 없지만(그렇게 시도할 생각조차 없습니다), 그런데도 하나님 나라가 서구 문화에 너무나 지대한 영향력을 미쳤기 때문에, 그리스도 시대 이후 양쪽 역사는 서로를 자세히 알지 않고는 도저히 이해할 수 없는 상태가 되었습니다.

이것은 최선을 다해 서구 문화에 바탕을 둔 교육을 제공할 것을 요구합니다. 상식적으로 생각하면, 자녀에게 말을 가르칠 때 부모는 평소 구사하는 말을 전해줍니다. 다시 말해, 젊은이들은 항상 자기보다 나이 많은 이들에게서 교육받게 된다는 것입니다. 하나님은 이렇게 특별한 문화적 강물 속에 우리를 두십니다. 하지만 우리 아이들은 아직 그런 다양한 강물을 헤엄칠 능력이 없습니다.

부모와 자녀, 곧 단 한 세대를 생각해보면, 이 원리를 명확히 인식하게 됩니다. 그러나 이 원리는 조부모와 조상들에 대해서도 아주 명확하게 적용됩니다. 가이사 아우구스투스가 통치했고 우리 주님이 탄생하셨던 때로 거슬러 올라가 봅시다. 그리고 하나님이 아브라함과 언약을 맺으신 시기 이전으로, 더 나아가 아담이 타락하던 때까지 가 보십시오. 교육은 우리에게 흘러 내려오는 유구한 문화의 강줄기와 분리되지 않으며, 어느 날 갑자기 따로 떨어져 나와 홀로 존재할 수 없습니다. 그런 것을 시도한다면, 문화적 중립 교육이 아니라 빈약한 문화 교육으로 전락할 것입니다.

이것은 다문화주의라는 오늘날의 경향에 혐오감을 드러내거나, 분별없이 민감하게 반응하려는 것이 아닙니다. 문화 교육을 소홀히 하면, 다른 문화에 대한 올바른 인식과 존중보다 자기 문화에 대한 빈약한 훈련과 경멸이라는 결과가 나타날 것입니다. 그러므로 자녀 교육 과정에서 문화적 탁월성을 가르치는 것은 결코 부차적 문제가 아닙니다. 다른 사람의 문화를 올바로 이해하고 존중하도록 가장 잘 준비되려면, 자신의 문화도 올바로 이해하고 존중할 줄 줄 알아야 합니다.

물론 그리스도인 교육자들은 '그리스도 중심(적)'이라는 표현을 항상 변함없는 의미로 받아들여야 합니다. 그것이 바로 성경에서 유일하게 명확히 설명하고 있는 '기독교 신앙'과 '세계관'인데요. 이런 성경 구절들은 종교개혁 시대의 각종 역사적 고백에 가장 잘 정의된 복음주의 개신교를 세상이 뭐라고 부르는지 잘 가르쳐줍니다. 물론 여기에는 다양한 경쟁적 정의들이 있습니다. 다른 신앙 고백도 '그리스도 중심(적)'이라고 주장하지만, 그런 모든 경쟁적 주장들을 일일이 논박하는 것은, 이 강의의 범위를 훨씬 벗어나는 일입니다. 우리가 지향하는 목적에 부합하도록 설명하자면, 그리스도 중심(적)이라고 언급되는 가르침은 역사적 복음주의 기독교의 가르침을 의미합니다.

그런데 이 때문에 의문을 갖게 되는 지점이 있습니다. 현대주의는 복음주의의 지적 역량을 그다지 높게 평가하지 않는데요. 복음주의 신앙을 별생각 없이 성경에 맞장구치는 것쯤으로 치부하는 것이지요. 그래서 복음주의 그리스도인이 고전교육을 시도하다 보면, 즉시 "도대체 뭘 하는 거지?"라는 질문에 빠지게 됩니다. 교육 분야에서 '고전'이라는 단어는 세 가지 기본 의미를 담고 있습니다. 앞의 두 정의에 따르면, 그 단어는 확실히 대조에 관한 기독교적 이해와 충돌한다는 것을 보여줍니다. 하지만 마지막 세 번째 정의는, 완벽하고 필연적인 조화를 이룹니다.

'고전'이라는 말의 첫 번째 정의는 지난 2천 년 역사를 뛰어넘어,

그리스와 로마의 황금시대, 곧 고대 그리스의 전성기인 '페리클레스 시대의 아테네'Periclean Athens와 신고전주의의 전성기인 '아우구스투스 황제 시대의 로마'Augustan Rome에 관한 연구로 돌아가려는 시도입니다. 이런 회귀는 고전 연구 분야 중에서도 특히 언어 연구로 초점을 크게 좁힐 수 있고, 이방 고전 세계, 예를 들면, 문예 부흥에 영향을 준 학문 영역으로 돌아가기 위한 폭넓은 문화적 시도로 매우 광범위해질 수 있습니다. 이처럼 '고전'이라는 단어가 기독교 신앙에 대조적 영향을 준 것은 분명하나, 오늘날에는 별로 위험하지 않을 수 있습니다.

오늘날 우리 문화에는 상당히 많은 신이교주의Neo-Paganism●가 혼합되어 있지만, 그것은 제대로 개화된 이교주의Paganism●●가 아닙니다.

학교를 집어삼키려고 위협하는 야만주의Barbarism는 미수에 그친 문예 부흥의 신이교주의가 아니라, 신야만주의Neo-Barbarism입니다. TV에서 단 15분이라도 헤비메탈 음악을 접하게 되면, 교양 있는 시청자들은 야만인들이 들이닥쳤다는 것을 상기해야 합니다. 거기에는 각종 문명을 해체하며 심술궂은 희열을 맛보려는 명백한 의도가 숨어있습니다. 우리는 배교자 율리아누스Julian the Apostate●●●의 복잡하고 약아빠진 불신앙이 아니라, 미국 후기 현대 사회의 대중문화 가운데 나타나는 음란하거나 허무주의적인 파괴 행위들에 맞서는 것입니다. 그런 야만적 활동이 천 년이나 지속되면서, 우리는 '고전'이라는

● 기독교 이전 시대의 유럽 종교에서 영향받은 다양한 현대 종교 부흥 운동 – 역자 주
●● 기독교 이전 시대의 종교 · 윤리 · 고전 문화 체계 – 역자 주
●●● 마지막 비그리스도인 로마 황제로 로마 전통을 되살려 제국의 개혁과 재부흥을 꾀했는데, 그 때문에 기독교계로부터 배교자로 지탄받았음 – 역자 주

단어를 잊어버렸습니다.

'고전'의 두 번째 정의도 고대에 뿌리를 두고 있지만, 그 안에는 지난 2천 년 동안 받은 영향도 담겨 있습니다. 여기에서의 문제는 혼합주의입니다. 다시 말해, 고전 세계에 관한 기본 개념과 사상, 철학들이 기독교 신학과 (다양한 방식으로) 섞여 있다는 것입니다. 이를테면, 기독교 신학의 온전함을 파괴하는 방식으로 말이지요. 이에 관한 가장 좋은 사례는 '아리스토텔레스식' 토마스 아퀴나스 신학일 것입니다.

물론 아리스토텔레스는 기원전 4세기에 활약한 그리스 철학자입니다. 기원후 13세기에 이르기까지 혼합주의자Syncretist● 대다수가 플라톤주의자Platonist였는데, 그들은 '기독교' 진리를 플라톤 철학의 용어로 표현하려고 노력했습니다(지금도 일부 그런 세력이 남아있는데요. C. S. 루이스도 그 영향을 많이 받았다고 합니다).

그러나 13세기 가톨릭 스콜라 철학의 거장 토마스 아퀴나스는 아리스토텔레스 철학을 부활시키는 급진적 과정에서도 기독교 어휘를 사용했습니다. 그 결과로 나타난 철학을 토마스 아퀴나스 신학이라고 부르는데, 오늘날 로마 가톨릭 가운데 널리 퍼져서, 토마스 아퀴나스는 로마 가톨릭의 '위대한 스승'Doctor 중 하나로 여겨지고 있습니다.

오늘날 고전교육 분야에서는 모티머 애들러 같은 이들이 그 영향을 받았습니다. 교육 철학과 관련해서, 모티머 애들러는 자신이 아리

● 다른 이론을 가진 여러 사상을 무조건 혼합하거나 상반된 것들을 조화시켜 연합하는 혼합주의를 신봉하는 사람들 - 역자 주

스토텔레스주의자라고 떳떳하게 밝혔습니다. 아리스토텔레스 철학은 그의 여러 저술에 깊이 스며들었는데, 때로는 상당히 노골적이며 항상 드러나 있습니다. 이 같은 현상의 중심 문제는 그리스도 안에서 계시된 성경적 진리를 정반대로 거스르려는 인본주의적이고 자율적인 접근이 필요하다는 것입니다. 예를 들어 애들러는, 신실하고 사려 깊은 그리스도인이 다음과 같은 말을 내뱉을 거라고 상상할 수 없지만, 이렇게 말했습니다.

"오직 인문 교양Liberal Arts만이 얼마나 탁월하게 가르치는지 판단하고, 얼마나 효율적인 교육 수단인지 측정하며, 그 밖의 것들을 창안하기 위한 기준을 제공할 수 있다. 그리고 인문 교양은 이교적이거나 기독교적인 것이 아니라, 인간적인 것이다."[4]

그리스도가 만유의 주님이시기에, 그리스도인은 이런 고전주의를 결코 받아들일 수 없습니다. 하지만 '고전'의 세 번째 용법은 철저히 기독교적이며, 종교개혁 시대에 회복되고 명확하게 제시된 성경의 위대한 진리에서 나왔습니다. 이 같은 고전주의는 대조적인 고전주의이며, 사도 바울과 철학자 아리스토텔레스의 관계, 그리고 고전 세계에 관한 학습을 통해 가장 생생하게 설명할 수 있습니다.

사도 바울은 아리스토텔레스주의 철학을 어느 정도 알고 있었던 것 같습니다. 가말리엘의 문하생이었던 그는 교양 교육을 충실히 받았고, 헬라 철학과 문화에 해박했습니다. 헬라어에 능통했고, 그리스에서 유행하는 시들도 잘 알고 있었습니다행 21:37-39, 17:28. 또한 그는 기원전 4세기 그리스 철학 사조 중 하나인 견유학파Cynic School에 소속된 디오게네스Diogenes의 말을 인용하기도 했습니다딤전 6:10. 그리고 당시 철학 사상에 관해서도 충분히 인지하고 있었습니다행 17:17. 간단히 말하자면, 그는 고전 문화를 제대로 훈련받은 사람이었습니다.

하지만 그는 이런 지식을 갖추었다고 해서 곧바로 그 세계로 뛰어들지는 않았습니다. 핵심은 사도 바울이 자율적이고 인본주의적인 철학자들의 유희에 놀아나지 않는 고전주의자였다는 사실입니다. 그는 아테네대학교 철학부에 별로 어울리지 않았던 고전주의자였습니다행 17:18. 사람들은 그를 제대로 인정해주지 않았지만, 바울은 다음과 같은 논쟁을 즐겼습니다.

생각해 보십시오. 이 세상의 철학자와 저술가, 비평가들이 보여주는 지혜라는 것이 무엇입니까? 하나님은 이 세상의 지혜를 우스워 보이게 만들지 않으셨습니까? 세상이 지식을 동원해 하나님을 알아내는 데 실패한 뒤에, 하나님은 당신의 지혜로 기쁜 소식의 '단순한' 메시지를 믿는 이를 모두 구원하기로 하셨습니다 고전 1:20-21.

그런데 사도 바울은 아리스토텔레스 같은 사람에 관해 이렇게 이야기합니다.

그러나 영적이지 않은 사람●은 성령이 하시는 일을 선뜻 받아들이지

● 개역개정 '육에 속한 사람', 새번역 '자연에 속한 사람'-역자 주
＊　이 책에 실린 모든 신약 성경 구절은 필립스 성경 (아바서원 역간)에서 인용했습니다.

못합니다. 그들은 이해할 수 없습니다. 결국 영적인 사람이라야 영적인 일들을 깨달을 수 있기 때문입니다 고전 2:14.

현대 그리스도인들은 '자연인'이라는 단어에서 최악의 상태에 있는 중생하지 않은 사람이나 마약 중독자와 바람둥이, 알코올 중독자를 떠올리기 쉽습니다. 하지만 사도 바울은 전혀 다른 것에 초점을 맞춥니다. '가장 좋은 상태에 있는' 중생하지 않은 사람 말이지요. 여기에서 '자연'Natural, (헬라어 *Psychikos*)은 아리스토텔레스가 만든 용어로, 최고 상태에 있는 사람을 언급하는 말입니다. 곧 엄격하게 '고전' 교육을 완성하기 위해 아리스토텔레스가 줄곧 찾아다닌 사람을 지칭하는 말이었습니다. 사도 바울에 따르면, 이 자연인은 하나님을 알지 못하고 그분을 알 수 없으며, 성령의 일도 받아들이지 않는 사람입니다.

그래서 우리는 사도 바울을 통해 성경적 고전주의자의 전형을 보게 됩니다. 그는 고전 문화에서 뛰쳐나오거나 고전 문화에 패배하거나, 그것과 타협하지 않습니다. 오히려 그 위에 계신 예수 그리스도의 주권을 선포합니다. 오히려 모든 생각을 그리스도에게 사로잡히게 하지요. 복음을 위한 싸움에 자신의 방대한 지식을 활용하여, 골로새 교회에게 '철학과 헛된 속임수'를 조심하라고 경고하는 데 '충분히 세속적인' 학식을 드러냅니다 골 2:8.

인간 문화가 자율적으로 기능하려고 애쓰는 경우는, 그리스도인들에게 멸시당할 때뿐입니다. 인간 문화가 하나님 은혜로만 가능한 것을 스스로 행하려고 애쓴다면, 깊이 생각하는 그리스도인들의 강력한 반대에 부딪힐 것입니다. 그러나 고전주의 문화가 그리스도의 주권에 무릎 꿇을 때(이교적 용어나 범주 따위가 기독교와 융합되거나 혼동

될 때를 뜻하는 것이 아닙니다)에만, 고전적이고 기독교적인 접근 방식이 등장합니다. '기독교적'이라고 표현한 것은 성경이 모든 문제에 관해 최종 권위를 갖고 있기 때문이고, '고전적'이라고 표현한 것은 서구 문화를 현재 모습으로 만들어준 모든 것과 더불어, 이 같은 순종을 통해 지금까지 구속된 문화가 바로 서구 문화이기 때문입니다.

이런 고전 문화와 교육은 과거에도 나타난 적이 있었습니다. 종교 개혁 시대부터 19세기 중반까지의, 개신교에 뿌리를 둔 서구 사회에서 말입니다. 하나님이 은혜를 베푸셔서, 우리가 그동안 부주의하게 내던진 것들에 관해 회개할 기회를 주신다면, 고전 문화와 교육을 재건할 기회가 생길지 모릅니다. 그 과정에서 우리는 그리스도인 지도자들을 위한 교육 체계를 세우려고 애쓰고 있습니다. 문화를 회복하라는 막중한 임무를 수행하는 과정에서(지금 우리가 직면한 과제입니다), 우리가 시작한 일을 우리 자녀들이 이어가도록 훈련하는 것은 매우 중요합니다. 이것이야말로 진정 '대조에 기초한' 교육일 것입니다.

2강

+

교육 영역에서 개인 성결이 중요한 이유

더글라스 윌슨

학교는 사람을 통해 세워져야 합니다. 학교의 성공과 하나님이 학교에 복 주실 것을 보장하거나, '절대 죄인을 배출하지 않는' 교육법은 아직 발견되지 않았습니다. 이런 것들은 공식이나 법칙, 해법 같은 것으로 풀어낼 수 없습니다. 하나님을 영화롭게 하는 학교는, 세트나 패키지 상품처럼 일괄 구매할 수 있는 것이 아닙니다. 이것은 학교를 세우려는 마음을 품은 사람들이 훌륭한 컨퍼런스에 함께 참여하고, 교육을 다룬 기독교 양서를 읽고, 고전교육의 비전을 품고, 지금도 학교에서 벌어지고 있는 심각한 실수들을 단호하게 끝낼 때 이루어집니다. 일반적으로 이 세상에서 일이 그릇된 방향으로 나아갈 때는, 그 중심에 죄가 자리 잡고 있습니다. 반면 하나님이 그렇게 하기를 기뻐하셔서 누군가에게 복 주실 때는, 거룩함이 그 중심에 자리

잡고 있고요.

저는 이 책의 다른 곳에, 기독교 고전교육 학교 운동이 역사적 개신교 신앙 유산의 일부임을 명백하게 밝혀 놓았습니다. 여기에는 근시안적이고 당파적인 깃발을 흔들거나, 교회의 '뿌리'를 찾겠다는 열망을 드러내는 것보다 훨씬 더 많은 의미가 있습니다. 사도 바울은 우리가 처음부터 끝까지 믿음으로 산다고 말합니다롬 1:17. 그러므로 '믿음의 의미를 어떻게 이해하는가'는 매우 중요합니다.

우리는 여러 사려 깊은 신학적 구분에 사람들이 참을성 없는 태도를 보이는 시대에 살고 있으며, 그것이 바로 이런 시도를 더욱 가지런히 다듬어야 하는 이유입니다. 우리는 믿음으로 의로워졌고, 믿음으로 하나님과 동행하고 있습니다. 그러므로 우리는 믿음의 의미를 정확히 알아야 합니다.

마틴 루터는 이신칭의야말로 '교회를 세우느냐 무너뜨리느냐'를 결정하는 중요한 대목이라고 말했습니다. 마찬가지로, 이신칭의는 '기독교 학교를 세우느냐 무너뜨리느냐'를 결정하는 중요한 표지입니다. 복음 없이 기독교 학교는 아무것도 아니고, 칭의에 관한 적절한 이해 없이 복음은 아무것도 아닙니다히 4:2. 여기에서 믿음은 본질이며, 결과적으로 믿음 자체와 이신칭의에 관한 적절한 이해 역시 본질에 속합니다.

부질없이 억지스러운 변명이나 궤변을 늘어놓으려는 것이 아닙니다. 예를 들어, 잘 알려진 어느 기독교 학교 협회는 모든 회원 학교에게 복음주의 개신교 학교가 되라고 요구합니다. 물론 이것은 좋은 일입니다. 하지만 그와 동시에, 협회의 신앙 고백서는 아이러니하게도 이신칭의에 관한 반개신교적 이해를 지지하라고 강요합니다. 이것이 교리적 혼란의 결과인지, 그보다 더 불길한 징후인지는 그리 중요한 초점이 아닙니다. 요점은 개신교라는 이유로 자동으로 주어지는 보장은 없다는 것입니다.

칭의에 관한 객관적 실상은 예수 그리스도의 의에 뿌리를 둡니다. 우리는 다른 누군가의 선하심 덕분에 하나님과 올바른 관계에 놓입니다. 아담의 죄가 모두에게 전가된 것처럼, 그리스도의 의가 구원받은 모든 사람에게 전가되었습니다. 이렇게 칭의의 토대가 예수 그리스도의 의이기는 하지만, 그 의를 받아들이기 위한 수단은 우리의 믿음입니다. 그래서 믿음에 기초하여 의롭게 된다는 사실은 아무리 강조해도 지나치지 않습니다. 값없는 은혜라는 복음의 메시지는, 우리를 자유롭게 합니다. 죄인에 대한 정죄로부터는 단번에 영원토록, 죄의 권세로부터는 단계적으로 말입니다.

이처럼 '값없는 칭의'라는 메시지를 통해 하나님과 올바른 관계를 맺게 될 때, 사람들이 오히려 '은혜를 더 넘치게 하려고' 죄를 짓겠습니까? 사도 바울의 말대로, 결코 그럴 수 없습니다! 하나님이 한 사람을 구별해서 장기적이고 점진적이며 고통스러운 성화의 과정을 시작하지 않으신다면, 그는 결코 의롭게 될 수 없습니다. 이렇게 하나님이 하나 되게 하신 것을 절대 분리하지 말아야 합니다. 칭의와 성화는 명확하게 구분되지만, 결코 분리할 수 없습니다. 이 둘은 동일하지 않지만, 우리 안에서 그분의 선하신 목적을 이루기 위해 일하시는 분은 항상 둘 다 한꺼번에 성취하십니다.

우리는 이것을 서론이라고 부릅니다. 학교에서 개인 성결과 훈련 기준을 강조할 때마다(이런 기준은 분명 존재해야 합니다), 은혜를 망각하게 하거나 최소한 중요하지 않게 여기려는 유혹이 뒤따를 것입니다. 그러나 둘 다 반드시 기억하고 강조해야 하며, 각자 적절한 자리를 지켜야 합니다. 그리스도의 의가 차지하는 중심 위치는 오직 믿음을 통해서만 전가되며, 이것은 의로운 그리스도인으로 살아가기 위한 유일하고 바람직한 기초를 제공합니다.

이 글의 나머지 부분이 개인 품행에 관한 기독교 학교의 특정 기준을 다루기 때문에, 이 같은 개인 품행의 유일하고 바람직한 기초를 인식하는 것이 매우 중요하다고 생각합니다. 사도 바울은 에베소서의 마지막 세 장에서 개인 성결에 관해 많은 이야기를 했습니다. 하지만 그는 첫 세 장에서 제시한 교리적 기초 위에 이 권고들의 뼈대를 세웁니다. 우리가 그리스도 안에 있다는 사실만이 그분을 본받는 모든 행위의 유일한 기초입니다.

'그리스도의 의'라는 기초를 바르게 이해하면, '가시적이고 개인적인 성결'이라는 요소가 기독교 학교에서 아주 중요해집니다.[1] 기준을 너무 낮게 잡으면 안 됩니다. 모든 기독교 학교 관계자는 사실상 그 공동체의 지도자들입니다. 그러므로 지도자로서 필요한 자질과 단순히 교제하는데 필요한 자질 간의 차이점을 명확히 이해해야 합니다.

우리는 죄를 고백하고 예수 그리스도의 주권을 받아들인 사람과 교제하기 위해 충분히 준비해야 합니다. 다른 사람들을 책임진다는 것은 하나님이 더 높은 기준을 우리에게 요구하신다는 의미입니다. 예를 들면, 장로의 자격은 일반 교인의 자격과 같지 않습니다. 기독교 학교 관계자들이 이런 높은 기준에 불만을 품어서는 안 됩니다. 많이 받은 사람에게는 많은 베풂이 요구됩니다. 가르치는 것은 참으로 명예로운 일입니다. 그러니 당연히 높은 기준을 요구받아야 합니다.

기독교 학교가 엄격한 징계를 통해서라도 그 명성에 합당하게 가르치는 일을 존중하지 않는다면, 도대체 어떻게 자신이 무시하는 것을 다른 사람들이 존중해주기를 기대할 수 있겠습니까?

동시에 하나님의 기준을 낮추지 않으면서도 현실적이어야 합니다. 그 학교의 모든 사람이 죄에 맞선 전투에 참여하고 있다는 사실을 반드시 이해해야 합니다. 그리고 분명히 걸려 넘어질 때가 있으리라는 점도 명심해야 합니다.

많은 자녀를 둔 가정들의 예를 들어보겠습니다. 한 가정은 깔끔하고, 다른 가정은 엉망진창입니다. 두 가정의 차이점은 '집안이 얼마나 어지럽혀져 있고 지저분한가'에 있지 않습니다. 문제는 '얼마나 자주 청소하는가'입니다. 죄를 지었을 때, 그 죄는 저절로 없어지지 않습니다. 죄는 명확하고 단호하게 처리해야 합니다. 그래서 기독교 학교는 언제 어디서나 기꺼이 공개 사죄하는 이사진, 학교 운영위원, 관리자, 교사들로 가득해야 합니다.

예를 들어, 눈에 띌 정도로 학급에 참을성을 보이지 못한 교사가 있다면, 그는 공개 사과를 해야 합니다. 그렇게 한다고 학생들의 존경심이 사라지지 않을 것입니다(오히려 그 반대일 가능성이 크지요). 부모와 약속한 것을 제대로 이행하지 못한 관리자가 있다면, 변명을 늘어놓는 대신 기꺼이 사과해야 합니다.

스스로 죄를 처리하려고 할 때, 쉽게 감지할 수 없고 보이지 않는 요소들의 중요성을 반드시 이해해야 합니다. 참된 성결은 이웃의 아내와 거리를 두거나 주유소를 약탈하지 않는 것 같은 행위를 훨씬 뛰어넘는 삶입니다. 추잡한 죄악을 멀리하고 자신이 고안한 세부 규칙을 지키는 것과 다른 차원의 이야기입니다.

진정으로 따라야 할 규칙은 사람이 아니라 하나님의 법입니다. 진실한 마음으로 하나님의 법에 순종할 때, 그 순종은 멀리까지 퍼져가는 향기를 낼 것입니다. 사도 바울은 그것을 생명에 이르게 하는 '그리스도의 향기'라고 표현했습니다고후 2:15-16. 하나님을 사랑하는 사람들은, 학교에 가득한 이런 향기로 그곳을 충분히 머물만한 유쾌한 장소라고 생각할 것입니다.

성화 과정에서, 성결 연습은 아주 많은 것을 가르쳐 줍니다히 5:14. 사실상 거의 모든 그리스도인이 '커다란' 죄는 반드시 피해야 한다는 사실을 잘 이해하고 있습니다. 그러나 여러분 학교가 이런 거대한 죄악을 피하고 있다고 해서 만족해서는 안 됩니다.

오히려 경건한 삶의 섬세한 의미들을 잘 이해하고 실생활에서 구체적으로 연습할 수 있도록 주의해야 합니다. 히브리서 저자는 우리의 감각이 그처럼 아주 미세한 차이를 구별하도록 충분히 훈련받아야 한다고 강조합니다. 시력 측정표에서 커다란 글자들을 볼 수 있다는 것이 안경을 쓰지 않아도 된다는 의미가 아닌 것처럼 말이지요.

보편적인 유혹들

물론 모든 이사진, 운영위원, 관리자, 교사들은 모든 사람에게 찾아오는 보편적인 유혹에 맞서 싸워야 합니다. 돈이나 성(性), 가족 관계 등 그것이 무엇이든 간에, 기독교 교육에 관련된 경우라면, 지금까지 그런 시험들로부터 특별 면제를 받은 사람은 아무도 없습니다. 모든 그리스도인과 함께, 우리는 순례자와 나그네로서 '영혼을 상대로 싸우는, 저급한 본성에서 나오는 욕망과 싸워야' 합니다벧전 2:11. 지도자로서, 기독교 학교 교직원은 결코 그런 유혹들에 져서는 안 됩니다. 동시에, 이것은 지도력이 축지법이나 물 위를 걷는 초능력을 발휘하는 것이라고 말하는 것도 아닙니다.

그러나 어떤 유혹은 학교 울타리를 슬그머니 넘어 들어옵니다. 또한 유혹의 형태는 학교 환경에 크게 영향받습니다. 기독교 학교에서 죄 문제가 발생하면, 대다수 공립학교에서의 경우보다 훨씬 혹독하게 하나님의 이름이 모욕당합니다. 위선을 관대하게 다루는 기독교 학교는, 학생들에게 불경건한 삶을 훈련하게 하는 것입니다. 불경건한 기독교 학교는 불경건한 공립학교보다 훨씬 더 심각한 문제를 초래합니다롬 2:24.

두 경우에서 부모가 자녀를 공공연히 위선과 불경건에 몰아넣는 일은 거의 없습니다. 이제부터 이어지는 짤막한 논의를 통해, 죄와 관련하여 기독교 학교에서 흔히 발생하는 문제들을 간략하게 다룰 것입니다. 하지만 간략하게 논의한다고 해서 그런 주제들이 덜 중요하다는 것은 결코 아닙니다.

이사진과 운영위원회, 관리자 차원에서 쉽게 타협할 기회가 상당히 많을 것입니다. 또한 쉽게 타협하게 되는 동기는 상당히 다양합니다. 이를테면, 소심함이나 물질적 욕심, 사람을 기쁘게 하려는 태도 같은 것입니다. 그리고 쉽게 타협할 기회는 다양하게 찾아옵니다. 가령, 징계 문제에 처한 이사진이나 운영위원의 아들, 학교를 당혹스럽게 한 교직원에 대한 징계 등입니다. 그러나 타협 자체가 여러분이 그 타협을 통해 피하려고 애쓰는 위험한 일보다 훨씬 더 학교를 위협하게 될 것이 분명합니다.

흔히 문제가 발생하는 또 다른 영역은 권위에 관한 것입니다. 즉 상사가 시킨 일을 하거나, 상사가 원하는 방식으로 일하는 문제와 관련됩니다.

골로새서 3장을 살펴보면 1세기 그리스도인 종들도 이런 요구를 받았음을 알 수 있습니다22-25절. 디모데전서 6장은 주인이 그리스도인이라는 이유로 요구 사항을 약화하지 않았다는 것을 보여줍니다. 아니, 오히려 더 강화되었지요2절.

이것이 바로 우리가 한층 더 강력하게 권위에 관해 주장할 수 있는 근거입니다. 그리스도인 노예가 그리스도인 주인을 부지런히 섬겨야 했다면, 그리스도인 교사들은 자신을 고용한 학교를 얼마나 열심히 섬겨야 하겠습니까? 그리스도인 중에도 지시받은 일을 투덜대면서 수행하는 사람이 많습니다. 하지만 성경은 이런 불평도 금지하고 있습니다빌 2:14-15.

흔히 학교에서는 그럴듯한 홍보를 통해 특정한 일을 수행하는 방식에서 세상을 뛰어넘는 진정한 대안을 제시하기 원합니다. 그런데 성경은 이렇게 할 수 있는 가장 분명한 방법이 투덜대지 않는 것이라 말합니다. 불평을 거부하는 것이야말로, 진정한 대안 교육입니다. 기독교 학교 현장에서 투덜대는 것은 전혀 대안이 아닙니다. 불평은 이 세상이라는 거대한 오케스트라에서 또 하나의 관악기를 요란하게 불어대는 것에 불과합니다. 투덜대는 이유는 그리 중요하지 않습니다. 교실에서 커피를 마실 수 없다는 일방적 결정이나 점심시간에 주어진 불공평한 임무 교대 같은 경우가 아니라면, 불평하는 영을 거절하라는 성경의 명령에 순종해야 합니다.

이것은 '조바심'이라는 또 다른 유혹과 관련되어 있는데요. 좋은 교사의 명백한 특징 중 하나는 '인내'입니다. 아직 어린 중학교 1학년 학생들에게 어려운 작문 과제를 설명하다 보면 거의 미칠 지경이 되기 쉬운데요.

"제 이름을 가장 위 칸에 적어도 되나요?"

"샤프펜슬로 써도 되나요? 연필을 잃어버렸거든요."

분노와 조바심은 미숙한 교사가 자주 걸려 넘어지는 문제입니다. 그 이유는 또 다른 죄 때문인데요. 그것은 바로 부적절한 규율입니다. 아이들에게 받아들여지고 호감 얻기 원하는 교사는, 그들의 잘못된 행동에 적절히 대응할 규율 체계를 만들지 않습니다. 아이들이 잘못 행동할 때 마땅히 징계해야 함에도, 그렇게 하려 하지 않는 거지요. 그러다가 심각하게 그릇된 결과를 초래한 뒤에 비로소 징계할 필요를 느끼지만, 이미 그는 영적으로 교사 자격을 상실한 것입니다갈 6:1.

그런 상태에서 징계하려고 하다 보면, 교사는 조바심과 분노로 치달을 수밖에 없습니다. 징계는 항상 공평하고 차분해야 합니다. 물론 징계는 엄격하고 고통스러운 것이어야 합니다. 그렇지 않다면, 그것은 전혀 징계가 아닙니다히 12:11. 참된 징계가 학생들에게 고통을 주기 때문에, 다정하게 보이려고 애쓰는 선생님은 격분할 수밖에 없는 지경이 될 때까지 징계를 회피합니다.

또 다른 유혹은 '게으름'입니다. 어떤 교사든 처음에는 게으름 피우기 어렵습니다. 수업 시간마다 새롭게 준비해야 할 것이 산더미처럼 쌓여 있기 때문이지요. 하지만 수년 동안 반복해서 같은 과정을 가르치게 되면, 위험할 정도로 타성에 젖기 쉽습니다. 심지어 이런 가능성이 막 잉태되는 시점에서 오만하게 행동하려는 유혹도 이와 관련된 문제입니다.

"난 이제 전문가야. 그러니까 ~하는 건, 무척 불쾌한 일이야."

물론 가르치는 일에는, 적절한 방식으로 접근하려고 하면, 큰 노력이 필요합니다. 하지만 교직을 힘든 육체노동이 아니라 편한 사무직처럼 여기는 관점이 있는데, 지금까지 많은 사람이 그런 식으로 교직을 활용했습니다. 이에 관한 답은 상호 책임 관계에 있습니다. 금요일마다 수업 계획서를 제출하라고 요구받을 때, 교사가 이것을 인격 모독으로 받아들여서는 안 됩니다.

"학교 관리자들이 우리를 그렇게 신뢰하지 못한단 말인가?"

저는 이에 대해 간단하게 "그렇다"라고 대답하겠습니다. 우리는 자기 자신조차 선뜻 신뢰하지 못하는 연약한 존재입니다. 아무리 경건한 그리스도인이라고 해도 말이지요. 우리에게는 규율을 통한 상호 책임 관계와 상호 격려가 필요합니다.

외적 규율과 상호 책임 관계가 전혀 필요 없을 만큼 경건한 그리스도인은 없습니다. 경건한 사람은 오히려 그런 외적 규율에 기꺼이 겸손하게 따를 것입니다. 이것은 모든 권위에 동일하게 적용됩니다. 이사진, 운영위원회, 관리자, 교직원, 학생 누구도 예외가 없습니다.

마지막으로 고려할 것은, 관리자와 교사도 하나님이 정하신 관리

체계의 경계선을 인정해야 한다는 점입니다. '나는 선한 일을 하고 있다'라고 생각하며 행동하다 보면, 죄의 유혹에 취약해질 때가 있습니다.

하나님이 특정 필요를 채우라고 요구하셨는데, 이런저런 이유로 그것을 실행하지 않는 사람이 있습니다. 하지만 그렇다고 해서 무조건 다른 사람이 대신 일을 처리하도록 권한을 넘겨받아야 하는 것은 아닙니다. 이런 인식이 절실히 필요한 두 가지 주요 관리 대상이 바로 '가정'과 '부모'입니다. 교사는 아이들을 관리하는 과정에서 가정을 도외시하려는 유혹을, 관리자들은 아버지를 도외시하고 어머니하고만 소통하려는 유혹을 자주 받습니다(이에 관한 더 자세한 내용은, 19강에서 다룰 것입니다).

그리스도인 교육자답게 생각하고 행동하지 않으면서 학생들이 그리스도인답게 생각하고 행동하기를 기대해서는 안 됩니다. 그리고 그리스도인답게 생각하는 생활방식의 중심에는, '그리스도를 향한 헌신'이 필수요소라는 인식이 자리 잡고 있습니다. 일부 세계관 교육가들은, 경건주의의 개인적 성격과 주관적 경향이 기독교 문화에 매우 파괴적인 영향을 미쳐왔다는 사실에 주목하면서, 개인 경건까지 거부하려는 그릇된 믿음으로 빠져들었습니다. 하지만 이와 반대로, 개인 경건은 우리의 모든 간절한 시도에서 유일하고도 바람직한 출발점이라고 할 수 있습니다.

3강

+

기독교 학교에서의 경건한 징계

탐 스펜서

저는 11년 동안 로고스학교에서 근무했습니다. 5년 전에는 로고스학교에서 처음으로 초등학교 교장이 되었고요. 이런 이력이 징계에 관한 제 관점을 조금이나마 드러내 줄 거라 생각합니다. 제 경험은 대부분 중고생 교육에 국한되어 있습니다. 아내와 저는 네 자녀의 부모가 되는 큰 복을 누리고 있습니다. 네 아이 모두 아들이라, 제게 여자 아이는 여전히 신비로운 존재들입니다.

저는 한 번도 기독교 학교 관리자가 되고 싶어 한 적이 없습니다. 처음에는 그 일에 관해 아무 비전도 없었습니다.

'도대체 왜 사람들은 기를 쓰고 교장이 되려고 할까? 그게 얼마나 힘겨운 자리인데!'

그 자리에서 제가 목격한 것은 온통 불행한 부모들을 다루고 학생들을 징계해야 하는 문제들뿐이었습니다. 이 얼마나 웃지 못할 상황이란 말입니까!

그러나 이제는 그 역할을 전혀 다르게 보고 있습니다. 지금까지 제게 일어난 가장 의미심장한 변화 중 하나는, 학생들을 가르치고 징계해야 할 때 주어지는 독특한 기회를 전혀 새롭게 이해하게 되었다는 것입니다. 학생에게 징계에 관해 이야기할 때, 우리는 거의 매번 우리 행동에 대한 하나님의 기준을 상기시켜줄 기회를 얻게 됩니다! 그리고 이를 통해 그들이 하나님 은혜를 따라 죄를 고백하고 회개하게 되기를 바랍니다. 마찬가지로, 비그리스도인 학생들도 우리를 구원하신 주 예수 그리스도의 은혜와 동떨어져서는 의를 요구하시는 하나님의 기준에 결코 도달할 수 없다는 사실을 다시금 깨달을 수 있습니다.

징계도 교육의 일환입니다. 경건한 징계는 학교에서 모든 학생에게 하나님을 가르칠 기회가 됩니다. 효과적 징계는 하나님이 성경을 통해 이야기하신 말씀으로, 하나님이 우리를 의롭게 보시는 곳으로, 그분이 죄라고 선포하신 것으로 돌아가서, 계속해서 자신을 돌아보게 합니다. 당연히 이것은 힘겹기만 한 자리가 전혀 아니며, 오히려 올바른 행동으로 나아가도록 사랑하고 격려하기 위한 엄청난 기회입니다.

이 짧은 시간에 여러분 학교에서 실행하는 규율 정책의 중요한 기본 원칙을 모두 다룰 수는 없습니다. 학생들을 효과적으로 징계하려면, 교사들과 관리자들이 징계라는 주제를 다룬 하나님 말씀에 관해 살아 있는 지식을 충분히 갖추고 있어야 합니다. 이번 강의는 실제로 개인 성결에 관한 내용을 다루는 이전 강의의 구체적 적용인 셈입니다.

징계에 관한 제 철학에 영향을 미쳐온 성경 본문은 에베소서 3장 14-15절입니다.

이 위대한 계획을 생각하며, 나는 아버지 앞에 무릎을 꿇고 (땅의 아버지됨이든 하늘의 아버지됨이든, 모두 아버지에게서 유래합니다).

우리 아이들에게 아버지 역할을 할 때, 저는 구체적인 모델을 찾기 위해 하나님 아버지를 바라봅니다. 하나님 아버지가 그분의 아들을 얼마나 사랑하셨고, 그분의 백성을 어떻게 징계하셨는지 살펴보기 위해 그분에게 눈길을 돌립니다.

너무나 자주 아이들은 (잘못이기는 하지만, 이해할 만도 합니다) 자기 아버지가 지닌 특성을 그대로 투영하여 저마다 하나님의 성품을 이해합니다. 만약 제가 아버지 역할을 잘 감당하면, 우리 아이들은 하나님의 성품과, 하나님 가족으로 입양된 자녀로서 자신들을 향한 그분의 사랑을 훨씬 더 잘 이해할 것입니다. 학교인 우리는 부모님을 대신한다는 친권위임론Loco Parentis 원리를 잘 이해하고 있습니다. 우리는 수업 일수 동안만 부모 대신 아이들을 섬길 뿐입니다. 그러므로 이 성경 말씀은 우리에게도 그대로 적용됩니다.

하나님은 어떻게 징계하실까요? 잠언 3장 12절에는 이렇게 기록되어 있습니다.

주님은, 당신이 사랑하시는 사람을 꾸짖으시니, 마치 귀여워하는 아들을 꾸짖는 아버지와 같으시다.

징계의 동기는 분명히 그 아이를 향한 사랑과 기쁨이어야 합니다. 우리 아버지 하나님이 먼저 그것을 보여주셨습니다.

학교에 몸담은 사람들은 사랑, 정의, 용서, 회복, 자비, 신속하고 고통스러운 징계 등에 관한 성경적 개념을 반드시 이해해야 합니다. 학교 구성원들은 아이들의 본성과 그들에게 징계가 필요한 이유를 잘 이해해야 합니다. 또한 교사들은 하나님 말씀에 근거한 규율과, 개인적 선호도나 문화에 기초한 규율 사이의 차이도 분명히 이해해야 합니다. 어떤 사람들은 이 같은 두 번째 형태의 규정을 '내부 규율'House Rule이라고 불렀습니다.[1]

여러분 학교의 입학 승인 절차와 징계 필요성은, 그에 관한 여러분의 인식과 직결되어 있습니다. 학교에서 날마다 실행하는 징계의 분량과 종류도 여러분이 채택한 사명 선언문과 직결됩니다. 지금 여러분은 어떤 형태의 학교를 만들려고 합니까? 대다수 비그리스도인 학생들과 함께 공부하는 복음주의적 학교입니까, 아니면 가정에서 그리스도인 부모들이 양육한 그리스도인 학생들만을 위한 학교입니까?

로고스학교가 세워진 직후에, 한 기독교 학교 자문위원이 학교 이사진과 운영위원회, 관리자들에게 둘 중 어느 한쪽으로 치우치지 말라고 강하게 권고했습니다. 굉장히 지혜로운 조언이었지요. 전체적인 방향을 결정했더라도, 여러분은 어떻게 징계 정책을 사명 선언서와 긴밀하게 연결할지 심사숙고해야 합니다. 입학 승인 기준과 징계 정책은 통합되어야 합니다. 그리스도인 학생들을 고양할 사명이 있는 학교로서, 우리는 공립학교에서 비행을 저지른 학생은 입학시키지 않을 것입니다. 그것은 '자랑하는 것'을 '누룩'에 비유하며 고린도 교회에 전한 사도 바울의 경고를 따르는 것입니다고전 5:6.

우리는 이 진리가 현실에서 작동하는 것을 죽 지켜보았습니다. 학교에 '누룩'을 받아들이기 전에 곰곰이 생각해 보십시오. 저는 대다수가 그리스도인인 학급이 비뚤어진 태도를 가진 단 한 명 때문에 큰 피해를 입거나, 이런 개인을 퇴학시켜서 학교 전체가 큰 유익 얻는 것을 자주 목격했습니다.

그 결과 학교와 해당 학급의 전체 분위기가 확 바뀝니다. 그래서 애초부터 비행 학생들을 등록시키지 않는 것이 훨씬 더 낫다는 사실을 배우게 되었습니다. 사립학교도 입학을 신청하는 모든 학생을 받아들여야 한다는 강박관념에서 벗어나야 합니다. 입학 승인 결정은 굉장히 중요한 문제입니다. 결정을 내릴 때, 당신은 전체 학급에 미칠 영향과 해당 학생이 받을 혜택들을 꼼꼼히 따져봐야 합니다. 다시 말하지만, 입학 승인 결정은 굉장히 중요한 결정입니다.

성공적인 징계 프로그램은 몇 가지 부분으로 이루어집니다. 첫째, 운영위원회는 징계와 관련해서 확실한 정책을 수립해야 합니다.[2] 둘째, 관리자들은 이 정책을 교직원이 제대로 실행하도록 도울 지침들을 수립해야 합니다. 각 지침은 정책이 아우르지 못하는 영역들을 더욱 세밀히 다루기 위해서도 꼭 필요합니다. 마지막으로, 교사들은 자기 학급에 필요한 규칙들을 수립해야 합니다. 특정 규칙들이 서로 조화롭게 협력하는 것이 교사들에게 매우 중요합니다.

그리고 운영위원회에서는 창의적으로 징계 정책을 수립해야 합니다. 운영위원회에서 특별히 심각하게 생각하는 위반 행위에 관한 정책들은 학생들과 부모들에게 분명히 확인시켜야 합니다. 구체적으로 예를 들면, 무례하고 반항적인 태도를 보인다든지, 신체 상해를 입히며 싸운다든지, 저속한 언어를 사용하는 행위 같은 것들입니다. 각 정책은 지속적으로 비행을 저지르는 학생의 상황을 구체적으로 다뤄야 합니다. 신체 체벌 문제도 고려해야 합니다. 또한 학생들을 정학시키거나 퇴학시키는 절차도 수립해야 합니다.

앞서 언급한 것처럼, 관리자들은 교직원에게 운영위원회 정책의 실행 방향을 제공할 구체적 지침을 마련해야 합니다. 예들 들어, 학생들을 교무실로 보내는 것이 교사들에게 유일한 대안이라면, 언제 어떤 경우에 언제 그렇게 할지가 명확해야 합니다. 어떤 징계를 내릴지 누가 결정합니까? 관리자입니까, 교사입니까? 부모와의 소통은 누구 책임입니까? 여러분 학교에 복장 규정이 있다면, 위반 행위를 어떻게 다뤄야 합니까? 여기서는 관리자가 역할의 경계를 명확하게 규정해야 한다고만 말해 두겠습니다.

초등학교 수준에서는, 학생들이 날마다 네다섯 명의 교사들을 만날 수 있습니다. 학생들에게 일관성을 유지하기 위해, 교사 간의 학급 운영 규칙은 최대한 균형과 조화를 이뤄야 합니다. 관리자는 이것이 제대로 진행되는지 지켜보며 올바로 지도력을 발휘해야 합니다.

교사들은 대부분 일상의 교실에서 벌어지는 징계 상황을 다루게 될 것입니다. 관리자는 담임 교사들이 학급 운영 규정을 올바로 발전시키도록 도와야 합니다. 이것은 특히 신입 교사들에게 더 그렇습니다. 실제로, 관리자가 해당 학급 담임 교사에게 적절한 운영 지침의 초안을 제공해주는 게 가장 바람직할 수도 있습니다. 그런 다음에 개별 교사의 성향과 필요에 맞게 규칙을 만들기 위해 여러 수정 사항들을 함께 토론할 수 있습니다. 당연히 각종 위반 행위를 장황하게 적은 목록보다 전체적이고 간단명료한 규정이 훨씬 낫습니다. 교실 징계에서 가장 중요한 것은, 교사가 일관성 있게 규정을 집행하는 것입니다. 교사가 학생들에게 존경심을 잃는 가장 쉬운 한 가지 방법은, 징계 실행 과정에서 독단적이고 변덕스러운 모습을 보이는 것입니다.

좋은 부모인 교사들의 가장 큰 장점은 기꺼이 징계를 실행하려는 의지와 능력입니다. 신입 교사들은 자연스럽게 학생들이 자신을 좋아하게 만들고 싶어 합니다. 흔히 그들은 학생을 징계하면 그 학생이 자기를 싫어하거나 미워할까 봐 두려워합니다. 그러나 교사들은 경험상 현실은 그와 정반대라는 사실을 배우게 됩니다. 이를테면, 학생들은 일관성 있게 징계를 실행하는 교사를 존경하게 될 것입니다. 이미 부모인 교사들은 징계하는 것을 그리 주저하지 않는 것처럼 보입니다. 관리자들은 이런 필요를 다룰 자녀가 없는 교사들을 따로 교육해야 할지도 모릅니다.

지난해, 로고스 학생회에서는 학생들의 피드백을 교사들에게 제공하는 창의적 설문 조사 도구 개발에 기여했습니다. 여기에 그들이 제시한 기준들은 굉장히 통찰력 있는 것들이었습니다. 교사의 교실 운영 방식은 분명히 학생들에게 매우 중요합니다. 그들이 구성한 설문 조사 항목에는 다음과 같은 질문들이 포함되어 있었습니다.

"수업 시간이 생산적으로 활용되고 있는가?"

"교사가 감정적으로 징계하지 않는가?"

"징계 기준이 그 상황에 적절한가?"

열매 맺는 교사가 되려면, 학급을 효과적으로 운영해야 합니다. 징계와 관련된 모든 문제에 관해, 지혜와 분별을 달라고 기도하십시오약 1:5-6, 잠 2:6.

때때로 저는《How to Judge Righteously in Each and Every Situation You Will Face as a School Principal, or a Teacher》(교장이나 교사로서 날마다 부딪치는 모든 개별적 상황에서 올바로 판단하는 법)라는 책을 탐독합니다. 그러나 모든 사건에 맞게 단계적으로 모든 방법론을 다루어놓은 책은 없습니다. 각각의 상황과 학생은 저마다 다르니까요. 그래서 우리는 기도해야 합니다. 우리에게 지혜가 필요하기 때문이지요.

1986년 전미 올해의 교사상National Teacher of the Year을 수상한 동기부여 강사 가이 두드Guy Doud는, 문자 그대로 학생 책상에 앉아 아이들의 특성에 관한 분별력을 달라고 기도하던 모습을 생생하게 묘사했습니다. 우리는 징계하려는 학생들의 특성과 개성을 이해해야 합니다. 초등학교에서 휴식 시간을 감독해본 교사라면 누구나 지혜와 분별력이 얼마나 필요한지 잘 알고 있습니다. (무려 한 사람의 교사가 동시에 수백 명의 학생과 지혜롭게 소통해야 하는 솔로몬 같은 처지라고나 할까요?)

또한 우리는 다른 그리스도인들에게도 자문을 얻어야 합니다. 실제로, 몇몇 아주 특별한 징계 상황에서는 즉각적인 결정이 요구됩니다. 신속한 징계가 특히 어린아이들에게 중요하지만, 결정하기 전에 다른 신자들과 그 상황을 진지하게 의논해보십시오. 징계를 실행하기 위해, 우리는 탁월한 경청자가 될 뿐 아니라 바른 질문을 던지는 법도 배워야 합니다잠 18:17. 판단을 내리기 전에, 최선을 다해 관련 사실들을 정확하게 파악해야 합니다. 학생을 징계한 다음에야 중요한 정보를 파악하는 것은 큰 잘못입니다약 1:19. 또한, 관련된 모든 학생에게 적절한 질문을 던지는 것도 잊지 마십시오.

관리자들은 학생들 앞에서 교사의 징계 결정을 항상 지지해야 합니다. 교사들도 동일한 방식으로 관리자들을 지지해야 합니다. 이것은 멋진 결혼 생활과 아주 비슷해서, 학교 구성원 모두가 지도자들의 연합된 모습을 봐야 합니다. 문제가 있다면, 각 개인은 비공식적으로 그것을 논의해야 합니다. 실수가 있었다면, 교사나 관리자는 나중에라도 해당 학생을 찾아가 용서를 구해야 합니다.

징계도 가르침이라는 사실을 기억하십시오. 교장은 자신의 징계 결정이나 개별 학생과 논의한 사항이 비밀로 남을 거라는 안일한 생각을 해서는 안 됩니다. 다른 학생들이 징계받는 학생에게 무슨 일이 있었는지 물을 거라는 사실에 대비하고, 그에 따라 적절히 처신하십시오. 하나님이 어떤 행위가 잘못이라고 선포하셨다는 사실을 알고 있다면, 이 같은 기준을 실행하고 유지하기 위해 해당 학생을 적절히 징계해야 합니다. 여러분은 학생 한 명만이 아니라, 모든 학생을 가르치고 있는 것입니다. 정학이나 퇴학 처분을 시행하는 과정에서, 각종 소문이나 뒷말이 나도는 것을 막기 위해 학급 전체에 이야기해야 할 때가 있을지 모릅니다. 또한 해당 학급의 나머지 학생들과 함께 기도하기 원할 수도 있습니다.

어느 여름, 기독교 고전 학교 연합 워크숍에서, 한 참가자가 탐 가필드와 내게 '교사가 저지른 실수'도 함께 나눠야 하는지 물었습니다. 불편한 질문이었지만, 반드시 고민해봐야 할 훌륭한 질문이었습니다. 우리는 실수를 통해서도 배울 수 있으니까요.

저지른 비행에 합당한 징계를 실행하기 위해 주의를 기울여야 합니다. 제게 가장 고통스러우면서도 유익했던 컨퍼런스 중 하나는, 제가 매우 존경하는 부모에 관한 내용이었습니다. 그 부모는 제가 내린 몇몇 징계 결정에 관해 자기 딸이 불공평한 처분을 받았다고 공개적으로 밝혔습니다. 체벌이 저지른 잘못보다 훨씬 더 가혹한 것 같다는 이유였는데요. 곰곰이 생각해 보니, 그 말이 옳았습니다. 그가 저지른 행위에 훨씬 가혹한 처벌을 내린 것입니다.

학생들은 천부적으로 강한 정의감을 소유하고 있습니다. 관리자로서 여러분은 학교 구성원인 학생과 학부모들에게 존경받아야 합니다. 학생들의 그릇된 행동을 감정적으로 취급하면 안 됩니다. 여러분의 부르심을 일관성 있게 따르며, 그릇된 행동에 맞는 징계 수위를 정하려고 애쓰십시오.

제가 아주 존경하는 한 학교 책임자는, 학교 임원을 징계해야 하는 상황에서도 단호하고 온화한 태도를 유지했습니다. 꼭 필요한 경우에는 징계를 내렸지만, 그는 분명 임원들의 존경을 받았습니다. 엄격해야 할 때와 자비를 베풀어야 할 때를 잘 알고 있었던 거지요.

셰익스피어는 이런 말을 했습니다.

"자비를 받을 자격은 부자연스러운 게 아니다. 그것은 마치 저 높은 하늘에서 이 낮은 땅 아래로 떨어지는 부드러운 빗방울처럼 자연스럽게 다가오는 것이다. 자비는 이중으로 내리는 축복이다. 자비는 주는 자와 받는 자 모두에게 축복을 내린다."[3]

법을 따지는 부모들에게 반응할 때도 굉장한 주의를 기울여야 합니다. 초창기에 저는 부모들에게 "아니오"라고 말하기를 꺼리는 사람이었고, 늘 최소 공통분모를 찾는 정도로 모든 활동을 축소하곤 했습니다.

한번은 역사 공부를 위한 만찬에 참여하러 중학생들이 학교로 찾아왔습니다. 만찬이 진행되는 동안과 이후에, 미국 식민지 시기와 관련된 곡을 연주했는데요. 여학생 몇 명이 춤을 췄는데, 혼자 추는 친구도 있었고 다른 여학생과 짝을 지어 추는 친구도 있었습니다. 어떤 여학생들은 자기 아버지와 어울려 춤을 췄고요.

그런데 다음날 저는 사무실에서 매우 살벌한 표정의 두 사람과 마주해야 했습니다. 그 부모들은 자기 아이들을 로고스학교에 등록시킨 이유 중 하나가 춤추는 것을 피하기 위해서였다고 알려주었습니다. 춤추는 것이 죄를 짓는 행위라고 생각하기 때문이었지요. 저는 그들의 염려를 귀 기울여 경청했습니다. 당시 제가 사과했는지는 정확하게 기억나지 않습니다. 지금 생각해 보면, 사과까지 할 사안은 아닌 것 같습니다만. 어쨌든 그런 일이 재발하지 않게 하겠다고 다짐했습니다.

나중에, 제 처벌이 가혹했다고 지적했던 바로 그 학생이 제 반응에 문제가 있었다는 사실을 알려주었습니다. 저는 소수라도 누군가를 불쾌하게 해서는 절대 안 된다는 생각으로, 아무런 성경적 기준을 어기지 않고 있는데도, 전체 학생 공동체의 활동을 상당 부분 제한하고 있었다는 사실을 깨달았습니다. 여기서 얻은 교훈은 모든 사람을 기쁘게 할 수는 없다는 사실이었습니다. 그러므로 여러분이 믿는 기준에 기초해서 기꺼이 단호하게 결정하되, 그것에 격렬하게 항의하는 사람이 있을 수 있다는 것을 예상하고 실제로 그런 일이 벌어졌을 때 겸허히 받아들여야 합니다.

우리 학교가 있는 지역에는 하나님 말씀을 분명하게 가르치는 목회자들이 많습니다. 그들도 꼭 필요할 때 단호하게 교회를 치리합니다.

우리는 이 점을 학교 운영에 십분 활용하고 있습니다. 다시 말해, 우리 주변에는 성경적 징계에 관해 훌륭한 가르침을 받은 수많은 학부모가 포진해 있습니다. 결과적으로, 대다수 학부모는 로고스학교의 징계 정책과 결정을 지지합니다. 그렇지 않은 학교 관계자들이 감당해야 할 과제는 훨씬 더 도전적일 것입니다. 학교에서 의로움에 관한 하나님의 기준을 확립하고 유지하는 과정 가운데 단호하게 행동하라고 여러분을 격려하고 싶습니다. 저는 학부모의 지지를 얻지 못하는 대형 학교보다 차라리 우리 철학을 전폭적으로 지지하는 학부모가 있는 조그만 학교를 운영하고 싶습니다.

징계에 관한 전체적이고 장기적인 안목을 견지하십시오. 우리의 임무는 교육이며, 우리의 목표는 교실에서 생산적인 학습 환경을 창조하는 것입니다. 우리 앞에 놓인 중심 임무, 곧 우리 학교 학생들을 교육하는 데 계속 초점을 맞추십시오. 하지만 징계도 그 과정의 일부입니다. 기독교 학교의 학생들에게도 적절한 징계가 필요합니다. 하나님이 이런 징계를 통해 학생들의 성품이 더욱 그리스도의 장성한 분량을 닮아가도록 빚으시게 하십시오.

제가 징계에 관해 강의할 자격이 있는지 계속해서 생각해보았습니다. 저 역시 하나님 은혜로 구원받은 죄인입니다. 부모이자 관리자로서 저는 징계 문제에서 지금까지 많은 죄를 지었고, 아이들과 로고스학교 학생들에게 용서를 구했습니다. 저는 하나님의 은혜가 얼마나 부요한지 잘 압니다. 그럴 자격이 있어서 그런 은혜를 받은 게 아니었습니다. 지금까지 저는 설교를 통해 훌륭한 목회자들의 가르침을 받는 복을 누리면서, 하나님 말씀을 명확하게 가르칠 준비를 해왔습니다. 부디 제 경험이 여러분에게 다소나마 유익과 격려가 되기를 바랍니다.

4강

+

교육을 통해 그리스도의 주권 가르치기

크리스 슐렉트

대학 시절 저는 학문적 훈련을 거듭하면서 건전하고 성경적인 사고의 필요성을 절감했습니다. 그러면서 성경을 통해 학창 시절 내내 가장 큰 계명에 불순종했다는 사실을 확신하게 되었습니다. 마음과 뜻과 정성과 지혜를 다해 하나님을 사랑하라는 계명 말이지요. 수학과 역사에 특징적으로 나타나는 기독교적 관점이 어떤 모습인지에 관해 별생각이 없기는 했지만, 어쨌든 학생으로서 그런 관점을 발전시키라는 부르심을 받았다는 사실을 절실히 깨닫게 된 겁니다.

고등학교 졸업식은 공립학교 12년 교육을 완성하는 순간이었습니다. 저는 평균 성적도 아주 좋았고 성적 우수 장학금도 받았습니다. 지난 12년 동안, 30명 정도의 다양한 교사에게 많은 걸 배웠습니다. 어떤 교사들에게서는 더 많이 배웠고 다른 교사들에게서도 무언가를 배웠습니다. 그러나 모든 교사와 공유한 것은 공립학교 프로그램에 대한 헌신뿐이었고, 그들은 정부 지침 안에서 탁월하게 가르쳤습니다.

저를 가르친 교사들의 지침은 다른 무엇보다, 특정 신학적(또는 비신학적) 주장을 교실에서 공개적으로 지지하지 않는 것이었습니다. 사실상, 하나님에 관해 전혀 언급하지 않았습니다. 그러나 다른 것들에 관해서는 분명 언급했었지요. 저는 수학 시간에 삼각법과 미적분학을, 역사 시간에 문예 부흥과 각 나라 간 전쟁을, 생물 시간에는 개구리 해부를 배웠습니다. 하지만 수업 중 어디에도 예수 그리스도에 관한 언급은 없었습니다. 사실은 그런 언급을 기대할 수도 없었습니다. 수업 시간과 예수 그리스도는 전혀 어울리지 않는 것처럼 보였기 때문입니다. 사실상 신앙은 이런 과목들과 아무 관련 없었습니다. 최소한 저는 그렇게 생각하며 12년 동안 교육받았습니다.

하나님을 전혀 언급하지 않으면서도 공립학교 선생님들은 날마다 우레 같은 설교(?)를 전했습니다. 그들은 함축적으로 하나님이 우리 삶과 아무 관련 없다고 가르치고 있었습니다. 공립학교에서 받은 가장 파괴적인 가르침은 겉으로 명백하게 드러나는 거짓말이 아니었습니다(예를 들어, '우리 조상은 유인원'이라거나 '청교도들은 지저분한 사람들'이라는 식의 주장들 말이지요). 오히려 그런 노골적인 거짓말은 더 쉽게 바로잡을 수 있습니다.

지금까지 배운 내용 중에서 가장 파괴적인 것은 하나님의 성품에 관한 교묘한 거짓말이었습니다. '2 더하기 2'는 '4'이고 미국 독립 선언문은 1776년에 서명되었으며 개구리는 물속에서도 숨 쉰다는 내용을, 예수 그리스도가 그 모든 사실을 주관하시는 주님이라는 진리와 상관없이 날마다 줄기차게 배웠던 거지요. 모든 가르침이 '지혜와 지식의 모든 보물이 예수 그리스도 안에, 오직 그분 안에만 묻혀 있다'라는 성경의 명백한 가르침을 터무니없이 왜곡하려는 시도였습니다 골 2:3.

저는 어릴 적부터 하나님을 믿었고 결코 믿음을 포기하지 않았습니다. 그러나 학교에서는 수업 시간마다 무신론자처럼 학문을 연구하도록 교육받았습니다. 12년 동안 날마다 온종일 말이지요. 더 심각한 것은 저와 제 부모님은 제가 그런 교육을 주입받고 있다는 사실조차 까맣게 모르고 있었다는 사실입니다.

그렇게 '중립적 하나님'God-Neutral이라는 생각에 끊임없이 노출된 결과로 제 사고 영역에 나타난 이상한 현상은 분명 전혀 놀라운 일이 아니었습니다. 예수님은 학생이 교사만 못 하지만, 배움을 마치고 나면 자신의 교사와 같아진다고 말씀하셨습니다눅 6:40. 규칙상 그리스도가 만물의 주인으로 높임 받지 못하는 공립학교에서, 저는 자연스럽게 그리스도의 주권에 관한 개념을 잃어버렸습니다. 저는 그리스도를 도덕과 예배라는 아주 좁은 개념하고만 관련지어 생각했습니다. 교회와 관련된 부분에서만 그리스도를 인정하면서도, 스스로 그럴듯한 그리스도인이라고 여겼습니다. 그런데 실제로는 전혀 그렇지 않았지요. 저는 단지 선생님들처럼 되기 위해 철저히 훈련받는 학생에 불과했습니다.

하나님은 제게 은혜를 베풀어 공허한 학문적 노력에서 벗어나게 하셨습니다. 지금 저는 모든 학문의 영역에서 그리스도를 주님으로 인정하는 기독교 학교에서 학생들을 가르치고 있습니다. 현장에서 보면, 심지어 기독교 학교에서도, 교사들과 학생들이 모두 비성경적 사고로 슬그머니 빠져드는 것을 계속해서 발견하게 됩니다. 하지만 사도 바울은 하나님이 그런 사람들을 기뻐하지 않으셨고, 결국 그들이 멸망하고 말았다고 경고합니다고전 10:5. 이런 일들의 끝이 어떻게 되는지 분명하게 언급한 것이지요.

여기에는 온갖 수학적 사상과 역사적 사상, 예술적 사상, 즉 모든 사상이 포함됩니다. 이 강의에서는 이런 종류의 사고방식들을 소개하려고 합니다. 미적분 계산법이나 식물학, 문예 부흥사, 히브리어 문법, 그 밖의 수많은 영역의 학문적 추구에 관해 이야기하려는 것입니다. 물론 간접적으로만 다룰 뿐이지요.

초점은 이런 모든 학문 영역에 기본 토대를 제공하는 것입니다. 모든 학문 영역에서 가장 기본적이고 기초적인 질문은 다음 세 가지로 수렴할 수 있는데요.

"실재하는 것은 무엇인가?"

"진리는 무엇이며 우리는 어떻게 그것을 알 수 있는가?"

"선이란 무엇인가?"

세계관마다 이 질문들에 나름의 답을 제시하지만, 모든 세계관이 명확한 대답을 해주지는 않습니다.

다음의 기본 신념 체계에 관해 생각해보십시오. 대다수 사람이 지극히 자명하다고 생각하는 것들입니다. 이를테면, '두 가지 상반된 진술은 진리일 수 없다', '자연은 항상 일정하게 행동한다', '인간 존엄성은 존중되어야 한다', '0으로 나눈 수는 허수다', '역사적으로 유사한 사건이 계속 반복된다', '감각을 통한 지각 작용은 객관적 실재를 반영한다' 같은 주장들입니다. 이런 것들은 너무나 당연한 것으로 받아들여져서 쉽게 정당화할 수 있습니다.

그런데, 이 주장들은 모두 진리일까요? 그렇다면, 우리는 어떻게 그걸 알 수 있을까요? 실재와 지식, 윤리에 관한 특정 관점이 일상 경험에서 모든 사람에게 너무나 당연하게 받아들여지는 주장들에 언제나 적절한 정당성을 부여할까요?

모든 세계관은 일상 경험을 이해하도록 설명하려는 경향을 띱니다. 성경적 세계관도 예외가 아니고요. 사실, 성경은 기독교 세계관만 설득력이 있고, 다른 모든 세계관은 어리석은 것이라고 주장합니다고전 1:20. 그렇다면, 교육에서 늘 중심을 차지할 만큼 영광스러운 기독교 세계관이란 과연 어떤 것일까요? 기독교 세계관은 다른 경쟁자들과 어떻게 다를까요?

이제부터 나눌 개괄적 내용은 이런 질문들을 다루고 있습니다. 이 강의는 세계관의 가장 기본적인 원칙들, 실재, 지식, 윤리와 관련한 제반 영역들로 구성되어 있습니다.

실재에 대한 기독교적 관점

두 가지 기본 교리가 실재에 대한 기독교적 관점에서 본질상 두드러진 차이를 나타냅니다. 바로 창조와 섭리에 관한 교리인데요. 이 교리는 하나님이 절대적이며, 오직 그분만 절대적이라고 가르칩니다. 나중에 살펴보겠지만, 인간에 관한 독특한 이해가 여기 뒤따릅니다.

성경은 하나님이 우주를 창조하셨고, 그분의 자유 의지로 그렇게 하셨다고 가르칩니다. 그렇다고 일부 사람들이 주장하는 것처럼, 창조에 관한 기독교 교리가 하나님에게 창조의 필요가 있었고, 어떤 식으로든 그분에게 우주 창조를 통해서만 바로잡을 수 있는 결핍된 부분이 있었다는 의미는 결코 아닙니다. 하나님은 스스로 충분하시며, 스스로 다스리시는 분입니다.

하나님은 창조된 우주에 어떤 식으로도 얽매이지 않으십니다. 창조주로서 하나님을 생각해볼 때에도 이것은 사실입니다. 그와 대조적으로 우주는 하나님을 전적으로 의존하는 존재입니다. 심지어 우주는 그 구조와 법칙에 관해서도 하나님을 의존합니다. 심지어 우주의 구성도 창조주의 성품을 따라 만들어졌습니다. 하나님은 자신을 거스르면서까지 무언가를 시작하는 분이 아닙니다. 모든 우주는 하나님에게 속했으며, 전적으로 그분 소유입니다. 우주는 어디서나 창조주와 소유주이신 하나님의 흔적을 간직하고 있습니다. 하늘들과 창공은 온 땅에 하나님의 영광을 선포하며, 온 땅도 그분의 영광으로 충만합니다시 19:1 이하, 사 6:3.

창조 활동을 통해 하나님은 수많은 존재가 생겨나게 하셨습니다. 모든 것은 하나님이 만드셨기 때문에 존재합니다. 하나님은 인간의 감각으로 인지할 수 있는 물질적 존재들을 창조하셨습니다. 하나님은 온갖 영을 창조하셨습니다. 바로 인격을 소유한 비물질적 실재들(천사들이나 혼, 영)입니다. 또한 하나님은 법칙과 숫자, 범주 같은 개념적이고 추상적인 실재들도 창조하셨습니다. 이런 다양한 실재들은 하나님의 설계에 따라 그분이 각자에게 정해주신 방식으로 서로 함께 기능하고 있습니다.

지금 우리는 실재에 관한 기독교적 관점과 현대 물질주의적 관점을 대조하고 있습니다. 물질주의는 비물질적 실재의 존재를 허용하지 않지만, 기독교 세계관에서는 그런 존재를 인정합니다. 그래서 물질주의자들은 논리 법칙, 숫자, 범주 같은 비물질적 존재, 그리고 끊임없이 활용하는 개념적이고 추상적인 것을 어떻게 설명할 수 있는지 물을 때 굉장히 당혹스러워합니다.

또한 창조 교리는 기독교와 범신론을 명확하게 구분합니다. 범신론자들은 하나님을 자연과 동일시합니다. 그분의 속성을 자연의 특성과 동일하게 바라봅니다. 그들은 하나의 위대한 영적 존재, 또는 수많은 자연신, 또는 심지어 이 두 존재의 결합을 믿고 있을지 모릅니다. 두 경우 모두 자연을 신성시합니다. 수많은 미국 원주민 문화가 범신론적이며, '어머니 자연'을 주장하는 현대 환경론자들 역시 범신론자들입니다. 그러므로 범신론은 창조주와 피조물 사이를 명확하게 구분하지 않기 때문에 공공연하게 반기독교적입니다.

창조 교리와 더불어, 성경은 섭리 교리를 가르칩니다. 섭리 교리를 배제하고 창조 교리만 받아들이면, 하나님이 설계하신 대로 우주를 창조하기는 하셨지만, 자체의 힘으로 계속해서 돌아가도록 내버려 두었다고 생각하게 됩니다. 이것은 '이신론자'Deist(자연신론자)가 계몽주의 시대에 가르친 내용과 정확하게 일치합니다.

성경은 기독교의 하나님이 창조되지 않은 존재이며, 온 우주에서 일어나는 모든 일을 다스리신다고 주장합니다. 하나님의 정하신 바는 돌이킬 수 없습니다. 오직 하나님만 궁극적 통치권을 가지고 계십니다. 그러나 비록 만물 위에 계시는 초월자이기는 하지만, 하나님은 피조 세계에 무관심한 채 멀리 떨어져 계시지 않습니다. 그분의 섭리에 따른 관심은 내재적이고 인격적입니다. 하나님은 언제나 그분의 우주 안에 있는 만물과 친밀한 관계를 맺고 계십니다.

창조 교리와 섭리 교리는 피조물인 우주와 창조주 사이의 관계를 다룹니다. 피조 세계 전체든 일부든, 둘 다 스스로 다스리지 못합니다. 하나님만이 스스로 다스리는 분이며, 모든 피조 세계는 하나님에게 의존적이며 그분에게 복종합니다.

이렇게 특이한 창조주–피조 세계 관계에 특별히 주의를 기울일 만한 가치가 하나 있는데요. 아마도 이 모든 관계 중 가장 숭고한 것은 유일하신 하나님이 그분 자신과 인간 사이에 세우신 관계일 것입니다. 하나님의 형상을 간직한 존재인 인간은, 하나님이 친히 만드셨다는 점에서 굉장히 독특합니다.

하나님은 인간에게 온 땅에 충만해서 그 땅을 정복하고 다스리라고 명령하셨습니다. 그 땅을 지키는 청지기로 인간을 세우셨지요. 덕분에 지상에 머무는 동안 성취해야 할 다양한 규례와 책임이 자연스럽게 인간에게 주어졌습니다. 거기에는 합당한 예배와 정의롭고 공평한 상거래, 가족 간의 책임, 시민들 사이의 책임, 교회의 책임, 그리고 개인 경건을 위한 규례도 있습니다.

최초의 인간은 하나님의 규례, 곧 하나님의 법을 제대로 따르지 않았습니다. 그분이 인간을 창조하셨고, 정당한 권리를 가진 인간의 소유자인데도 말이지요. 그 후 모든 인간은 첫 번째 인간의 발자취를 따라서, 거역하는 마음으로 자신이야말로 '실재에 대한 궁극적 표현'이라고 스스로 주제넘게 생각하게 되었습니다. 사람들은 하나님의 법보다 자신의 법을 따라 온 땅을 다스리려고 했습니다. 그런 반역은 당연히 하나님의 진노를 받기 마땅했지요. 그 결과, 하나님은 인간을 정죄하셨습니다.

그러나 긍휼하신 하나님 아버지는 완전한 신이자 완전한 인간이신 그분의 아들이 완전히 의로운 삶을 살게 하셨습니다. 그리고 예수 그리스도는 거역하는 인간 대신 공의로운 사형 선고를 당하셨습니다. 이 같은 속죄 사역으로 사람들에게 아들 예수 그리스도의 의로움이 전가되었고, 그분이 대신 죽음의 짐을 짊어진 죄인들이 의롭게 되었습니다. 하나님 앞에서 합법적 은혜를 회복하게 된 것입니다.

창조 교리와 섭리 교리는 실재를 바라보는 기독교적 관점의 핵심입니다. 이런 교리는 하나님이야말로 실재하는 것과 실재하지 않는 것들의 궁극적인 실재와 결정권자라고 선포합니다. 이런 개념들에는 인간을 향한 기독교적 관점과 관련된 아주 중요한 태도가 담겨 있습니다. 인간은 하나님의 피조물이며, 만물 가운데서 그분에게 복종하고 의존하는 존재입니다. 이 같은 사실을 스스로 고백하든, 반항적으로 부인하든 상관없이, 모든 인간은 하나님에게 순종해야 합니다.

지식에 대한 기독교적 관점

실재와 더불어, 지식에 대한 기독교적 관점도 하나님에게서 시작됩니다. 하나님은 그분 자신에 관해 완전한 지식을 소유하고 계십니다. 그러니까 하나님은 자신을 이해하기 위해, 많은 사람이 주장하는 것처럼, 다른 것과 관련지어 자신을 더 많이 알 필요가 없습니다. 하나님은 스스로 진위를 주장하십니다. 궁극적인 진리의 기준까지 충분히 헤아리면서 자신을 보시기 때문에, 자신이 진리의 하나님이라는 사실도 스스로 의식하지 않으십니다. 그분을 진리의 하나님이라고 이야기할 때, 우리는 '하나님이 진리이시다'라고 말하는 것입니다. 진리는 하나님 자신의 완전한 권고하심으로 정의됩니다.[1]

이처럼 하나님은 창조에 관해서도 완전한 지식을 갖고 계십니다. 하나님이 전지하신 분이기는 하지만, 이것은 인간처럼 특정 문제를 탐구하거나 '발견할' 수 있어서 그런 것이 아닙니다. 그분은 만물을 창조하신 동시에 모든 피조 세계를 다스리기 시작하신 이래로, 원래부터 만물을 마음에 품고 계셨기 때문에 만물을 너무나 잘 아십니다. 그래서 우리는 인간의 지식과 대조적으로 하나님의 지식을 '본원적'Original이라고 말합니다.

하지만 인간은 전혀 다른 방식으로 지식을 얻습니다. 하나님과 달리, 인간은 원래부터 어떤 존재를 마음속에 그리지 않습니다. 진리를 발견할 때 인간은, 그것이 '2 더하기 2는 4'나 '워싱턴은 미국 초대 대통령이다', 또는 '예수는 주님이시다'이든 간에, 하나님이 처음부터 줄곧 알고 계셨던 것을 단지 발견할 뿐입니다. 어거스틴은 인간이 하나님을 따라 그분의 방식대로 생각한다고 말함으로써 이 문제를 적절히 잘 언급했습니다.

더구나 인간은, 원래부터 어떤 것을 마음속에 품고 계셨던 하나님과 관련하여 이해하지 않는 한, 그것을 진정으로 알 수 없습니다. 이것을 구체적으로 설명하기 위해, 모든 사람이 '2 더하기 2는 4'라는 보편적 추상 개념과 식탁 위에 놓인 사과가 연관된다고 자연스럽게 믿는다는 사실을 주목해봅시다. 오직 기독교만 그 연관성을 올바로 설명할 수 있습니다.

피조 세계에 대한 하나님의 질서정연한 마음과 다스림에 호소하기를 고집스럽게 거부함으로써, 비그리스도인 철학자들은 우리가 날마다 보고 느끼는 추상적이고 보편적인 숫자와 물질, 개별 존재 사이에서 모두 당연하게 받아들이는 연관성을 설명하기 위해 끊임없이 노력합니다. 하지만 모두 부질없는 짓이지요. 늘 당혹스러움만 경험할 뿐이니까요. 그런 철학자들은 두 개의 사과에 두 개의 사과를 합하면 네 개의 사과가 된다고 그냥 계속해서 믿지만, 정직한 철학자들은 지금도 그 이유를 모른다고 솔직하게 고백합니다.

모든 피조물 위에 계신 주님이시기에, 하나님과 연관하여 이해하지 않으면 아무것도 진정으로 이해할 수 없습니다. 이것은 실재에 관한 기독교적 관점에서도 일어나는 현상입니다. 하나님은 궁극적 실재이시며 존재하는 모든 것이 그분에게서 파생되기 때문에, 존재하는 모든 것은 하나님의 성품을 증명합니다. 그래서 우리는 지식에 관한 기독교적 관점을 통해 하나님이 궁극적 진리이시며 그분으로부터 모든 의미가 파생된다는 것을 깨닫게 됩니다.

여기에서 우리는 더 깊은 논의로 나아가야 합니다. 지금까지 하나님과 그분의 권고하심이 모든 의미의 근본임을 보았기 때문에, 이제는 어떻게 인간이 의미를 이해하게 되는지 논의할 필요가 있습니다. 그 과정에서, 앞에서 나눈 인간에 대한 기독교적 관점을 명심하시기 바랍니다.

거기에는 인간 존재와 지속적인 삶이 전적으로 하나님에게 달려 있다는 진리가 내포되어 있음을 주목하십시오. 인간은 모든 것에 관해 하나님을 의존하기 때문에, 당연히 지식을 얻기 위해서도 하나님을 의존해야 합니다. 기독교적 관점에 따르면, 인간은 하나님의 계시를 통해서만 지식을 얻을 수 있습니다. 하나님이 계시해주지 않으시면, 인간은 아무것도 알 수 없습니다. 이에 관해서는 몇 가지 관찰이 이루어져야 합니다.

먼저, 지식은 예수 그리스도를 통해 인간에게 계시됩니다골 2:3. 하나님은 무한하시지만, 인간은 유한합니다. 하나님은 변하지 않으시지만, 인간은 끊임없이 변합니다. 그런데 어떻게 하나님과 인간 사이에 접촉점이 생길 수 있을까요?

그분의 아들 예수 그리스도 안에서, 하나님은 두 당사자를 화해시키고 중재하십니다. 그러므로 모든 진리는 기독교적 진리입니다. 그리스도는 우리와 함께하는 임마누엘의 하나님이십니다사 7:14. 우리 안에 거하시는 하나님의 말씀이며, 우리는 그리스도의 영광을 보았습니다요 1:14. 하나님을 본 사람은 아무도 없지만, 아들 예수 그리스도는 하나님을 선포하셨습니다요 1:18. 그리스도 안에서, 그리고 그리스도로 인해 우리는 진리로 충만하신 분의 영광을 보게 됩니다요 1:14. 하나님은 그분의 아들을 통해 우리에게 말씀하셨고, 그분의 영광에서 흘러나오는 광채와 그분의 존재를 정확히 드러내는 대변자를 보여주셨습니다히 1:2-3. 더구나, 그리스도 안에는 모든 지혜와 지식의 보물이 감추어져 있습니다골 2:3. 그리스도는 하나님과 인간 사이의 접촉점이며, 하나님은 이 접촉점을 통해 지식을 나누어주십니다. 그래서, 궁극적으로, 그리스도를 거부하는 것은 지식을 포기하는 것입니다.

중재자이신 그리스도 덕분에, 유한하고 일시적이고 변덕스러운 인간이 절대적이고, 우주적이고, 변하지 않는 진리를 알게 됩니다. 이 진리에는 논리적이고 수학적인 법칙, 절대적 윤리 규범, 객관적 언어 영역, 물질의 타고난 성질 등이 모두 포함됩니다. 어떤 비기독교 사상도 이 중에서 아무것도 제대로 명확히 설명할 수 없습니다.

그리스도를 거부하는 불신자들도 지식에 관해 그분을 의존합니다. 만물이 그리스도로 인해 창조되었고, 그리스도를 위해 창조되었기 때문입니다요 1:3, 골 1:16. 무언가를 알 수 있는 인간의 능력도 피조 세계에 포함되어 있습니다. 더구나 하나님은 모든 인간에게 무언가를 알게 하십니다. 피조 세계에는 하나님의 속성이 계시되어 있고롬 1:19-20, 하나님은 사람들에게, 심지어 불신자들에게도 좋은 은사를 베푸십니다마 5:45, 행 14:17.

그러나 사람들은 이런 지식을 은폐해서 스스로 생각이 우둔해졌습니다롬 1:18, 21. 굳어진 마음이 이해 영역을 어둡게 만들어, 무지하게 되었습니다엡 4:18. 그리스도인에게 '모든 삼각형에는 세 변이 있다'라는 명제와 '나폴레옹은 워털루 전투에서 패배했다'라는 사실은 하나님의 지혜를 입증합니다. 반역하는 마음에 끈질기게 머물러 있는 불신자들에게 이런 개념들은 다른 모든 것과 마찬가지로 너무나 시시할 것입니다.

지식에 관한 기독교적 관점을 논의하면서, 우리는 하나님의 궁극적 권위를 인정하는 것에서 출발했습니다. 하나님은 그분의 신성한 권고하심에 기초해서 무엇이 진리인지 결정하시며, 무엇이 진리인지 탐구하기 위한 각종 기준과 매개 변수를 정하십니다. 인간이 진리라고 알 수 있는 모든 것은, 하나님이 인간에게 계시하신 것에 지나지 않습니다. 실재에 관한 기독교적 관점이 하나님에게서 시작하여 그분을 중심으로 진행되는 것처럼, 지식에 관한 기독교적 관점도 마찬가지입니다.

여기에서 우리는 이 같은 경향성이 계속 이어지는 기독교 윤리학으로 자연스럽게 옮겨가게 됩니다. 윤리학은 기독교 세계관을 설명하는 세 번째 단계이자 최종 영역입니다.

윤리에 대한 기독교적 관점

윤리는 옳고 그름에 관한 연구 분야이자 여러 도덕적 주장들의 정당성을 밝히는 영역입니다. 앞서 다룬 내용에서는 실재와 지식의 여러 영역에서 하나님의 궁극적 권위를 연결했습니다. 그에 상응하여, 윤리학에서는 하나님을 뛰어넘거나 그분과 양립하는 특정 윤리 기준이 있다고 생각하지 않습니다. 오직 하나님 한 분만 유일한 기준이십니다. 그러므로 하나님은 궁극적 선이십니다.

소크라테스와 플라톤 시대 이래로, 사람들은 하나님이 선하신 분임을 이해하고 있었습니다. 그런데 왜 하나님은 선한 분일까요? 그리스인들은 제우스가 선하다고 가르쳤습니다. 제우스가 어떤 식으로든 자신을 초월하거나 자신과 양립하여 존재하는 선의 기준을 충족한다고 생각했기 때문인데요.

그러나 기독교의 하나님은 제우스가 아닙니다. 성경은 하나님의 성품이 선의 정의를 명백히 보여준다고 가르쳐줍니다. 기독교적 관점에 따르면, 수많은 불신자가 강하게 주장하듯, 하나님이 어떤 경우에는 악행을 저지르실 수도 있다는 주장은, 심지어 넌지시 암시하는 것조차 정말 터무니없는 말입니다. 악을 저지르는 것은 하나님에게 불가능한 일입니다. 하나님은 선하시며, 그분 자신을 부정하실 수 없습니다. 정의상 '둥근 삼각형'이라는 말이 터무니없는 것처럼, 하나님의 악행을 언급하는 것 자체도 터무니없는 짓입니다.

하나님을 궁극적 도덕 기준으로 바라보는 이 같은 관점에서 함축하는 바는, 그분의 가치 체계를 인간이나 그 외 다른 기준으로 판단할 수 없다는 것입니다. 오히려 하나님의 성품이 온갖 윤리적 판단의 기초가 됩니다. 하나님 말씀이야말로 윤리적 기준을 계시하며, 사람들에게 윤리적 판단을 가능하게 합니다.

오직 하나님이 선하다고 선포하신 경우에만 '선하다'라고 규정할 수 있습니다. 그런데 이 같은 선포는 하나님 말씀에 절대 무오하게 규정되어 있습니다.

불행하게도 선의를 가진 수많은 그리스도인이 이 같은 요점을 포기하고, 세상과 부딪칠 때 인본주의적이거나 자연주의적인 윤리 기준을 따릅니다.

'동성애자들은 성적 지향이 선천적으로 결정되어 있다'라는 주장을 예로 들어봅시다. 그러니까 그런 성적 지향은 자연스러운 것이므로, 틀림없이 선하다고 역설합니다. 수많은 그리스도인이 동성애자가 호소하는 것과 동일한 기준에 호소함으로써 이런 주장에 도전합니다. 자연에 대한 물질주의에 기초한 과학적 관점이 바로 그것인데요. 그것이 자연스럽지 않기 때문에 궁극적으로 동성애가 잘못이라

고 주장한다면, 자발적이라고 이해되는 자연이 선과 악을 결정한다
는 관념을 암묵적으로 받아들이고 있는 것입니다.

소위 이런 '기독교적' 논증은 윤리에서 하나님 대신 자연의 궁극
적 권위를 인정합니다. 피조물이 창조주 자리를 대신 차지하는 것이
지요. 동성애 논쟁에 관한 성경적 반응은 동성애 지향의 선천성 여부
와 상관없는 것으로 간단히 처리할 것입니다. 실제로 성경은 모든 죄
가 육신적 인간에게 자연스러운 것이라고 가르칩니다. 이 문제에 관
한 건강한 기독교적 증언은 단지 자연만으로는 옳고 그름의 기준을
세울 수 없다고 강하게 주장하게 될 것입니다. 오로지 기독교의 하나
님만 그런 기준을 세우실 수 있습니다.

요약

우리는 이제 기독교 세계관을 나름대로 요약할 수 있습니다. 기독
교 세계관의 핵심은 실재와 지식, 윤리 영역에서 하나님의 궁극적 권
위를 인정하는 것입니다. 하나님은 다른 모든 존재를 창조하신 최종
적이고 영원한 실재이십니다. 모든 실재는 하나님으로부터 파생됩니
다. 그분 안에서 모든 실재가 결합합니다. 또한 하나님은 궁극적이고
독립적인 진리의 기준이십니다. 그분으로부터 모든 의미가 생겨납니
다. 원인이든 결과든, 연대순으로 분류하든 범주에 따라 분류하든,
모든 관계는 하나님으로 말미암아 세워지고, 그분이 그런 관계를 계
시하실 때 밝히 알게 됩니다. 선악이나 정의·부정의 등에 관한 윤리
적 구분도 이런 관계에 포함됩니다. 그래서 궁극적 실재이자 진리인

것과 마찬가지로, 하나님은 궁극적이고 윤리적인 분이기도 합니다.

교육을 어떤 식으로 부르든, 그 교육을 통해 그리스도의 주권을 가르쳐야 합니다. 그리스도와 동떨어져서는 어떤 과목도 교육의 기본 목표, 곧 지식을 나눠준다는 목표를 충족하지 못합니다. 그리스도를 배제한 곳에서는 어떤 교육도 있을 수 없습니다. 그리스도가 없다면, 지식이 불가능하기 때문입니다. 기독교적 커리큘럼에는 그리스도의 주권을 공부하는 과정이 반드시 포함되어야 하며, 그 공부가 단지 신학 과정에만 제한되어서는 안 됩니다. 주님의 통치는 수학과 논리학, 과학과 예술에서도 마땅히 연구되어야 합니다. 그런 수준에 미치지 못한다면, 그리스도의 주권을 부인하고 교육의 근본 목적을 위배하게 됩니다.

5강

+

적용 사례: 성경적 세계관과 수학 수업

짐 낸스

오, 자연의 빛으로 은혜의 빛에 대한 갈망을 우리 안에 촉진하는 분. 그 빛을 수단으로 우리를 영광의 빛으로 옮기시는 분. 저는 바로 그분께, 오, 창조의 주님께 감사하나이다. 당신은 친히 창조하신 것들로 저를 기쁘게 하셨으며, 당신의 손길로 이루신 일들로 말미암아 저는 크게 기뻐하나이다. 보십시오! 이제 막 저는 당신에게 고백하는 것을 마쳤습니다. 당신께서 베풀어주신 사고력을 최대한 활용하여 그렇게 했습니다. 그런 논증을 기꺼이 받아들이려는 이들에게, 저는 당신의 일하심이 얼마나 영광스러운지 밝히 드러냈습니다. 제 협소한 지성으로 이해할 수 있는 만큼 최대한 그 무한하신 역사를 밝히 드러냈습니다… 그래서 마침내 이런 논증이 당신의 영광과 영혼들의 구원으로 나아가는 결과를 낳도록 은혜롭게 설계했습니다. 결국 어디에도 그 발걸음을 방해하는 장애물은 있을 수 없습니다.

요하네스 케플러Johannes Kepler, 《Harmonies of the World》(온 세상의 조화)

기독교 학교는 핵심인 성경 말씀과 통합된 전체 중 일부로 모든 과목을 가르치겠다는 목표를 세워야 합니다. 이러한 과목들에는 수학도 포함됩니다. 그리스도인들은 '역사와 문학, 과학을 비롯한 모든 과목은 성경적 세계관과 성공적으로 통합할 수 있지만, 수학은 어떤 세계관과도 무관한 가치 중립적 학문이다'라는 거짓말을 결코 믿어서는 안 됩니다. 그와 반대로, 수학은 굉장히 신학적인 학문입니다. 수학은 하나님의 성품에서 나타나는 양상을 숫자로 드러내고, 그분 안에 있는 논리를 표현하는 것이기 때문입니다. 자신의 저서 《알마게스트Almagest》 서문에서, 고대 그리스의 수학자이자 천문학자인 톨레미Ptolemy(프톨레마이오스)는 수학에 기초한 학문은 일관성과 불멸성 때문에 신성을 가장 잘 증명한다고 서술했습니다. 수학은 하나님이 그분의 피조 세계에 명하신 근본 법칙들을 발견하고 조사하고, 적용하려고 애씁니다.

수학에 관한 기독교 세계관을 자세히 살펴보기 전에, 이 과목에 대한 믿음 없는 접근 방식으로 초래되는 다양한 철학적 문제들을 꼼꼼히 따져볼 필요가 있습니다.

중립 지대는 없다

믿지 않는 자들이 추구하는, 수학에 내재 된 첫 번째 문제는 중립 지대라는 신화입니다. 수많은 불신자와, 불행하게도 그리스도인 중 상당수가, 수많은 학문 영역이 특정 전제와 세계관에 크게 영향받지 만, 수학은 아무 영향도 받지 않은 채 남아있다고 주장합니다. 그들 은 이와 관련해서 온갖 신념 체계를 지닌 사람들이 모두 동의할 최소 한의 중립 지대가 존재한다고 말합니다.

"개인의 신앙적 확신에 상관없이 모든 사람은 '1 더하기 1은 2'라 는 명제에 동의한다."

"학생들은 신적 존재와 상관없이 계산법을 배울 수 있다."

이런 태도는 사실에 근거하지 않습니다. 심지어 가장 기본적인 수 학 진리조차 모든 사람이 동의하는 것은 아닙니다. '1 더하기 1은 2' 라는 명제는 숫자 1과 2가 실재에 관해 무언가를 반영하는 경우에만 가능합니다. 이 명제는 역사적으로 많은 철학자에게 거센 도전을 받 았고, 명백하게 거부되기도 했습니다. 예를 들어, 인도의 베단타 힌 두교Vedantic Hinduism●에서는 이렇게 가르칩니다.

> "궁극적 진리라는 맥락에서, 순수한 영 외에는 아무것도 존재하지 않
> 는다. 이것이야말로 가장 높은 수준의 깨달음이다. 그리고 가장 높은
> 진리를 터득한 자는 어떤 이중성도 알지 못한다."[1]

힌두교도들은 '가장 기본 수준의 실재에서는 모든 것이 하나'라고 믿기 때문에, 다른 모든 숫자의 실재를 부인해야 합니다. 만약 그들 에게 "1+1=2"라고 주장한다면, 힌두교도들은 슬프게도 여러분이

● 범신론적, 관념론적 일원론을 추구하는 바라문 사상의 주류 – 역자 주

환상에 사로잡혀서 서구 철학에 과도한 영향을 받았다고 단언할 것입니다. 여기에서 우리는 여러 수학적 개념이 보편적 동의를 얻는다는 주장이 전혀 사실이 아님을 쉽게 살펴볼 수 있습니다.

우리 예상대로, 수학 개념이 복잡해질수록 사려 깊은 사람 간에 점점 더 의견 차이가 벌어지는 것을 알 수 있습니다. 정말로 허수는 존재할까요? 그렇다면 왜 그것을 허수라고 부르는 걸까요? 그렇지 않다면, 왜 그것들이 그토록 유용하단 말입니까? 미분은 정말로 존재할까요?

만약 그렇다면, 특정 방식으로 무한한 숫자의 점들이 한정된 구간에 수렴될 것이고, 만약 그렇지 않다면, 계산법의 기초가 흔들릴 것입니다. 사람들은 각자 다양한 세계관을 가지고 있기 때문에 그런 질문이나 문제들에 대해 다양한 관점을 취합니다. 그런 수학 개념들은 결코 세계관과 상관없이 중립 지대에 위치하지 않습니다.

수학의 중립성을 주장하는 건 내적 일관성을 깨뜨리는 모순된 주장입니다. 하나님이 수학과 아무 관련 없다거나, 실제로 하나님을 전혀 언급하지 않고도 수학을 가르칠 수 있다는 것은 전혀 중립적이지 않은 주장입니다. 전지하시고 주권적이며 삼위일체이신 온 우주의 창조주와 운행자가 없다면, 각종 수학적 주장들은 불확실하고 신뢰할 수 없으며, 궁극적으로 무의미해집니다. 이것은 분명히 중립적 위치가 아닙니다.

그러나 아무리 의견을 달리한다고 해도, 그 사람은 오직 자신의 비중립적 신념 체계 위에서만 그렇게 할 수 있습니다. 수학이 종교적 신념에 영향받아서는 안 된다고 말하는 것 자체가 수학에 대한 종교적 신념이며, 결국 뻔뻔스러운 자기모순에 지나지 않습니다.

또한 수학의 중립성은 여러 인식론적 문제들을 초래합니다. 모든 것을 아시는 하나님이 없다면, 어떤 수학 진리도 확실하게 알려질 수 없었을 것입니다. 어떻게 여러분은 '1 더하기 1은 2'라는 명제를 진리라고 확신할 수 있습니까?

이 질문이 다소 우스꽝스러워 보일 수 있지만, 사람들은 옛날부터 이와 유사한 여러 간단한 개념들에 관해 그릇된 확신을 하고 있었습니다. 불신자가 '1 더하기 1은 2'라는 명제를 잠시라도 포기할 경우, 어떻게 그가 훨씬 더 커다란 진리를 발견하지 못할 것을 알 수 있을까요? 하지만 그리스도인은 하나님이 알려질 수 있는 모든 것을 아신다고 인정하며, 그런 문제들을 넉넉히 알려주시는 그분의 계시를 신뢰합니다. 여러 수학적 진리가 그와 관련된 신 지식을 아무리 쌓아도 더는 별 영향을 받지 않는다고 주장하는 건, 신과 관련된 모든 것을 깨달았다고 주장하는 것과 마찬가지인데요. 그런 수학적 진리들은 사실 이 같은 지식에 별다른 관심이 없습니다. 하나님의 전지하심을 부인하면서 그와 동시에 수학적 진리를 절대적으로 확신하는 건, 수학적 진리 자체가 전지하다고 주장하는 것입니다.

적용 가능성이라는 신비

불신자들이 추구하는, 수학에 내재한 두 번째 문제는 훨씬 더 놀랍습니다. 수많은 사려 깊은 불신자가 대답할 수 없는 문제로 받아들여 왔기 때문인데요. 그것은 바로 적용 가능성이라는 신비입니다.

이 신비는 "왜 수학은 이렇게 놀라울 정도로 효과적인가?"라는 질문을 던지는 데서 비롯됩니다. 수학자들과 과학자들은 여러 세대에 걸쳐 이 질문에 걸려 넘어졌습니다. 도대체 어떻게 몇 가지 기본 방정식으로 행성 운행과 발사체 궤적 같은 것을 예견할 수 있단 말입니까? 수학이 인간에게서 비롯된 것이라면, 단지 인간 사고의 산물이라면, 어떻게 우주의 운행 방식까지 반영하고 있는 걸까요?《Why Johnny Can't Add?》(왜 우리는 보탤 수 없는가?)의 저자 모리스 클라인 Morris Kline은 이렇게 진술합니다.

"사려 깊은 과학자들에게 그 질문은 상당히 많은 부분에서 자연이 수학 공식과 밀접한 상호 관련이 있음을 보여주는 경이로움의 끊임없는 원천을 제공해주었다."[2]

숫자 놀이를 한다고 상상해봅시다. 1과 1로 2를 얻기 위해 두 숫자를 더합니다. 이전 숫자에 2를 더해 3이 되게 합니다. 다음에는 3에다 바로 이전 숫자를 더해 5를 만듭니다. 이 과정을 계속하면, 다음과 같은 수열이 만들어집니다.[3]

1, 1, 2, 3, 5, 8, 13, 21, 34, 55, 89, 144, 233, 377, 610, 987, 1597…

그런데 이 수열은 여러 가지 이유로 굉장히 특별합니다. 솔방울을 잘 살펴보십시오. 두 개의 나선이 서로 반대 방향으로 주변을 휘감고 있는 것을 발견하게 됩니다. 이 나선 구조를 잘 살펴보십시오. 나선을 이루는 숫자가 항상 이 수열에 있는 두 개의 연속 숫자로 구성되어 있을 것입니다. 이를테면, 5와 8이나 8과 13처럼 말이지요. 이것은 결코 우연의 일치가 아닙니다.

이 같은 현상은 해바라기나 데이지, 솔 엉겅퀴에서도 볼 수 있습니다. 이렇게 다른 수많은 나선형 구조가 자연적으로 발생하는 경우는 얼마든지 관찰할 수 있습니다. 자연에서 이런 숫자 배열이 이루어지는 사례는 아주 많습니다. 이 수열과 그에 따른 결과가 컴퓨터 프로그램, 건축, 생물학, 음악, 양자역학 같은 다양한 영역에서 적용되는 경우도 수없이 많고요!

이렇게 마음속으로 하는 숫자 놀이가 물리 세계에서 너무나 놀랍게 적용될 수 있다는 사실 만큼 신비한 일이 또 어디있겠습니까? 영국의 물리학자 노먼 캠벨Norman Campbell은 여러 과학 공식에 관해 이렇게 말합니다.

"그런데 왜 사람들은 예언하는가? 여기서 우리는 다시 피할 수 없는 결론으로 돌아가게 된다. 제시해야 하는 최종 해답은 나도 모르고 아무도 모르며, 영원히 아무도 모를 거라는 것이다."[4]

캠벨 박사처럼 하나님에게 영광 돌리지 않는 수학자들은, 수학 원리가 우주 만물에 효과적으로 적용되는 이유를 제대로 설명할 수 없습니다. 1963년 양자역학 연구로 노벨상을 받은 유진 위그너Eugene Wigner는 이렇게 말합니다.

"가장 중요한 첫 번째 요점은, 자연과학에서 수학의 엄청난 유용성이 거의 신비스러운 지경에 가까우며 그에 관해 어떤 이성적 설명도 제시할 수 없다는 것이다."[5]

이 같은 신비를 솔직하게 인정하면서, 모리스 클라인은 이렇게 말합니다.

"사실, 수많은 자연의 신비를 마주하면서, 과학자는 너무 기쁜 나머지 그것들을 수학 기호라는 아주 버거운 수수께끼 속에 묻어두는데, 어찌나 철저히 묻었는지 많은 세대가 흘러도 쉽사리 찾아낼 수 없을 정도다."[6]

수학자들은 그 배후에 하나님을 전제하지 않는다면 전혀 설명할수 없는 것들을 다룹니다. 그러나 그들은 대답할 수 없는 질문이 있다고 인정하기보다, 애매모호한 사실에 대해 자신만만한 태도를 보이며 당황한 모습을 교묘히 감춥니다. 사려 깊은 수학자라면 누구나 그 사실을 잘 압니다. 응용수학은 하나님 중심적 명제를 통해서만 이해할 수 있고, 수학자들이 믿음 없는 토대 위에 계속해서 짓고 있는 건물들은, 결국 모두 무너지고 말 것입니다.

참된 기초

모든 수학자와 수학 철학자가 참된 기초를 무시하는 것은 아닙니다. 모든 시대에 걸쳐 수많은 기독교 사상가가 수학의 주님을 인정했고, 그분에게 합당한 영광을 돌렸습니다. 니콜라우스 코페르니쿠스 Nicolaus Copernicus는 《Revolutions of Heavenly Spheres》(천체들의 운행)

에서 이렇게 말했습니다.

"자기 눈에 가장 질서정연한 모습으로 확립되어 신적 다스림을 통해 운행되는 것처럼 보이는 모든 현상에 스스로 적응한 사람은…, 만물의 창조주를 전혀 의아하게 생각하지 않을 것이다. 그분 안에 모든 행복과 선함이 자리 잡고 있기 때문이다."[7]

많은 사람이 아이작 뉴턴Isaac Newton이야말로 인류 역사상 가장 훌륭한 과학자라고 생각합니다. 뉴턴은 현대 물리학의 기반을 닦고, 빛의 조성을 발견하고, 계산법을 발전시켰으며 성경 주석을 쓰기도 했는데요. 《자연철학의 수학적 원리Mathematica Principia》에 그는 이렇게 고백합니다.

"이처럼 태양과 행성, 혜성으로 이루어진 가장 아름다운 체계는 지적이고 강력한 존재의 권고와 통치가 있을 때라야 비로소 한걸음씩 나아갈 수 있었다… 이 존재가 만물을 다스린다. 이 세상에 속한 영혼이 아니라 만유의 주님으로서 말이다."[8]

뉴턴과 동시대 사람이자 계산법을 함께 발전시킨 독일 수학자 고트프리트 라이프니츠Gottfried Wilhelm Leibniz는 이렇게 말했습니다.

"우리가 하나님의 경이로움, 능력, 지혜, 그리고 선하심을 바라보게 되는 것은 특히 과학과 더불어 자연에 관한 지식을 통해서다… 청년 시절 이후로, 그게 바로 내가 과학을 굉장히 좋아하면서 그렇게 몰두

해온 이유다."[9]

기독교 변증가이며 개혁신학자인 코넬리우스 반 틸Cornelius Van Til
도 이렇게 말했습니다.

"불신자의 원칙은 사실이 아니며 신자의 원칙만이 진실하기 때문에,
과학은 가능하고 현실적이다. 하나님이 온 우주를 창조하셨으며 그분
의 섭리를 통해 다스리고 계시다는 이유만으로 과학 같은 것들이 조금
이라도 존재할 수 있다."[10]

미국의 신학자 번 포이트레스Vern S. Poythress는 〈A Biblical View of
Mathematics〉(수학에 대한 성경적 관점)이라는 글에서 이렇게 주장합니다.

"오직 순종하는 마음으로 하나님 말씀 듣는 것을 기초 삼아야만 수학
을 위한 적절한 토대를 발견할 수 있다. 수학을 떠받치는 분이 바로 하
나님이시기 때문이다. 절대 그 반대가 아니다."[11]

이런 증언에 기초해서, 수학에 대한 기독교 세계관을 더 세밀하게
심사숙고해보겠습니다.

수학에 대한 기독교 세계관

수학의 진리를 비롯하여 다른 모든 진리의 기초는 성경의 하나님

입니다. 수학의 다양한 양상은 하나님의 논리적 성품과 그분의 창조적이고 섭리하시는 능력을 표현하기 위한 것입니다.

첫째, 하나님은 수많은 본성을 간직하고 계십니다. 그분은 유일한 하나님이신 동시에, 아버지와 아들과 성령의 세 인격으로 존재하는 분입니다신 6:4, 사 44:6, 마 28:19, 고후 13:13, 딤전 2:5, 약 2:19, 벧전 1:2 참고. 하나님이 복수적 특성을 갖고 계시기 때문에, 피조 세계도 그런 특성을 반영하고 있습니다. 궁극적 실재는 하나가 아니라, 하나인 동시에 다수입니다.

피조 세계는 실재하며, 실제로 각자 다른 것과 구분되는 동시에 일일이 헤아릴 수 있는 고유한 특색을 지닌 존재들입니다. "주님, 주님께서 손수 만드신 것이 어찌 이리도 많습니까? 이 모든 것을 주님께서 지혜로 만드셨으니, 땅에는 주님이 지으신 것으로 가득합니다"라는 다윗의 고백처럼 말입니다시 104:24.

하나님이 만물을 창조하셨기 때문에, 피조 세계는 그분의 일부 속성을 반영하고 있습니다. 우리에게 수학 개념들에 대한 신뢰할 만한 기초가 있다는 이야기입니다.

간단히 말하자면, 하나님의 헤아릴 수 있는 속성들은 산수의 기초를 제공합니다. 하나님이 공간에 두루 편재하시는 분이라는 진리는 기하학을 위한 진정한 척도와 토대를 제공합니다. 또한 하나님의 무한하심과 광대하심은 계산법에서 무한대 개념의 기초를 제공합니다시 90:2, 왕상 8:27.

응용수학은 하나님이 피조 세계를 다스리시는(통치하고 유지하시는) 법칙을 발견하고 활용하는 과정입니다. 예수 그리스도는 만유의 주님이십니다. 그리스도 안에서 모든 것이 서로 함께 붙잡고 있습니다

골 1:17. 어떻게 만물이 서로를 붙잡고 있는지 묘사하는 수학 법칙은 그리스도 자신이 일관성 있고 변하지 않는 분이기 때문에 다른 법칙들과 일치합니다히 13:8.

천문학에서 법칙을 발견할 때, 우리는 어떻게 하나님이 하늘들을 붙잡고 계시는지 묘사하는 규칙을 발견합니다시 33:6-9. 원자 물리학 법칙을 발견할 때는, 어떻게 하나님이 물질을 붙잡고 계시는지 발견하는 것이고요히 1:3.

이렇게 그리스도인에게는 적용 가능성의 신비에 관한 답이 있습니다. 우리 마음에 전개되는 수학적 과정들이 물리적 우주의 작동과 밀접한 관련을 맺고 있는 것은, 하나님이 그 둘을 창조하셨기 때문입니다. 이에 관해 반 틸은 이렇게 말했습니다.

> "하나님은 물리적 존재에 관한 사실들뿐 아니라, 그에 관한 법칙들도 창조하셨다. 그런데 이 둘은 상관관계가 없다면 무의미해진다. 더구나, 지금까지 하나님은 지식의 객체를 취하셔서 지식의 주체로 삼으셨다. 그러니까 우리 마음의 법칙과 사실에 관한 법칙이 서로에게 풍성한 교감을 가능하게 하는 것은, 하나님의 창조적 일하심과 섭리 때문이다. 그 덕분에 만물이 서로 연관되는 가운데 각자의 존재와 운행을 유지하게 된다."[12]

바르게 이해한다면, 오늘 진리라고 발견한 사실들이 내일도 역시 진리일 거라고 신뢰할 수 있습니다. 피조 세계를 통해 인간에게 계시하신 모든 진리 뒤에 하나님이 든든히 서 계시기 때문입니다롬 1:20, 시 19:1.

수학을 공부할 때, 그리스도인인 우리는 도처에서 하나님 작품 만날 것을 기대해야 합니다. 물리학과 천문학, 그리고 다른 학문에 수학적 규칙성이 존재한다고 놀랄 필요는 전혀 없습니다. 오히려 현실 세계에 적용 가능한 수학 공식이 반드시 존재할 거라 예상해야 합니다. 피조 세계에 대한 통치 영역을 경건하게 확장하는 수단으로 하나님이 허락하신 것이 수학이기 때문입니다.

수학적 통치권에 관한 간략한 역사

최초의 인간은 하나님으로부터 "생육하고 번성하여 땅에 충만하라. 땅을 정복하라. 바다의 물고기와 하늘의 새와 땅에 움직이는 모든 생물을 다스려라"라는 명령을 받았습니다창 1:28. 아담은 그렇게 하는 데 필요한 모든 수단을 받았지요. 음식이나 온정, 건강, 동물, 자연물, 그리고 이것들을 활용할 지능과 지혜가 있었습니다. 그중에는 시간, 규칙성, 특징적 차이, 공간, 정량적 부분 등과 동일한 것 사이의 수적 관계성을 관찰하고 적용하는 능력도 포함되어 있었습니다. 그러나 하나님의 통치권에 맞서 자율권을 추구하던 아담이 타락하면서, 오히려 통치 영역을 확장하는 능력이 크게 훼손되었습니다.

그 후 인간은 물리적 우주를 설명하려고 애쓰면서 하나님과 그분의 명령에 상관없이 너무나 제멋대로 행동했기 때문에, 다양한 영역에서 피조 세계를 정복하려고 노력하다가 많은 장애물에 부딪혔습니다. 이집트와 바빌론 같은 이교 문명 세계에서는 여러 영역에서 실질적인 진보가 이루어질 만큼 확실하게 수학을 발전시켰습니다. 그러나 한동안 침체기를 겪고 난 후에는 수학 발전 영역에서 별다른 진보가 일어나지 않았습니다. 왜 피라미드처럼 불가사의한 세계적 유물들이 그 후에 이어진 더 거대한 업적들의 초석이 되지 못했을까요? 당시 사람들은 수학 영역에서 정점에 도달했지만, 그다음에는 발전을 멈추거나 오히려 쇠퇴했습니다.

또한 헬라 문화권에서는 피타고라스, 플라톤, 아리스토텔레스, 유클리드, 에라토스테네스 같은 사람들이 수학 영역에서 믿을 수 없을 만큼 놀라운 진보를 이루어냈습니다. 그러나 특정 시기 이후에는, 그리스에서 수학적 진보가 멈추고 말았습니다. 연역적 순수 학문을 지나치게 강조하다가, 진리를 발견하기 위한 인간 이성의 자율성을 과도하게 주장했기 때문입니다. 플라톤은 수학에 관해 이렇게 말했습니다.

"수학은 우리 영혼을 매우 엄청나게 고양하는 결과를 낳았는데, 그리하여 우리 영혼이 무명수Abstract Number를 추론할 수밖에 없게 만들 뿐 아니라, 가시적이거나 유형적인 대상들을 논증으로 끌어들이지 못하도록 강하게 반발하게 만들었다."[13]

이처럼 유형적인 것, 곧 하나님이 만드신 피조물들에 대한 반발은 그리스 수학이 몰락한 큰 원인이었습니다. 실험 과정이 무시되었고, 그 때문에 "두 배로 무거운 물체가 두 배로 빨리 떨어진다"라는 소크라테스의 주장처럼 그릇된 연역적 추론의 결과가 여러 세기 동안 아무 도전도 받지 않은 채 무작정 받아들여졌습니다.

중세, 특히 유럽 종교개혁 시대에 사람들은 다시 하나님이 정복의 도구로 수학을 허락하셨다고 주장하기 시작했습니다. 그들은 실험적으로 피조 세계를 연구하기 시작했고, 거기에 수학을 적용하면서 하나님에게 영광 돌리기 시작했습니다. 그래서 사람들은 상당히 실질적 진보를 이룰 수 있었습니다. 뉴턴과 오일러Leonhard Euler, 패러데이Michael Faraday 같은 역사상 가장 훌륭한 실험 과학자들이 이 시기에 배출되었습니다. 여전히 그 토대 위에 서 있는 그들의 기본 작업 덕분에, 오늘날에도 우리는 마음대로 활용할 수 있는 강력한 정복 수단들, 곧 엔진, 라디오, 텔레비전, 비행기, 레이더, 컴퓨터 등을 갖추게 되었습니다.

그러나 이제 현대 수학은 대부분 수학적 진리를 얻는 원천으로 오직 인간 지성만을 신뢰하는 방향으로 회귀하고 있습니다. 오늘날 많은 사람에게 수학의 목표가 피조 세계에 대한 하나님의 통치를 발견하기보다 복잡한 이론과 공식들을 발전시키는 것이 되었다는 이야기입니다. 흔히 순수 수학은 의도적으로 실제 세계와 아무 연관 없는 수학적 관계성만을 발견하려고 애씁니다. 아마도 그런 순수 수학자의 건배 구호는 "이 모든 작업이 절대로 적용되지 않기를!"May All This Work Never Be Applied!일 것입니다. 이처럼 우리는 하나님이 활용하도록 허락해주신 개념을 내버리고 말았습니다. 그 결과, 수많은 수학 교수와 교사, 수학을 공부하는 학생들이 고등 수학 연구를 쓸데없고 몰상식한 짓으로 바라보게 되었습니다.

피조 세계에 수학적 질서를 허락하신 하나님을 계속해서 거부하면, 온갖 기술적 진보와 엄청난 수학 지식에도 지금까지 거둬들인 모든 성과를 단숨에 잃고 말 것입니다. 머지않아 우리는 자신이 조만간 무질서해질 거라고 믿고 있는, 쉽게 설명하기 어려운 질서정연한 우주에서 그 모든 것을 잃고 말 것입니다. 제멋대로 연구하고 주장하던 수학자들에게는 회개할 시간이 필요합니다. 수학의 주님으로 예수님을 인정할 시간과 그 수학자들의 직업과 인생에 의미를 부여하시는 하나님에게 돌아갈 시간 말입니다.

수학을 가르치는 것

감사하게도 하나님을 경외하는 수학자들과 그들의 성과를 토대로 무언가를 쌓아 올린 사람들을 통해, 하나님이 지금까지 우리에게 허락하신 많은 것이 아직 다 사라지지는 않았습니다. 그 결과, 수학에서 가르치는 많은 것이 기독교 세계관과 충분히 일관성을 갖게 됩니다. 신자들과 불신자들 모두 수학이 실제 세계에서 신뢰할 만하고 적용할 만하다고 가르치고 있습니다.

불신자들은 단지 일관성 없이 그렇게 하면서 그에 관한 설명을 제대로 내놓지 못합니다. 그러나 불신자들도 하나님의 세계에서 그분의 일반 은총 가운데 일하고 있고, 하나님은 '의로운 자와 사악한 자들 모두에게' 진리를 허락하십니다. 그런데도 우리는 수학을 가르칠 때, 다음 사항들을 명심해야 합니다.

첫째, 진정으로 수학이 무엇인지 가르쳐야 합니다. 수학은 하나님이 피조 세계 안에, 그리고 피조 세계를 통해 계시하시는 그분의 보이지 않는 속성들을 인정하는 것입니다. 이 같은 계시는 하나님의 영광을 위해, 그리고 그분의 정복 명령과 지상대명령을 성취하기 위해 이루어지는 것입니다. 수학을 하나님과 아무 상관없거나 그분의 피조 세계와 별로 관련 없는 세속적이거나 중립적인 과목으로 생각해서는 안 됩니다. 그렇다고 수학 시간을 정확한 방법론 대신 기도와 성경 인용구로 가득 채워놓고, 학생들에게 "하나님 영광을 위해 수학을 배워라"라고 강변해서도 안 됩니다.

둘째, 가르치는 과정에서 수학이 물리적 실재와 어떻게 연관되는지 정확히 보여줘야 합니다. 하나님이 인간의 지성 영역뿐 아니라 우주에서도 일하시기 때문입니다. 우리는 추상적 수학 모델과 물리적 실재 사이에 존재하는 일관성을 강조해야 합니다. 보다 구체적으로, 수학에서 교훈을 끌어내어 이 세상의 구체적 사례에 올바로 적용하는 교과서를 선별해야 합니다.[14]

셋째, 하나님에게 영광 돌리면서 수학의 아름다움과 고상함을 강조해야 합니다. 이것은 학생들이 학습 이력을 쌓는 동안 다양한 시기에 명시적으로 진행할 수 있지만(가장 논리적인 시기는 학령기를 시작할 무렵이지요), 학생들이 다음과 같은 말에 담긴 미묘한 의미를 파악할 수 있다면 자주 할 수도 있습니다.

"자, 어떻게 이토록 복잡한 접근 방식이 그렇게 고상한 결과를 가져올 수 있는지 놀랍지 않아요? 어떻게 우리가 그런 일이 일어나리라고 생각할 수 있겠어요?"

넷째, 교사들은 수학에 트리비움 접근 방식을 활용해야 합니다. 먼저 수학 원리를 가르칩니다. 이를테면, 자연 관찰에서 귀납적으로 파악한 사실들을 가르친 다음에 수학 논리를 가르치는 거지요. 가령, 사실들의 질서정연한 상호관계, 추상적 원리들, 각각의 적용 영역 같은 것 말입니다. 그리고 학생들에게 수학 개념들을 토론하고 논의할 기회를 제공해야 합니다. 교사들은 다음과 같은 영속적 질문에 대답할 수 있어야 합니다.

"이 모든 방정식과 방법론을 배워서 어떤 유익이 생깁니까?"

마지막으로, 수학의 수사법으로 마치십시오. 학생들 스스로 수학 원리들을 다른 영역과 '현실 세계'에 연결하도록 도와주십시오. 그들에게 스스로 특정 수학 연구를 진행할 기회를 제공해야 합니다. 또한 학생들은 수학에 관한 글을 읽고 써야 합니다.

'질문법'Problem Method을 활용해야 합니다. 그날 배운 가르침을 통해 대답하도록 생각을 자극하는 질문을 준비하십시오. 세심하게 주의를 기울이면 가치 있는 것들을 배울 수 있다는 사실을 알려주십시오. 정답을 알려주기 전에(가능하면 언제든지, 직접 체험을 통해) 스스로 해결할 수 있는 문제를 내주십시오. 학생 스스로 깨우치도록 아무것도 이야기하지 마십시오. 학생들을 진리의 발견자로 만들어주세요. 그들에게 직접 해답을 찾아보라고 이야기해주십시오.

여러분이 하는 모든 것이 하나님을 향한 사랑으로 동기부여 되게 하십시오. 우리가 마음과 뜻과 지혜와 힘을 다해 주 하나님을 사랑하라는 명령을 받았기 때문입니다. 하나님을 만유의 주님으로 인정할 뿐 아니라, 모든 수학적 생각을 사로잡아 그리스도에게 순종하게 하라는 명령도 받았다는 사실도 기억하십시오. 그렇게 하나님이 우리에게 계시하신 것들에 감사하며 그분에게 모든 영광을 올려드리십시오.[15]

Repairing the Ruins

2부

고전 지성

6강

+

평등주의: 우리의 대적

더글라스 윌슨

평등주의는 단순히 균등 주의에 지나지 않으며, 다양한 변장을 통해 현대 사회에서 기독교 신앙에 가장 심각한 사상적 위협을 가하고 있습니다. 이런 위협은 매우 확실하게 참된 기독교 교육을 겨냥하고 있습니다.

'모든 사람이 동등하게 창조되었다'라는 믿음이 심오한 성경적 진리를 대표하기는 하지만, 이에 대한 왜곡은 가장 심각한 문화적 재앙을 대표하기도 합니다. 물론 그리스도인들은 흔히 평등주의와 쉽게 혼동되는 성경적 정의감을 가슴속에 간직하고 있습니다. 하나님은 편애하지 않으시며, 우리가 그렇게 하는 것도 금하십니다벧전 1:17; 약 2:1, 4, 9, 3:17. 그리스도 안에서는 유대인이든 이방인이든, 노예이든 자유인이든, 남성이든 여성이든 차별이 없습니다갈 3:28. 그러나 그리스도의 심판대에서 모든 사람이 공평하다는 사실과, 법 앞에서나 예배 시간에 모든 사람이 평등하다고 말할 때, 이런 상호연관적이고 파생적인 평등함은 현대 사회의 '균등 주의'와 전혀 다릅니다. 성경의 정의는 전혀 다른 사람들에게도 동일한 기준을 평등하게 적용하라고 요구합니다. 인본주의적 평등주의는 수많은 기준이 모두가 동일하다고 믿는 사람들에게 항상 동일하게 적용되어야 한다고 주장합니다.

교육의 여러 결과는 즉각적이고 명백합니다. 평등주의로 이끄는 질투심의 죄악에 관해 이야기하면서, C. S. 루이스는 스크루테이프의 목소리를 빌려 이렇게 촌평합니다.

"그 질투심은 우리 교육체계에서 꿈틀거리기 시작했다… 새로운 교육의 기본 원리는 열등생이나 게으른 학생이 똑똑하고 부지런한 학생에게 열등감을 느끼게 해서는 안 된다는 것이어야 한다. 그건 상당히 '비민주적일' 것이다. 학생들 간의 이런 차이는, 그게 명백하고 노골적으로 드러나기 때문에, 잘 가려져 있어야 한다. 그것은 다양한 수준에서 이루어질 수 있다. 대학들에서는, 각종 시험이 특정한 틀을 갖추고 있어서 거의 모든 학생이 좋은 성적을 거둔다… 그러니까 총명한 학생은 학창 시절 내내 또래에게 이렇게 민주적으로 속박당하게 된다. 그래서 아이스킬로스와 단테를 제대로 다룰 줄 아는 소년이 또래가 '고양이가 멍석 위에 앉아 있었다'라는 문장을 제대로 받아쓰기 위해 끙끙대는 모습을 그냥 가만히 바라보고 앉아 있게 된다. 물론 모든 교육이 국가 교육으로 바뀌지 않았다면, 이런 일은 일어나지 않았을 것이다. 그러나 결국에는 그렇게 되고야 말 것이다."[1]

평등주의의 영향은 여기에서 루이스가 사용한 몇 가지 용어, 곧 '열등생, 게으른 학생, 똑똑한, 부지런한, 총명한' 같은 말에 관한 우리의 반응에서 충분히 느낄 수 있습니다. 교육계에서 사용하는 이런 말들에 관한 우리의 반감은 좋은 태도의 문제를 훨씬 넘어서는 것입니다. 사실상, 그러한 표현들은 아마 불법일 것입니다. 그러나 현대 교육 위기의 평등주의적 근본 원인을 제대로 다루기 전까지, 우리는 결코 적절한 해결책을 찾아내지 못할 것입니다.

예를 들어, 하나님이 다양한 능력을 지닌 어린아이들을 창조하셨다면, 교육자는 단 하나의 대안에 직면하게 됩니다. 그는 모든 학생에게 동일한 기준을 적용하여 다양한 결과를 얻어내려 할지 모릅니다. 몇몇 학생들은 두각을 나타내고 다른 몇몇 학생들은 따라가겠지만, 대다수는 중간 집단을 형성할 것입니다. 또한 그는 모든 교육과정이 동일한 결과를 나타낸다고 주장할지 모릅니다. 그럴 경우, 교사는 다양한 기준을 적용해야 합니다.

평등주의는 언제나 동일한 결과와 성과를 요구합니다. 하지만 이것은 하나님이 세상을 만드신 방식이 아니기 때문에, 그렇게 하려고 하면, 온 세상이 난장판으로 변하게 될 것입니다. 예를 들어, 평등주의자 체육 교사가 모든 학생이 농구에서 덩크슛을 통한 스릴을 함께 맛보아야 한다고 주장한다면, 실제로 그가 할 수 있는 것은 하나뿐입니다. 농구 골대를 낮추는 것 말입니다. 평등주의 신조에서 지향하는 것은 항상 하향평준화입니다. 불공평한 세상에서, 교육 기준이 일정하다면, 학생들은 굉장히 다양한 결과에 도달할 것입니다. 그런데 학생들이 모두 같아야 한다면, 기준도 한결같이 적용해야 합니다.

바로 이 평등주의 때문에 공립교육은, 지속적으로 많은 지원금을 받았지만, 조소 거리로 전락하고 말았습니다. 아직도 미국 학생들은 꽤 괜찮다고 스스로 생각하고 있지만, 그들의 학력은 점점 저하되고 있습니다. 그럭저럭 글을 읽고 쓸 줄 알게 된 학생들도 생각하는 훈련을 제대로 받지 못하고 있고요. 어린 학생들의 읽고 쓸 줄 아는 지적 능력은 그들이 너무 쉽게 접하는 광고나 겨우 읽을 정도입니다. 시민의 기본 기본 소양을 배우던 학생들이 지금은, 한두 세대 전의 훈계 문제(수업 시간에 껌을 씹거나 복도에서 뛰어다니는 행위)를 훌쩍 뛰어넘어 깜짝 놀랄 정도의 자기만족 행위(절도와 살인, 강간)를 날마다 목격하며 살고 있습니다.

물론 이것들은 다양한 증상에 지나지 않습니다. 우리는 그 속에서 온갖 어리석음의 핵심을 발견하게 됩니다. 그것은 다름 아닌 하나님과 그분의 거룩한 말씀에 맞서는 반항입니다. 거의 백 년 이상, 미국은 하나님 없는 사회가 어떤 모습으로 나아가는지 발견하려고, 공립학교에서 거대한 실험을 진행해온 셈입니다. 그래서 이제 우리는 알게 되었습니다.

지난 20세기 초반 소수의 헌신된 불신자들(19세기 미국의 교육 개혁가 호레이스 만Horace Mann과 여러 다른 사람들)이 미국에서 기독교를 파괴하는 과업에 착수했습니다. 이를 위해 그들이 선택한 '기관차'는 자신들의 목적에 가장 완벽하게 어울리는 수단, 곧 공립학교였습니다. 주류 복음주의 신자 중에도 '공립학교가 우리 학교'라는 거짓말을 신속하고 조용히 받아들인 이들이 많았습니다.

몇몇 선견지명 있는 그리스도인들의 경고가 있었습니다. 19세기 미국의 조직신학자 아치볼드 핫지A. A. Hodge는, 공립학교가 세워진다면 그것은 역사상 가장 거대한 무신론 기관차가 될 거라고 촌평했습니다. R. L. 대브니도 궁극적으로 학교에서 빠져나와 성경과 교리문답, 기도로 스스로 준비해야 한다고 그리스도인들에게 경고했습니다.[2]

그러나 이처럼 통찰력 있는 그리스도인들은 교회에서 무시당했고, 헌신된 불신자들은 메시아처럼 자신의 불경건한 과업을 이뤄갔습니다. 그들만이 공립학교를 세울 수 있다면, 그들이 인간의 실제 '죄'(가령. 무지)를 떨쳐버릴 수 있다면, 그들은 충분히 인본주의에 사로잡힌 천 년을 이끌어갈 수 있을 것입니다. 기독교를 제거함으로써, 그 작업은 이 땅에 세워지는 실제 낙원, 곧 평등주의라는 낙원에서 시작될 수 있었을 것입니다. 공립학교는 구세주로 환영받고, 그 결과들은 평등주의적 획일성이었습니다. 그러나 다른 모든 우상과 마찬가지로, 이 학교 체계는 눈이 있으나 볼 수 없고 귀가 있으나 들을 수 없었습니다. 최근의 시험 점수를 보면, 그들의 입도 제 구실을 못하는 것 같습니다.

이제 그 우상은 비틀대다가 쓰러져서 산산이 부서졌습니다. 다시 고칠 수 없는데도 수많은 사람이 아직 희망을 포기하지 않았습니다. 어떤 사람들은 학문 분야에서 다시 엄격한 규율을 기본 삼아야 한다고 주장합니다. 또 다른 사람들은 보증인을 요구합니다. 한 미국 대통령은 연두 교서를 통해 공립학교에서 교복을 입으라고 요청했습니다. 교사들이 아니라 학생들에게 말이지요.

또 다른 사람들은 예전처럼 도덕을 가르쳐야 한다고 주장합니다. 그런데 왜 그래야 할까요? 도대체 어떤 도덕을 가르쳐야 할까요? 실제로 교육을 망친 사람들은 더 많은 돈이 필요하다고 주장합니다. 각자 자기 식의 개혁을 부르짖지만, 모든 학생을 동등하게 만드는 거대한 장치로 기능하는 학교를 지켜내려는 목적은 계속 유지됩니다. 평등주의적 목표를 생각하면, 그리스도인들은 마땅히 그로부터 벗어나야 합니다.

그러나 어떤 식으로든 학교를 자기 것으로 생각하는 그리스도인들은 학교에서 기도를 부활시켜야 한다고 요청하는 동시에, 진화론과 함께 창조론도 가르쳐야 한다고 주장합니다. 하지만 성경은 '아름다운 여인이 삼가지 아니하는 것은 돼지코에 금고리 격'이라고 말합니다잠 11:22. 공식적으로 불가지론적인 기관에서 왜 기도해야 한단 말입니까? 공식적으로 다원론적인 기관에서 왜 창조론을 가르쳐야 한단 말입니까? 이방인들이 수많은 신과 주Lord를 모신 만신전에서, 단지 일부 사람들을 위한 대안으로 우리 주님을 인정한다고 해서, 왜 그걸 승리라고 생각해야 할까요? 왜 그리스도인 부모들이 이 '부패한 창녀'에게 더 멋지게 단장하는 법을 가르치느라 온갖 에너지를 낭비해야 한단 말입니까? 아마도 그 창녀는 점점 더 추한 모습으로 변해서 이제는 그 여인과 간음하는 것이 엄청난 시험 거리이며, 잠자리를 함께하는 것이 점점 더 따분해지고 있을 것입니다. 그러나 죄악을 저지르던 초기 단계로 돌아가려는 열망은 전혀 회개하는 마음이 아닙니다. 그러니까 우리는 간절한 마음으로 이렇게 기도하는 셈입니다.

"주님, 이 음탕한 여자가 한때는 멋진 얼굴과 몸매를 갖고 있었습니다. 그러니 당신께서 원하신다면, 이 여인을 회복시켜주시면 어떨까요?"

힘겨운 작업

평등주의자는 더 느린 학생들을 높은 기준까지 끌어올리기보다 똑똑한 학생들의 진보를 늦추기가 더 쉽다는 사실을 재빨리 간파합니다. 더 가르치는 것보다 덜 가르치는 것이 쉽고, 부지런한 교사보다 게으른 교사가 더 편하니까요. 다시 말해, 모든 일을 단기적이고 즉흥적으로 대응하기가 훨씬 쉽습니다. 하지만 그 결과가 자리 잡기 시작하면, 인생이 갈피를 잡기 어려울 정도로 힘겨워집니다.

현대 사회를 진지하게 살피면서 제가 발견한 위안 중 하나는, 우둔함은 제대로 효과를 거두지 못한다는 깨달음입니다. 또한 하나님을 대적하는 사람들은 필연적으로 그분이 만드신 세계를 대적하게 됩니다. 그러나 이런 사람들은 결국 모든 것을 잃고 말 것입니다.

현대 평등주의자의 여러 가정 중 가장 어리석은 생각은, 교육이 '재미있어야' 한다는 것입니다. 불행하게도, 이런 견해는 교육 관련 부서뿐 아니라 대중매체를 통해서도 널리 유포되고 있습니다.[3]

그때문에 그리스도인 홈스쿨 부모나 기독교 학교 학부모 중에도 이런 관점에서 자녀 교육을 바라보는 이가 많습니다. 그 결과, 그릇된 기준으로 교육적 진보를 평가하려는 경향을 보이게 되지요. 지금까지 이뤄낸 일에 관한 평가를 토대로, 그렇게 할 수 있는 지점으로 아이들을 데려오기 위해 애쓰는 대신, 전혀 다른 방향으로 나아갑니다. 그러면서 이렇게 질문합니다.

"아이들이 어느 정도까지 즐기면서 공부할 수 있을까요?"

"공부하고 싶은 마음이 생기도록 가르치는 것이 최고의 교육 아닐까요?"

그러나 성경에서는 자기 일을 게을리하는 자는, 일을 망치는 자와 형제라고 가르쳐줍니다잠 18:9.

교육에서 꼭 필요한 것을 다른 것으로 대체하려는 사람들도 결과적으로 교육의 원수요 망치는 자입니다. 동기는 '좋을' 수 있지만, 결과는 항상 동일합니다. 물론 교육할 때 늘 험상궂은 표정을 지어야 한다는 말은 아닙니다. 우리는 억지로라도 재미있게 해주려는 노력을 중단하고, 꼭 해야 하는 일을 즐기도록 가르쳐야 합니다. 어떤 이유로든 교육에서 게으름을 허용한다면, 교육을 망치는 것입니다. 그리고 아이들의 교육을 망치고 있다면, 사실상 아이들을 공격하고 있는 것입니다. 우리는 아이들이 공부를 생각할 때마다 '기만'을 경계하도록 가르쳐야 합니다.

사도 바울은 갈라디아서 6장에서 이렇게 권면합니다.

대단하지 않은데 자신을 '대단한 사람'으로 여기는 이는 자기를 속이는 것입니다. 각자 자기가 한 일의 가치를 바르게 평가하는 법을 배우십시오. 그래야 가치 있는 일을 했을 때, 다른 사람들의 인정에 의존하지 않고도 올바른 자부심을 품을 수 있습니다. 각자 '자기 짐은 자기가 져야 하기' 때문입니다 갈 6:3-5.

이와 대조적으로, 지금까지 미국의 공립교육 제도는 '기만'에 기대어 가장 중요한 목적 중 하나를 추구해 왔습니다.

"우리는 모든 아이가 수행에 상관없이 자신에 대해 긍정적 자부심을 느끼기 원한다."

이것이 바로 극단적 평등주의입니다. 그래서 평등주의자들은 학생의 자존심을 지켜주자는 미명 아래, 학년과 차별, 기준을 비롯한 모든 것을 파괴하고 폐지합니다. 각종 수행 평가를 평등하게 할 수 없다면, 그런 수행에 관해 동등하게 인식하려고 노력해야 합니다. 다시 말해 사도 바울과 반대로, 우리는 학생들이 스스로 아무것도 아니라고 느낄 때조차 나름 중요한 의미를 지닌 존재로 생각하기 원합니다.

그런 노력은 아이가 졸업할 때까지 계속될 수 있으며, 이때 그 무기력한 졸업생은 우둔함으로는 아무 일도 할 수 없다는 사실을 발견하게 됩니다. 그리고 그는 문득 자신이 더는 가능성과 은사를 개발할 여지를 허락하지 않는 불친절한 세상에 내던져졌음을 깨달을 것입니다.

그러나 사려 깊은 학생에게 꼼꼼히 일하도록 가르치면, 그는 분명 그 일을 즐거워할 것입니다. 잘 해낸 일은 정말로 만족스러우니까요. 그리스도인 교육가는 학생들에게 이런 만족감을 심어주려고 애써야 합니다. 이것이 바로 일이 의미하는 바입니다. 그렇게 열심히 일한 열매는 커다란 복으로 돌아옵니다. 더구나, 그것은 사려 깊은 부모라면 누구나 '우리 아이가 꼭 누렸으면 좋겠다'라고 바랄 복입니다잠 22:29.

그러나 아무리 그런 복을 누리고 싶다 해도, 자녀가 어른이 되었을 때 좋은 일 처리 습관을 억지로 주입할 수는 없습니다. 그것은 아주 어릴 때부터 시작해야 하며, 학교와 교사, 부모가 함께 훈련시켜야 하는 이슈입니다.

하지만 여전히, 우리는 한 가지 중요한 구분에 주목합니다. 아주 지루하게 느껴지기 때문에 어렵기는 하지만, 바람직하고 정직한 고생은 어렵고 별다른 목적 없는 막연한 고생과 다릅니다. 우리는 가치 없는 후자 대신, 전자를 추구해야 합니다. 힘겨운 일은 다 어렵지만, 그렇다고 해서 모든 힘겨운 일이 고된 것은 아닙니다. 그러나 그게 바람직한 일이 분명하고 아이들에게 정직한 일을 사랑하라고 가르치기에도 바람직하다 해도, 아직 몇 가지 구체적인 질문들을 다루어야 합니다. 얼마나 많아야 너무 많은 것일까요? 어느 정도가 마땅히 '감당할 분량'이란 말입니까?

첫째, 일부 학생이 힘겹게 씨름한다는 이유만으로, 감당할 분량이 너무 많다고 생각해서는 안 됩니다. 평등주의가 널리 만연되어 있다고 해도, 어떤 식으로든 거기 굴복해서는 안 됩니다. 어떤 학생들은 항상 별 어려움 없이 문제를 풀지만, 어떤 학생들은 B학점을 받기도 벅찹니다. 이게 바로 하나님이 세상을 만드신 방식입니다.

그러므로 우리는 그 범위 안에서 있는 모습 그대로 즐거워해야 합니다. 이 사람에게 쉬운 일이 저 사람에게는 어려울 수 있습니다. 교육자는 그런 차이를 무시하거나 최소화하는 공부 과정을 만들어서는 안 됩니다. 부지런한 것은 하나님이 세상을 어떻게 만드셨는지 드러내지만, 게으름은 결국 실패하고 말 것이며 세상을 더럽히려고 애씁니다.

둘째, 반대쪽 극단에서는 '높은 기준'을 갖고 있다는 미명 하에 잔뜩 과제를 쌓아놓고, 모든 학생이 지쳐 쓰러지는 모습을 지켜봅니다. 이런 일이 발생한다면, 문제는 거의 확실하게 교사나 과제의 수준, 아니면 모두에게 있습니다. 여기서 해결책은 한 발 뒤로 물러서는 것입니다. 학생이 20여 명인 학급에서 시험을 치렀는데, 7명이 A를 받고 3명이 F를 받았다면, 교실을 정상적으로 운영하는 방식에 아무 잘못이 없을 수 있습니다. 그러나 한 학급 전체가 모두 낙제 점수를 받는다면, 그건 해당 교사의 실패이기도 합니다.

셋째, 학생들의 불평 때문에 공부 수준을 타협해서는 안 됩니다. 우선, 불평은 죄이며 어떤 식으로 권유해서도 안 되고, 둘째로 난폭하고 부정확한 지표이기 때문입니다. 게으른 학생은 마음에 들지 않을 때마다 불평하지만, 부지런한 학생은 지푸라기 없이 흙벽돌을 만들라는 지시에도 순순히 고통을 감내할 것입니다. 그래서 학생들의 불평에 대처하는 가장 좋은 방법은, 과외로 과제를 부과하는 것입니다. 그들은 분명 즐겁게 공부하는 과정을 연습해야 합니다.

간단히 말해, 열심히 공부하는 것을 좋아하도록 학생들을 가르치려면 아주 큰 노력이 필요합니다.

정신 능력 Mental Aptitude

극소수의 현대 기독교 교육자들조차도 특정한 교육적 가정과 구체적인 실행 과정 사이에서 완벽하게 일관성을 발휘하지는 못합니다. 오늘날의 상황을 고려하면, 그건 실제로 이렇게 진행되어야 합니다.

기독교 학교 부모와 교사, 관리자들은 대부분 공립학교 체계에서 교육받았습니다. 다양한 환경에서 그들은 그 체계에 환멸을 느꼈고, 그래서 자기도 모르는 사이에 사립교육에 동참하게 되었습니다. 불행하게도 공립교육 체계에서 '출애굽 하는' 수많은 이유는 근본 문제의 증상에 지나지 않습니다. 근본 문제가 정확하게 규명되지 않으면, 비성경적 가정이 기독교 교육에 너무나 쉽게 스며들 것입니다. 기독교 학교에서는 교실에 콘돔을 비치하는 것 같은 문제에 직면하지 않을 수 있지만, 그렇다고 이것이 그런 문제로부터 전적으로 자유롭게 되었다는 의미는 아닙니다.

그러므로 그리스도인 교육자들에게 어떤 형태로든 여전히 남아있는 교육 불신앙의 흔적을 완전히 뿌리 뽑는 것은 매우 중요한 과제입니다. 지난 몇 년 동안 제가 특정 영역에서 얻은 교훈 중에서 가장 귀중한 것은 이런저런 것들을 배우지 않은 결과로 그런 불신앙이 나타났다는 사실을 깨달은 것입니다. 특히 이것은 교육 영역에 나타난 평등주의를 바라볼 때 더욱 더 사실입니다.

앞서 논의한 대로, 모든 학생이 동일하게 지적으로 뛰어난 것은 아닙니다. 하나님은 우리를 모두 다르게 창조하셨고, 그런 차이점 중 어떤 것들은 정신 능력 영역에서도 드러납니다. 우리는 언제든지 모양을 바꿀 수 있는 레고가 아닙니다. 그러나 세속주의자들에게는 모든 아이가 다른 모든 아이와 동일한 자리에서 출발하며, 아이들 간의 명백한 차이점은 환경을 기초로 설명할 수 있고, 교육이 그 차이를 충분히 제거할 수 있다는 신조(그건 실제로 굉장히 강력한 교리입니다)가 강하게 자리 잡고 있습니다. 더구나, 우리에게 그런 '불평등'을 근절해야 할 도덕적 의무마저 있다고 생각합니다.

그리스도인 교육자들이 이런 가정을 공유한다는 사실을 부정할 사람들이 있을 테니, 누구든 그 같은 각본을 상정하는 것이 나름대로 유익할 것입니다. 여러분 지역의 기독교 학교에서 학생들의 지능지수를 검사해서, 그 결과에 따라 다양한 학습 과정에 학생들을 배치하기 시작했다면, 거기에서 도대체 무슨 일이 벌어지겠습니까? 야단법석이라는 말이 떠오르지 않습니까? 그리고 얼마나 많은 그리스도인 부모가, 적절한 학교를 찾아내기만 하면 자기 아이도 어느 정도 학습 수준에 도달할 거라 믿고 있겠습니까?

아무리 교육자들이라고 해도 하나님이 그냥 내버려 두신 문제에 끼어들 수는 없습니다. 저마다의 속도에 맞게 적절히 성장하는 모든 아이는 양질의 엄격한 교육을 받을 수 있습니다. 하지만 이런 교육에 모두 동일하게 반응하지는 않을 것입니다. 절대 그렇게 될 수 없습니다. 지능은 약 50퍼센트에서 80퍼센트가 유전적으로 전달되는데, 이것은 분명 교육 과정에 직접 영향을 미칩니다.[4]

비성경적 가정은, 세속주의자들의 정의처럼, 하나님이 항상 공평하시다는 믿음입니다. 그러나 피조 세계의 불평등 문제는 이성적 관점으로도 다룰 수 있습니다.

여러 다양한 능력을 받았다면, 마땅히 규율과 공부에 대한 성경적 관점도 길러야 합니다. 기독교 교육자들은 흔히 그리스도인 학생들이 '새 피조물'이기 때문에 어떤 식으로든 규율이 필요하지 않게 된다고 가정하는 실수를 저지릅니다. 사실은 그렇지 않지요. 우리는 타락한 세상에 살고 있고, 그 때문에 올바른 훈계는 어느 사회에서든 꼭 필요합니다. 이것은 그 사회 모든 구성원의 중생 여부와 아무 상관 없습니다. 비그리스도인 학생들을 배제하려고 애쓰는 학교에서도 마찬가지입니다. 그 사회가 어느 정도 규모인지도 전혀 문제 되지 않습니다. 규율 부족은 대형 기독교 학교나 홈스쿨 가정, 또는 중간 규모의 교육 시설 어디서든 똑같이 문제가 됩니다.

교사가 그리스도인이고(그리고 절제력이 강하면) 대다수 학생이 그리스도인이면(역시 절제력이 강하면), 외적 규율이 그다지 필요하지 않습니다. 예를 들어, 교사들은 수업 계획서 제출을 요구받지 않아도 되고, 학생들은 수업 시간에 주목하라는 요구를 받을 필요도 없습니다. 하지만 이것은 허무한 인본주의적 공상일 뿐입니다. 월드링스 Worldings는 인간이 기본적으로 선하며, 무엇이 선인지 정확하게 알려 주기만 하면 그대로 행할 거라고 생각했습니다. 하지만 파산 상태인 공립학교를 보면, '인간의 선함'이 얼마나 빈약한 기초인지 쉽게 알 수 있습니다.

그러나 그리스도와 관계 맺고 있다고 해서 규율이 필요없다고 생각한다면, 우리도 인본주의자들과 같은 실수를 저지르게 됩니다. 자기절제는 분명 모든 그리스도인이 마땅히 추구해야 할 것입니다. 하지만 성경은 이것이 지도자의 방향 제시와 지도, 권고와 훈계를 대체할 수 있다고 말하지 않습니다. 오히려, 자기절제는 학생이 지도자와 훈계에 경건한 방식으로 반응하게 합니다. '자연적' 선함 때문에 권위가 필요없다고 비그리스도인들이 생각하는 것처럼, 그리스도인의 '초자연적' 선함 때문에 권위가 필요없다고 생각하는 것은 비성경적 가정입니다.

이것은 하나님이 우리를 엄청나게 다양한 능력을 지니도록 만드셨기 때문에, 우리가 교육에 관한 두 가지 근본 진리를 이해해야 한다는 의미입니다. 첫 번째는, 사람 간의 선천적 차이가 만물을 다스리시는 주권자 하나님으로부터 말미암았고, 그런 이유로 우리가 온유한 마음으로 그분이 허락하신 차이점을 기꺼이 받아들여야 한다는 것입니다. 그리고 두 번째는, 이런 차이점이 이 세상과 우리 학교에서, 마땅히 그래야 하겠지만, 순종과 규율이라는 힘겨운 작업을 통해 고스란히 드러난다는 것입니다.

학습 장애에 관하여

고전교육 현장(그리고 비 평등주의적 상황)에서 학습 장애를 논의하려면, 사전에 상당히 많은 경고와 제한이 필요합니다. 그런 장치가 없는 고전적 접근 방식은 옹졸하고 힘겨워 보이고, 심지어 그러한 제한들로 도출된 엄격한 노선들이 어떤 사람들에게는 이해하기 힘들 수 있을 것입니다. 이 논의를 끝낼 무렵이면, 그 같은 제한 요건들이 그 자체로 고전교육 현장에서 학습 장애 논의의 주요 구성 요소임을 발견할 수도 있습니다.

첫 번째 문제는, '학습 장애'라는 용어 자체가 못마땅하다는 것입니다. 이것은 여러 가지로 세분된 세계관이 아니라, 그릇된 세계관에 근거한 가정들이 그 가운데 담겨 있어서 나타나는 반응입니다. 우리는 교육계가 심각하게 붕괴된 문화에서 살고 있습니다. 역기능적 학교들은 상호종속 관계에 있는 납세자들에게 계속해서 보조금을 받았습니다. 그것이 가장 쉬운 방법이기 때문에, 현재 유행하는 가장 지혜로운 대처 방식인 학생들을 나무라는 쪽에 초점을 맞춰 왔고, 학생들은 자신을 변호할 수 있을 만큼 꾸준히 교육을 받지 못했습니다.
그러나 교육에서 압도적으로 많이 발생하는 문제들에 대해 책임을 물어야 하는 사람들은, 교육학적으로 취약한 배경을 가진 자들에게서 흔하게 나타나는 온갖 교수 장애를 지닌 이들입니다. 학습 장애라는 용어(그리고 이와 유사한 다른 용어)를 둘러싸고 완전히 새로운 형태의 산업이 세워져, 눈부신 성공을 거두고 있습니다. 학교는 비난을 면했을 뿐 아니라, 이 문제를 제대로 처리하기 위한 상당히 많은 기금을 받게 되었습니다. 그건 마치 공립학교 관리자들이 일부러 학생들에게 '총격을 가한' 뒤에, 그들의 치료에 골몰하는 학교를 위해 성공적으로 기금을 받아내는 것과 같습니다. 우리에게 가르칠 자격이 없다는 것이 학생들의 장애에서 밝히 드러날 때, 이것은 그 책임이 반드시 학생의 선천적 능력이나 후천적 능력 결핍에 있는 것이 아님을 마음에 확실하게 새겨야 합니다.

두 번째 문제는 해당 학생에게 그 문제가 여전히 존재한다는 사실을 직시할 때 생겨납니다. 모든 학생에게 상존하는 능력 차이는 교육으로 해결할 수 있는 문제가 아닙니다. 교육은 그런 문제를 드러내되 해결하지는 못합니다. 이 시점에서, 우리는 현대 평등주의자들의 신념 체계를 암묵적으로 수용하는 자기 모습에 충격받고, 이를 솔직히 드러낼 수 있을 것입니다. 세상이 시작된 이래, 모든 교사는 오랜 경험을 통해 똑똑한 학생과 보통 학생, 느린 학생 간의 차이를 충분히 알게 되었습니다. 그러나 오늘날의 평등주의 사회에서 어떤 학생이 느리다고 묘사하는 것은 죄이며, 미국의 대다수 주에서는 아마도 실질적인 범죄로 취급받을 것입니다. 여러 면에서 무딘 용어 사용을 기피하려고, 우리는 학생 간에 훤히 드러나는 불균등한 차이를 설명할 때 각각의 문제에 의학 용어 같은 이름을 붙여놓게 됩니다. 다른 무엇보다, 많은 사람이 다리가 부러지거나 감기에 걸리거나, 독서 장애를 겪지만, 그 때문에 무슨 큰일을 겪게 되지는 않습니다. '지혜'와 '지체'라는 말은 흔히 각 사람의 뒤에서 칭찬과 비난을 동시에 불러일으키는 용어입니다. '실독증'Dyslexic과 '주의력 결핍'Attention Deficit 같은 용어는, "속히 쾌유하기를 빈다"라는 문구가 적힌 카드를 받기 십상입니다.

세 번째 문제는 은근히 아이들을 자랑하고 싶어 하는 자연스러운 부모의 욕망과 평등주의가 결합할 때 발생합니다. 우리는 항상 평범한 아이에게 보통 이상이 되기를 원하고, 종종 자기 아이가 그런 것처럼 둘러대지요. 그런 행동은 참된 고전교육에 치명적이고 파괴적인 영향을 미칩니다.

어떤 학생은 20분 만에 과제를 별 어려움 없이 해내서 A학점을 받고, 다른 학생은 굉장히 어렵게 씨름해야 겨우 C학점을 받을 수 있다면, 다들 가르침에 문제가 있다고 생각하겠지요. 모든 학생이 어려움을 겪는다면, 문제는 가르치는 선생에게 있는 것입니다. 그러나 이 학생은 쉽게 생각하고 저 학생은 어렵게 생각하며, 대다수 학생은 어깨를 으쓱하며 별문제 없다고 말한다면, 문제는 다른 데 있을 것입니다. 이것은 피조 세계에 뿌리를 둔 문제입니다.

피조 세계를 거스르는 것은, 하나님이 세상을 만드신 방식에 시비 거는 것과 같습니다. 세상에서 가장 훌륭한 교사는 하나님이 그분의 뜻과 계획에 따라 내버려 두신 문제에 끼어들지 않습니다. 각 학생의 역량이 어떻든지 저마다 다양한 능력을 키워 장성한 분량까지 자라도록 교육받는다면, 모든 교사와 학생은 하나님을 존중하며 그분을 영화롭게 할 수 있습니다. 자신의 지적 자원들을 함부로 탕진한다면 부끄러움을 당하겠지만, 하나님이 수많은 평범한 가정에 허락하신 자원을 우리에게는 부여하지 않기로 하셨다면, 아무런 수치를 당하지 않아도 될 것입니다. 세 달란트만 가졌어도 부지런한 아이는, 열 달란트를 가졌지만 게으른 아이를 결국에는 월등하게 능가할 것입니다.

한때 그리스도인 부모들은 자녀에게 "하나님 주신 소명을 쫓아 살 수 있다"라고 자주 말하곤 했습니다. 하지만 요즘 부모들은, 심지어 그리스도인도, 자신이 원하는 대로 무엇이든 될 수 있다고 자녀에게 말합니다. 아이에게 "너는 자라서 대통령이 될 수 있어!"라고 말하는 것은, 애국심이 아니라 인본주의자의 어리석은 행동에 지나지 않습니다. 이 같은 평등주의적 가르침의 단편이 지금까지 우리가 믿어왔고, 아이들에게도 별생각 없이 전해주던 거짓말입니다. 이 거짓말은 요즘처럼 자신의 교육적 노력이 요새처럼 견고한 현실과 충돌할 때 우리를 상당히 언짢게 만듭니다.

물론 이것은 각종 학습 장애의 문제와 직면하게 하고, 그에 관해 책임 있는 기독교 서적을 저술할 필요를 느끼게 하기도 합니다. 하지만 여기에서는 '학습 장애를 두 범주로 나눌 수 있다'고 말해두는 것으로 충분합니다.

첫 번째 범주는 빈약한 가르침 때문에 발생하는 결핍 증세로 이루어지는데, 이것은 높은 기준을 유지하는 훌륭한 교사를 통해 얼마든지 교정할 수 있습니다. 두 번째 범주는 인류 역사상 모든 교사에게 널리 알려진 부류의 학생들로 구성됩니다. 그들은 다른 똑똑한 학생들보다 특정 과제를 이해하는 데 심각하게 느립니다. 다른 시대의 교사들과 달리, 우리는 그런 학생들을 매우 서툴고 불친절하게 가르치며, 자신의 무기력함을 은폐하기 위해 의학 용어 같은 말이 적힌 라벨을 그들에게 붙입니다.

이런 생각의 흐름은 우리를 필연적 결론으로 이끕니다. 곧, 고전교육은 그 본질상 '반평등주의'라는 것입니다. 그러므로 고전적 학습은 한낱 교육적 변덕이나 유행이 아니라, 모든 부모가 자기 아이를 위해 고민해봐야 할 방식입니다. 하지만 고전교육에 관해 너무 깊이 고민하는 부모가 많아지는 것도 바람직하지는 않습니다.

고전교육은 높은 도전적 기준을 제시합니다. 오해하지는 마십시오. 최고급 일류 교육 클럽을 만들자는 이야기가 아닙니다. 그저 부모 여러분에게 장애가 아니라 하나님 앞에서 아이들의 부르심과 능력을 먼저 심사숙고하도록 촉구하려는 것일 뿐입니다.

7강

+

고전교육 모델: 트리비움

탐 스펜서

로고스학교에서 지낸 한두 해 동안, 우리는 중고등 과정 교육 프로그램을 개발하려고 노력했습니다. 이 노력의 일환으로 우리는 장래 계획을 논의하기 위한 정보 전략 회의에 중고등학교 부모들을 초대했는데요. 회의를 진행하는 동안, 발표자들은 '고전교육'의 철학과 목적을 토론했습니다. 그 후 우리는 몇몇 학부모에게 여러 질문을 받았습니다. 어느 학부모는 "도대체 고전교육이 뭔가요?"라고 물었습니다. 그 질문에 대답하는 과정에서 우리는, 로고스학교의 이사회, 운영위원회, 관리자, 교직원들이 고전교육의 일치된 정의에 동의하는 절차를 전혀 밟지 않았다는 사실을 깨달았습니다. 우리는 반드시 자신이 하는 말의 의미를 명확하게 이해해야 합니다. 이 용어에 관해 일치된 이해를 갖게 되기까지 아주 많은 시간이 필요했습니다. 고전

교육에 관한 철학을 발전시키기 위해 우리가 사용한 첫 번째 자료는, 도로시 세이어즈가 쓴 〈잃어버린 배움의 도구*The Lost Tools of Learning*〉였습니다.

어느 해 여름, 저는 아이다호대학에서 교육 행정학 석사학위 과정을 마쳤습니다. 수년간 교육 전문가들이 역사에 관해 보인 노골적인 무시와 경멸이 제 호기심을 자극했습니다. 공립교육과 사립교육에 참여한 많은 사람이 계속해서 이런 질문을 던졌습니다.

"우리 선조들은 자기 후손의 교육적 필요들을 도대체 어떻게 다루었을까?"

오늘날, 어떤 사람들은 매우 '혁신적인' 교육 발상(대개 오래된 개념이 새로운 옷을 입은 것에 지나지 않습니다만)을 제안합니다. 그런데 이것도 결국 이론적 모델로 전락할 것입니다. 그러나 전국의 학교들은 그 새로운 이론이나 방법론, 기법이 과거에 성공한 적이 있는지 확인해보지도 않고 즉시 실행하려고 달려들 것입니다. 정말 놀라운 일입니다!

생각해 보십시오. 한 번도 연구된 적 없는 새로운 진료 방식으로 치료받으려고 할 사람이 어디 있겠습니까? 적절한 검사도 받지 않은 채 판매하는 새로운 상품을 기꺼이 구매하려고 할 사람이 어디 있겠습니까? 그런데 왜 우리는 이렇게 기꺼이 우리 아이들을 실험대에 올리려 하는 걸까요? 4~5년 내로 교육자들은 그 새로운 이론이 제대로 효과를 발휘하지 않는다는 사실을 깨닫게 될 것이고, 그러는 동안 우리 아이들은 속은 채 살아갈 것입니다. 이런 교육 실험으로 잃어버린 세월은 결코 돌이킬 수 없습니다.

이런 현상에 관한 대표적 사례가 '노래, 철자, 읽기, 쓰기' 자료를 펴내는 출판사 소식지에 잘 묘사되어 있습니다.[1] 이에 따르면, 몇 년 동안 '총체적 언어 교육'Whole Language Instruction 실험을 진행한 후, 캘리포니아주 학교의 딜레인 이스턴Delaine Easton 감독관이 "우리는 정말 철없는 실수를 저질렀다"라고 시인했다고 합니다. 그는 몇 년 동안의 빈약한 시험 점수에 근거해서 이런 결론을 내린 것입니다. 아이고 맙소사, 그런데도 사람들은 지난 10년 동안 별생각 없이 무작정 이 방법들을 사용해온 것입니다!

우리는 오늘 우리가 당면한 문제가 과거와 상관없는 것처럼 행동합니다. 우리 사회는 변화하고 있습니다. 정보가 폭발적으로 증가하고 있고, 인구 통계도 급격히 바뀌고 있습니다. 어쩌면 100년 전이나, 심지어 50년 전에 교육 관련 일에 종사했던 사람들에게서 아무것도 배울 수 없을지도 모릅니다.

그런데 성공 여부를 검증하기도 전에 그토록 신속하게 선두마차에 뛰어드는, 즉 그렇게 쉽게 시류에 편승하는 경우가 다른 분야에도 있을까요? 교육자들은 과학적 방법론을 적용은커녕 고려하지도 않습니다. 불행하고 어리석은 일입니다. 분명 오늘날 우리가 사는 사회는 우리 조부모의 사회와 다르고, 우리 부모의 사회와도 완전 딴판입니다. 그런데도 학습 과정이 바뀐 적은 없습니다. 학생들이 배우는 방식에도 아무 변화가 없었습니다. 아이들의 특성이 너무나 의미심장하게 바뀌어서, 과거에 성공했던 방법들이 오늘날 접점을 잃어버린 건 아닐까요? 저는 그렇게 생각하지 않습니다.

우리는 배워야 할 것이 너무 많습니다. 하지만 먼저 올바른 질문을 던짐으로써 시작해야 합니다. 역사를 공부해 보면 매우 교양 있는 사회들이 존재했다는 사실이 고스란히 드러납니다. 그 사회는 도대체 어떻게 아이들을 교육했을까요? 어떤 주제를 중요하게 여겼고, 어떻게 아이들에게 배우는 법을 가르쳤을까요?

전도서를 기록한 지혜자에 따르면, 지금 있는 것은 이미 있던 것이고 앞으로 있을 것도 이미 있는 것입니다. 그리고 하나님은 과거를 다시 불러오십니다전 3:15. 우리는 이전부터 시도해 온 것들을 유심히 살펴보고 알곡과 쭉정이를 제대로 구분해냄으로써 교육 설계를 시작해야 합니다. 성공적인 교육의 증거나 미술과 문학 분야의 위대한 작품, 길이 남을 명곡들을 찾아야 합니다. 그런 뒤에는, 어떤 방식으로 교육 과정이 완성되었는지 알아보아야 합니다. 아마도 우리는 지나간 여러 세기 동안 이런 질문들을 다뤄본 적 있는 사람들로부터 배울 수 있을 것입니다.

감사하게도, 어떤 사람들은 역사로부터 충분히 배울 수 있다고 믿습니다. 1940년대 도로시 세이어즈는 영국의 교육 체계가 매우 부실하다는 사실을 발견했습니다. 옥스퍼드대학에서 강연하던 중에 세이어즈 여사는 당시 교육 문제의 해결책으로 과거를 회고해 보라고 제안합니다. 그녀의 글은 (이미 우리가 정의한 것처럼) 고전적 방법론의 기본 원리를 요약하려는 시도이기도 합니다.

고전교육 구조에 관한 기본 원칙은 '트리비움'Trivium입니다. 트리비움은 '세 가지 길'이라는 뜻을 가진 라틴어 단어인데요. 여기에는 '쿼드리비움'Quadrivium('산술, 기하학, 음악, 천문학'의 4학과)을 준비하기 위해 공부하는 세 과목이 포함됩니다. 트리비움의 구성은 역사적 시기에 따라 다양하게 바뀌는데, 우리 목적에 맞춘다면, 문법과 논리와 수사 같은 과목으로 구성됩니다. 특정 과목에 상관없이 절대 변하지 않는 한 가지는, 트리비움이 언제나 학생들에게 쿼드리비움을 준비시키는 것을 목적으로 한다는 점입니다. 고전교육 구조를 성공적으로 실행하기 위해, 교사들은 장차 교육적 연구를 할 수 있도록 학생들을 준비시키는 중임을 명심해야 합니다.

다시 말해, 교육의 성공을 판단하는 기준은 현재를 훨씬 뛰어넘는 것입니다. 트리비움을 공부하는 동안, 학생들은 학습에 필요한 연장을 얻게 됩니다. 그래서 이후 쿼드리비움 단계에서 공부할 때 이런 연장들을 구체적으로 활용하게 될 것입니다.

첫 번째 단계는 문법 단계Grammar Stage입니다. 문법이 언어에 관한 연구를 일컫는 용어지만, 언어 문법 활용에는 영어 수업을 훨씬 넘어서는 여러 다양한 적용 점이 있습니다. 우리가 공부하는 모든 과목에는 그와 관련된 문법(기초 원리나 기본 원칙)이 있습니다. 이를테면, 성경, 과학, 외국어, 역사, 그리고 수학에도 문법이 있습니다. 그러니까 문법이란 '과목마다 존재하는 기본 원칙'을 의미합니다.

역사의 문법은 중요한 사건, 인물, 날짜, 그리고 위치로 구성됩니다. 수학의 문법은 곱셈표와 나눗셈표 같은 것들로 구성되고요. 고전교육 구조에 따라 문법을 공부할 때, 아이들은 각 과목 영역과 관련된 여러 사실을 공부합니다. 이때 이 사실들을 가능한 한 많이 공부할수록 더욱더 유익할 것입니다.

도로시 세이어즈는 문법 단계의 구체적인 예로 라틴어 공부를 소개합니다. 라틴어 공부는 학생들에게 분명하고 아주 많은 유익을 제공합니다. 그중 하나는 영어라는 언어 구조에 관한 이해가 풍성해지는 것입니다. 또한 학생은 라틴어 어휘에 관한 지식을 다양한 용도로 활용하게 될 것입니다. 그 덕분에 과학, 문학, 그리고 다른 관련 언어의 어휘에 관한 학생들의 이해도 크게 향상될 것이고요.

그다음은 논리 단계Dialectic Stage입니다. 트리비움에서 이 단계를 이루는 아주 중요한 구성 요소는, 형식 논리에 관한 공부입니다. 이때 학생들은 정확한 용어 정의의 중요성을 배우게 됩니다. 잘 짜인 논증의 주요 구성 요소, 다양한 생각을 조직화하는 법, 논리적 오류에 빠지지 않는 법, 다른 사람들의 논증에 존재하는 오류들을 간파하고 규명하는 법도 배우게 되지요.

트리비움의 세 번째이자 마지막 단계는 수사 단계Rhetoric Stage입니다. 이제 학생들은 자기 생각과 개념을 기록과 구술 두 가지 형태로 명확하게 표현하는 법을 배웁니다. 그리고 설득력 있게 논증하는 법, 웅변적으로 호소하는 법, '수사'라는 도구로 학습 능력을 향상하는 법, 그리고 수사적 장치를 사용하는 다른 사람들의 교묘한 조종 시도에 맞서 나름대로 자신을 변호하는 기술을 개발하게 될 것입니다.

이것이 바로 간략한 트리비움의 구조와 형식입니다. 우리가 이런 단계들에서 여러 과목을 가르치기는 하지만, 그 자체가 최종 목표는 아니라는 사실을 기억하기 바랍니다. 오히려, 우리는 학생들에게 '학습 도구'를 쥐어주어 미래를 준비하게 해야 합니다. 이런 도구들은 나중에 사용하게 될 것입니다. 성공적으로 각 단계를 마쳤다면, 트리비움을 마무리할 즈음 학생들은 다음 과정인 쿼드리비움을 위해 충분히 잘 준비되어 있을 것입니다.

도로시 세이어즈가 제시한 비전의 탁월함은, 트리비움 세 부분을 자신이 분류한 어린 시절의 세 단계와 연관 짓는 방식에 있습니다. 그 세 단계는 앵무새 단계Poll-Parrot, 당돌이 단계Pert, 시인 단계Poetic 인데요(각 단계를 일컫는 명칭이 낯설고 이상하게 들리겠지만, 설명을 듣게 되면 그 이름들이 세 단계를 기억하는 데 방해가 아니라 오히려 매우 유용하다는 사실을 알게 될 것입니다).

첫 번째 앵무새 단계의 아이들(9~11세)은 관찰과 기억 영역에서 엄청난 능력을 소유하고 있습니다. 이 시점의 아이들 마음은 컴퓨터의 텅 빈 하드디스크와 같습니다. 그들은 엄청난 양의 정보를 받아들일 준비가 되어 있고, 이상하게 발음되는 단어를 재미있어하며, 혼자 또는 집단으로 암송을 즐깁니다.

다음 단계는 당돌이 단계(12~14세)라고 불립니다. 주변에서 흔히 볼 수 있는 중학생의 모습을 생각해보십시오. 그들은 논쟁을 좋아하며, 부모와 교사의 실수 지적하는 걸 즐거워합니다. 이때부터 그들은 추상적으로 생각할 능력을 키우기 시작합니다.

마지막으로, 학생들은 시인 단계(14~16세)에 들어갑니다. 학생들은 기록과 구술 형태의 자기표현을 창의적이고 조직적으로 나타냅니다. 그들은 독립적 사고에 대한 욕구를 서슴지 않고 드러냅니다. 어느 시사 만화가는 '십 대 학생 버전'의 세계 지도를 그리면서 그들의 특징을 다음과 같이 잘 포착해 놓았습니다.

"지금까지 이 지도에서 가장 커다란 나라는 늘 중심부에 자리 잡고 있었습니다. 그 나라의 이름은 바로 '나'I입니다. 거기서 멀리 떨어진 곳에는 여러 다른 자그만 나라들이 자리 잡고 있습니다."

이것이 아이들의 학습적 관심과 능력에 따라 세이어즈 여사가 특성화한 유년 시절 세 단계입니다. 세이어즈 여사의 모델은 유년 시절 세 단계를 트리비움 세 단계와 아주 탁월하고도 단순하게 조화시키고 있습니다.

이것을 도표로 만들면, 다음과 같습니다.

유년 시절 단계	트리비움 단계
앵무새	문법
당돌이	논리
시인	수사

첫 번째 단계의 학생들은 암기를 좋아하고, 아주 쉽게 생각합니다. 그래서 이 기간에는 문법(기초 원리나 기본 원칙)이라고 불리는 학습 도구를 전해줘야 합니다. 또한 영어, 과학, 그리고 가장 중요한 성경에 관한 기본 정보들을 가르치십시오.

여러분이 성인이라면, 이 단계의 아이들과 마주 앉아 '집중력 놀이'를 해본 적이 있을 텐데요. 아마 여러분은 그 놀이에서 아이들에게 질 수밖에 없었을 겁니다. 저는 집중력 놀이를 하는 동안 최선을 다하지 않는다고 아들에게 잔소리를 들은 아버지를 알고 있습니다. 그 아버지는 아들을 이기기 위해 정말 열심히 노력했는데도 그런 일을 당하고 말았습니다.

2학년 때, 우리 아이들은 인체 주요 골격의 명칭을 배웠습니다. 손가락뼈와 발목뼈, 손바닥뼈 등을 식별하는 법을 배우면서 아이들은 이 용어들의 발음을 무척 좋아했습니다. 어떤 부모들은 이렇게 어려운 정보를 배우는 아이들의 능력에 처음에는 회의적이다가도, 자신의 자녀가 얼마나 많은 것을 배울 수 있는지 지켜보며 깜짝 놀랍니다. 학생들은 수업 시간에 함께 큰 소리로 골격 명칭을 읊조리며 배웁니다.

로고스학교의 초등 교사들은 줄곧 고전교육 철학을 견고하게 붙잡고 가르쳐왔습니다. 교실 복도를 천천히 지나다 보면, 각기 다른 초등학년 교실에서 영어 문법을 암송하거나 배운 내용들을 크게 외치는 소리를 들을 수 있습니다. 학생들은 그것을 즐깁니다. 초등 교사들은 자신의 임무가 학생들의 장래 공부를 위한 기초를 놓는 것임을 반드시 기억해야 합니다. 그러기 위해서는 명확한 비전이 필요합니다.

당돌이 단계 학생들은 논쟁을 좋아하므로, 적절히 논증하는 법을 가르쳐 주십시오. 그들은 형식 논리라는 도구를 받아들이고, 자신의 논증을 적절히 구조화하는 법을 배울 것입니다. 또한 학생들은 읽을거리와 듣는 것들에 내재한 논리적 오류 찾는 법을 배우게 될 것입니다.

우리는 중학교 2학년 학생들에게 형식 논리를 가르칩니다. 매년 중2 학생들은 "얼마나 많은 천사가 바늘 끝에서 춤출 수 있을까?"와 같은 주제로 대학 1학년생들과 토론합니다. 학생들은 다른 주제에 관해서도 토론을 벌입니다. 우리는 모든 중등 교사에게 다양한 수업에서 다양한 쟁점으로 토론할 기회를 학생들에게 제공하도록 격려하고 있습니다.

시인 단계 학생들은 수사라는 도구를 받아들입니다. 이 학생들은 웅변적이고 설득력 있는 논증을 준비하는 법과 논증 유형의 중요성을 배우고, 자신에게 가장 흥미로운 과목들에 지금까지 받아들인 학습 도구를 구체적으로 적용하게 됩니다. 이 과정에서 쿼드리비움, 곧 특정 과목 영역을 공부하기 위한 심층적 준비가 가능해지는데요. 이 같은 트리비움 세 단계에 유년 시절 세 단계를 합하면, 성공적 교육을 위한 처방이라고 검증된 시기와 절묘하게 들어맞습니다.

로고스학교의 초·중·고등학생들은 필수적으로 수사학을 배워야 합니다. 특히 고등학생들은 졸업반 때 두 개의 주제 논문을 반드시 작성해야 합니다. 첫 번째 논문은 설득력이 있어야 하고, 두 번째 논문은 첫 번째 논문을 논리적으로 변증해야 합니다. 교직원들에게 논문을 제출할 때, 학생들은 담당자의 질문에 적절한 답을 제시해서 해당 주제를 충분히 이해하고 있음을 보여줘야 합니다.

이런 교육을 제공할 수 있는 준비된 직원을 어디에서 구할 수 있을까요? 솔직히, 대답하기 어려운 질문입니다. 그런 교육을 받아본 사람이 별로 없기 때문입니다. 그러므로 여러분을 대신해서 이런 교육 철학과 비전을 공유하며 열심히 노력할 교직원을 찾아 많이 헤매야 할지도 모릅니다. 교직원 훈련도 매우 중요한 부분입니다.

우리도 처음에는 로고스학교의 교직원으로서 도로시 세이어즈의 글을 함께 하며, 날마다 현장에서 실행할 수 있는 특정 아이디어를 짜내느라 힘든 시간을 보냈습니다. 그러나 미국 철학자 리처드 위버Richard Weaver의 말처럼, "생각은 결과를 낳습니다"Ideas Have Consequences. 부디 고전교육의 여러 목표와 목적에 익숙해지기 바랍니다. 시간이 흐르면서, 교직원들은 각자 교실에서 고전교육의 이상을 실행할 점점 더 많은 방안을 찾아낼 것입니다.

한번은 교직원 모임에서 매우 흥미로운 훈련을 한 적이 있습니다. 한 주간 동안 모든 교사의 수업 계획서를 교직원 조회 때 제출하게 했습니다(예를 들면, 모든 고등학교 2학년 교사들의 수업 계획서 같은). 우리는 칠판 중간에 '성경'이라는 단어를 적어놓고, 역사나 라틴, 수학 같은 각 과목의 일일 목표를 그 주변에 적습니다. 그런 다음 교사들에게 다음 두 가지 질문에 관한 설명을 요청합니다.

첫째, "어떻게 각각의 목표에 기독교 세계관을 적용할 수 있는가?"
둘째, "어떻게 각 목표를 통합할 수 있는가?"

우리는 이에 관한 치열한 토론을 장려합니다. 시간이 흐르면서 교직원들(과 교장)은 두 질문의 상호연관성을 점차 이해하기 시작했습니다. 그런 뒤에 우리는 마지막으로 어떻게 해야 이런 이해를 학생들의 마음에 가장 잘 심어줄 수 있을지 토론했습니다.

도로시 세이어즈 모델은 교육 철학의 형식과 구조를 규정합니다. 그러나 세이어즈의 글은 내용 문제를 좀 더 일반적으로 다루고 있지요. 그녀는 성경, 라틴어, 논리, 그리고 수사 같은 몇 가지 중요한 과목 가르치는 것을 훨씬 더 좋아한다고 명확히 밝힙니다.

그러나 누군가는 고전교육의 목표와 목적을 달성하기 위해 반드시 고전 과목(라틴어, 고대 역사, 고전 문학 따위)을 가르칠 필요는 없다고 주장할 수 있을 것입니다. 바로 더글라스 윌슨이 그의 책《Recovering the Lost Tools of Learning》(잃어버린 배움의 도구를 회복하라)에서 묘사한, 고전교육의 이상과 다른 특정 영역입니다. 윌슨은 '고전(적)'이라는 단어가 '공부하는 내용'을 언급할 때도 있다고 말합니다.

과연 이런 교육 철학이 학생들을 가르치기 위한 효과적인 방법일까요? 어떤 기준으로 이런 프로그램의 성공을 평가할 수 있을까요?

첫째, 우리는 교육이 장기 투자임을 기억해야 합니다. 그러므로 이런 접근 방식의 성공 여부를 측정하기에 훌륭한 척도는 "학교를 떠난 학생들은 어떻게 살고 있는가?"입니다.

현재 로고스학교에는 약 300명의 졸업생이 있습니다. 모든 졸업반 학생의 절대다수(90퍼센트 이상)는 어떤 형태로든 상급 교육 기관에 진학합니다. 또한 졸업생 일부는 미군에서 근무하고 있기도 합니다.

표준 학력 평가 시험Standardized Test 점수는 과연 어떨까요? 어떤 시험이 고전교육의 성공을 가늠하는데 가장 적절할까요? 솔직히 말하자면, 아직 완벽하게 꼭 들어맞는 시험은 없는 것 같습니다. 하지만 지금까지 우리가 선택한 시험들은 우리 커리큘럼의 강조점과 조화를 이루며 만족스러운 역할을 감당하고 있습니다. 학생들은 일관되게 좋은 결과를 거두었고, 지금까지 나온 성적 동향은 상당히 고무적이었습니다.

30년 동안의 교육 과정을 마무리한 후에도, 이 같은 고전 철학의 가치에 대한 우리 믿음은 변하지 않았습니다. 그러나 더 중요한 것은, 우리가 로고스학교 졸업생들이 살아가는 모습을 보고 들을 때마다 너무나 커다란 기쁨을 누린다는 사실입니다. 주님과 함께 살아가는 삶, 결혼 생활, 자기 자녀들을 키우는 모습도 우리 졸업생들이 받은 교육의 효과를 측정할 또 하나의 방식입니다. 로고스로 찾아오는 다음 세대, 곧 졸업생의 자녀들을 바라보면서, 우리는 졸업생들이 자신이 받은 교육을 자녀에게 그대로 전수하기 원할 만큼 소중히 여기고 있다는 사실에 감격을 넘어 전율까지 느끼고 있습니다. 졸업생들이 우리의 교육 방식을 마음에 새겨 자기 것으로 삼았다는 증거이기 때문입니다.

세이어즈 여사는 이렇게 결론지었습니다.

"교육의 유일한 목적은 스스로 배우는 법을 사람들에게 가르치는 것 뿐이다. 어떤 가르침이든 그렇게 하지 못한다면, 부질없는 노력을 기울이는 것과 마찬가지다."

8강

+

초등 교육 과정에 트리비움 적용하기

탐 가필드

여러분은 제가 다른 사람보다 훨씬 일찍 이런 생각을 품었을 거라고 생각할지 모르겠습니다. 물론, 지난 몇 년 동안 제 아이들 덕분에 그런 과정을 거치게 된 것은 분명합니다. 특히 고작 세 살이던 딸 캐롤라인이 〈잠자는 숲속의 공주*Sleeping Beauty*〉 오디오북 전체 내용을 큰 소리로 따라 읽던 때, 그것이 더욱 분명해졌는데요. 캐롤라인은 분명히 이야기를 따라 읽을 수 있었고, 심지어 다음 페이지로 넘어가야 할 정확한 시점에 책장을 넘길 수도 있었습니다. 우리 부부가 그 이야기를 읽어준 지 한두 주 정도 뒤였습니다(사실 저희는 그 기간도 굉장히 길게 느꼈답니다!).

하지만 그로부터 여러 해 동안 여러 아이와 함께하면서도, 저는 그런 개념을 아주 더디게 이해하고 있었습니다. '암기 놀이'에서 아이들이 계속해서 이기고 제게 벌칙을 줄 때, 분명히 그걸 파악해야 했습니다.

'아이고, 이거 야단났네! 말 못 하는 엄마 코끼리가 어디 있는지 왜 기억하지 못한 걸까?'

솔직히 말하자면, 기억에만 의존해서 새끼와 어미를 일치시키는 것은 굉장히 힘든 일이었습니다!

그러나 거기서 저는 열심히 노력하지 않고 대충 아이들이 이기도록 슬그머니 져 준다는, 아이들의 핀잔을 들어야 했습니다. 결국 저는 모든 자존심을 내려놓고, 아주 겸손한 태도로 아이들에게 진실을 고백하고야 말았습니다.

"그래, 맞아. 솔직히 난 어쩌다가 너희가 이긴 거라고 생각했단다."

어쩌면 여러분은 제가 넌지시 암시한 개념이나 현상을 간파했을지 모르겠습니다. 어른들보다 더 쉽게 암기하고 그 정보를 다시 연상하는 어린아이들의 선천적 능력은 믿기지 않을 정도로 놀랍습니다.

실제로, 제가 보기에도 대다수 사람이 어린아이들의 이런 특성을 충분히 인지하고 있는 것 같습니다. 예부터 좋아하던 〈마더 구스 *Mother Goose*〉를 비롯한 다른 여러 육아용 동시, 알파벳 노래를 비롯한 다른 여러 동요, 어린 시절의 무수한 짧은 노래나 시구들은 주로 '구전' 형태로 전해져 내려왔습니다. 그리고 유럽과 미국을 비롯한 전 세계 수많은 세대에게, 이런 능력은 교사들이 어린 학생들에게 지식을 전수하기 위해 사용한 핵심 수단이었지요.

예를 들어, 미국 전역의 원룸 스쿨 하우스One-Room School House에서 교사들은 사실상 학생들의 '다양한 수업 소리'를 들으며 거의 종일 시간을 보낼 것입니다. 또한 학생들은 수업 내용을 암기하거나 암송하면서 하루 중 대다수 시간을 보낼 거고요. 장제법Long Division●에서 미국 역사에 이르기까지, 학생들은 필요한 경우에 쉽게 연상하도록 그 내용을 일목요연하게 정리해보라는 요청을 받았습니다. 그런데 이 모든 일이 복사기나 컴퓨터 없이 순조롭게 이루어진 것입니다.

그러나 지난 80년 동안 호레이스 만과 존 듀이를 추종하는 '교육 철학적' 후손들은, 아이들을 교육하는 데 이처럼 하나님이 주신 은사를 적용하는 방식을 모욕하고 거부했습니다. 파문당하듯 밀려나거나 시대에 뒤처진 것으로 내몰리면서, '주입식 학습'Rote Learning(웹스터 사전에서는 이 용어를 '아무 생각 없이 기억에 의존해서 무언가 하는 것'으로 정의합니다)은 현대 교육주의자들에 의해 '체벌처럼 낡아빠진 교수법'이라는 쓰레기 더미에 사정없이 내팽개쳐졌습니다. 그들은 그것이 무엇을 의미하든, '비판적 사고'와 '더 높은 수준의 사고 기술'을 줄곧 요청해 왔습니다(잘 알다시피, 여러분이 거짓 지식의 영역을 감시하면서 그에 관해 나름 전문가라고 자처한다면, 누구도 쉽게 파악할 수 없는 용어를 만들어낼 수 있습니다. 한번 시도해 보십시오. 그건 주요 실내 스포츠에 숙달하는 것처럼 그다지 쉽지 않아 보입니다).

그런데도 제2차 세계대전 동안, 도로시 세이어즈는 평범한 대다수 어린이가 가진 비범한 기억력에 관해 다음과 같은 관찰을 내놓았습니다.

● 12 이상의 수로 나누는 나눗셈 - 역자 주

앵무새 단계 아이들은 마음속으로 배우는 게 쉽고 대체로 유쾌합니다. 반면 이성적 추론은 아직 어렵고 전체적으로 거의 흥미를 느끼지 못하지요. 이 단계에서는 특정 사물의 형상과 겉모양을 쉽게 암기하고, 자동차의 번호판을 암송하거나 동요를 자꾸 읊조리며, 쉽게 알아들을 수 없는 이상한 다음절어를 큰 소리로 말하기 좋아합니다. 물건을 단순히 쌓아놓는 것도 아주 좋아하고요.

다른 한편으로 유효성이 증명된 중세 트리비움의 '문법 단계'로 알려진, 어린아이의 인생에서 이 시기는 대략 네 살 정도에서 열한 살 정도까지 지속하는 것 같습니다.

세이어즈 여사의 묘사를 다시 살펴보겠습니다. 익숙하게 느껴지지 않습니까? 세이어즈가 진술한 내용의 한쪽 측면만 고려해 보십시오. 어린이들이 이상한 소리를 내면서 갖는 쾌감 같은 것 말입니다. 미국의 유명 아동 작가인 수스 박사Dr. Suess도 아이들에게 나타나는 이런 특별한 애착을 충분히 이해하고 있었던 모양입니다.

"그러는 사이에, 물론, 나는
속눈썹 세 개 달린 티지Tizzy의 달걀을 모아오느라
계속해서 굉장히 바빴다.
손이 달걀에 쉽게 닿지 않아서, 나는 얼른
'햄-이카-쉬님-이카-쉬남-이카 쉬놉'
Ham-ikka-Schnim-ikka-Schnam-ikka Schnopp
꼭대기에 올라탔다."

《Scrambled Eggs Supper》(휘저어 부친 계란 프라이 저녁식사)

어느 쪽이든, 수스 박사는 멋진 소리를 내는 다음절어와 이상한 이야기로 수백만 어린이를 매료시켰고, 지금도 계속해서 매료시키고 있습니다.

20세기 학교 상황이라는 현실에 문법 단계를 구체적으로 적용할 방안을 살펴보기 전에, 먼저 학생들에 관해 곰곰이 생각해 봅시다. 우리가 다루는 연령 집단은 어린아이들입니다. 대략 네 살에서 열한 살 사이의 소년 소녀들이지요. 지금까지 우리는 이런 아이들을 가르치는 효과적인 방법뿐 아니라, 그 아이들의 존재에 관해서도 계속 거짓말을 들어왔습니다. 어린이들은 거의 모든 면에서 어른들과 근본적으로 다릅니다. 그래서 사도 바울도 이렇게 이야기하고 있지 않습니까?

> 내가 어린 아이였을 때는 아이처럼 말하고 느끼고 생각했지만, 어른이 된 지금은 그런 일들을 그만두었습니다 고전 13:11.

흥미롭게 사도 바울은 참되신 하나님에게 반항적이었지만, 아이들을 교육하는 수단으로 트리비움 원리를 활용하던 문화에서 살고 있었습니다.

더구나 C. S. 루이스는 자신이 받은 온갖 고등교육 덕분에 참지식인이 될 수 있었습니다. 그는 어른들과 변론할 수 있었고, 어린이들과 그리고 어린이들에 관해서 이야기할 수 있었습니다. 예를 들어, 루이스의《나니아 연대기》시리즈는 아동 문학에서 필적할 작품이 거의 없을 정도입니다. 루이스는 어린이들이 어른들과 다를 뿐 아니라, 소년과 소녀들도 서로 다르게 설계되었다는 점에 관해 잘 알고 있었습니다.

"그래, 맞아."

에드먼드가 말했다.

"저곳을 가로질러 언덕을 공격하자. 그러면 우리는 여덟 시나 아홉 시 경 돌 탁자 언덕(내 말은 아슬란을 만나러 간다는 뜻이야)에 도달하게 될 거야. 아마 캐스피언 왕이 우리에게 멋진 아침 식사를 내줄 거야."

"네 말대로 되면 좋겠어."

수잔이 대꾸했다.

"난 그 모든 걸 전혀 기억할 수 없어."

"그건 여자아이들에게 가장 안 좋은 건데."

에드먼드가 피터와 난쟁이에게 말했다.

"그 사람들은 절대로 머릿속에 지도를 넣어 가지고 올 수 없을 거야."

"그건 우리 머릿속이 이미 무언가로 가득 차 있기 때문이야."

루시가 말했다.

《캐스피언 왕자》Prince Caspian

눈에 띌 정도로 공공연하게, 제가 이 영역에 관해 개략적으로 언급하고 있다는 사실을 인정하겠습니다. 그러나 루이스가 아무 해명 없이 그렇게 할 수 있었다면, 저 역시 그럴 수 있다고 생각합니다. 위 인용문은 매년 개최되는 '지리학 지식 겨루기 대회'Geography Bee에 관해 미국 국립지리학회National Geographic Society에서 발표한 성명서를 떠올리게 했습니다. 이 사람들은 해마다 열리는 대회의 우승자 중 90 퍼센트 이상이 소년이라는 명백한 사실을 파악하려고 열심히 애쓰고 있는 것 같습니다. 그래서, 정말 놀랍게도, 그들은 그 이유를 확실히 알아보기 위한 구체적인 연구를 계획 중입니다. 이런 젊은이들은 모든 형태의 인간적 시도 중에서 현행 의무적인 차별 철폐 조치와 평등주의에 관해 전혀 들어본 적이 없을 것입니다(그런데, 어쨌든 과거 로고스학교 여학생이 이 대회에서 우승한 적도 있습니다).

인류 역사상, 거의 모든 문화에서, 오직 소년들만 공식 교육을 받았습니다. 그리고 지난 수백 년 전부터 서구 문화권에 여학교가 생기기 시작했습니다. 남녀가 분리된 학교는 상당히 오랜 기간 규범으로 자리 잡고 있었습니다. 상대적으로 말하자면, '남녀 공학' 학교는 매우 새로운 발명품입니다. 학교들은 왜 이토록 오랫동안 '특정 성별'만 받아들였을까요? 가장 단순하고 명백한 대답은, 최근까지도, 여자아이들과 남자아이들이 서로 다르게 행동하고 다르게 배우며, 심지어 다르게 생각한다고 인식해 왔기 때문입니다. 여기 몇 가지 사례가 있습니다.

먼저 여성들에 관해 이야기해 보겠습니다. 외모는 여성과 남성 모두에게 매우 중요합니다. 우리는 누가 어떻게 생겼는지에 굉장히 민감합니다. 그래서 세세한 부분까지도 단정하게 꾸미려 하지요. 이것은 자연스럽게 산뜻하고 깔끔한 기질과 결합합니다. 특히 여성들은 흔히 사람들과 세상이, 고전적 의미에서 낭만적이라는 관점을 유지하는 편입니다. 다시 말해, 자존심이나 덕성, 고결함 같은 것이 피부로 다가올 정도로 중요하다는 것입니다. 다양한 인간관계, 곧 각 개인이 서로를 어떻게 느끼는지 상당히 골몰하고 주의를 기울입니다. 이런 느낌들은 직관과 추측의 기초가 됩니다. 여성들의 경우에는 그게 아주 잘 들어맞기도 하고요. 여성들은 사람들과 소통하는 것을 매우 좋아합니다…. 아주 많이 말입니다! 때로는 말로, 때로는 글로 그렇게 합니다. 자기 생각과 감정을 표현하는 것은 여성들에게 숨 쉬는 것처럼 자연스러운 일입니다.

그러니까 여학생들이 의사소통과 관련된 과목들, 곧 읽기, 쓰기(작문과 글씨 둘 다 매우 깔끔합니다!), 철자법, 그리고 말하기를 일관되고 탁월하게 잘하더라도 전혀 놀랄 일이 아닙니다. 또한 여학생은 연극(고등학교 연극반의 성비를 한번 살펴보십시오)과 예술, 음악 영역에서 두각을 나타냅니다.

여학생들은 남학생들보다 학교에서 훨씬 좋은 성적을 얻고 훨씬 모범적으로 행동합니다. 왜 그럴까요? 의도한 것은 아니겠지만, 현대로 들어오면서 점점 더 많은 학교가 보편적으로 여성에게 익숙한 내용을 중심으로 커리큘럼을 구성하고 있습니다. 깔끔함과 조직화를 강조하고, 수업에서 이루어지는 대다수 활동이 글을 쓰거나 시각화하는 것이며, 책상과 의자는 근사하고 다채로운 실내 장식처럼 깔끔하게 줄을 맞춰 놓습니다.

그렇다면 남성들의 경우는 어떨까요? 다 그런 것은 아니지만, 많은 남성이 실제적인 성과를 중요하게 여기며 그것에 좌지우지됩니다. 남보다 한발 앞선 특정 행위가 모든 남성 주도형 대화에 가장 많이 등장하는 내용입니다.

"아, 그래요? 글쎄, 저는 한 번에 이를 네 개나 뽑았다니까요!"

많은 남성에게 성과는 매우 중요한 문제입니다. 그들은 높은 점수를 얻는 것보다 무언가를 정복하는 것을 훨씬 더 중요하게 여깁니다.

일반적으로 경쟁은 남성의 기본 생활 수단입니다. 그래서 자존심을 건드리는 것은 신체적 고통보다 더 심각한 문제입니다. 많은 남성이 물건 수집을 좋아합니다. 그 물건의 금전적 가치는 전혀 문제 되지 않습니다. 일단 그냥 많이 모으고 싶을 뿐입니다. 제 생각에, 남성들은 유아기부터 노년기에 이르기까지 모두 감각 중심적입니다. 만지고, 맛보고, 냄새 맡고, 맞추고, 움켜쥐고, 해체하고, 만지작거리고, 조종하는 것이 그들의 전형적 모습입니다.

"이게 어떻게 작동하지?"

분석하고 탐구하는 것이 아주 흔한 행동 양식입니다.

이런 여러 특성과 함께, 남학생들은 손으로 만지면서 하는 것들을 잘하는 경향이 있습니다. 이를테면, 과학, 지리, 체육, 역사를 비롯한 퍼즐 조각 맞추기, 그리고 수학과 논리학을 잘합니다. 그러나 부분적으로 느린 신체적, 사회적 성숙도뿐 아니라, 대다수 학교에서 손으로 만지면서 배우고 평가하는 방식을 거의 채용하지 않기 때문에, 남학생들은 성적 면에서 여학생들에게 많이 뒤처집니다. 경쟁이라는 말을 사용하는 것 자체가 적절하지 않습니다.

이제는 문화적, 재정적 이유로 남학교와 여학교를 분리하던 시절로 돌아갈 수 없기 때문에 부모와 교사인 우리는 문법 단계 과정에서 남성과 여성 각각의 강점을 인식하고 접근해야 합니다. 그러므로 하나님이 허락하신 남녀차이를 인정하고, 그에 따라 학습 계획을 짜고, 상대를 무시하고 놀리는 대신 협력하도록 도와야 합니다. 궁극적으로 이렇게 도움을 주고받으면서 하나님이 허락하신 또 다른 인간적 구조인 결혼 관계로 들어가게 되지만, 그 주제는 다음 기회에 다루도록 하겠습니다.

여러분도 알고 있을지 모르지만, 로고스학교에서는 개교 이후 계속해서 트리비움을 실행하기 위해 헌신해 왔습니다. 그러나 몇 년 동안 로고스 초등 과정에서, 이 꼬마들의 학문적 가능성에 관한 새로운 비전을 품게 되었다고 믿습니다. 우리는 라틴어 어미들을 노래로 만들어 3학년부터 6학년까지의 학생들에게 부르게 했고, 여러 해 동안 좋은 결과를 얻었습니다.

그러나 아주 최근에 이르러서야, 앵무새 단계를 위한 몇 가지 새로운 영어 문법 자료를 채택하는 동시에, '무턱대고 외우기, 암송, 단순한 말로 노래하기, 다양한 노래 활용하기' 등의 다양한 창의적 방식을 응용함으로써, 제시된 자료를 연상하는 아이들의 능력이 엄청나게 향상되는 모습을 목격했습니다.

예를 들어, 말하기의 여러 부분에서 창의적 암송을 되풀이하면서 나타난 우리 학교 2학년 학생의 흡인력은 많은 고학년 학생을 깜짝 놀라게 했습니다. 이것은 상당 부분 '셜리 학습 자료'Shurley Instructional Materials에서 '셜리 방식'Shurley Method이라고 불리는 영어 문법 프로그램을 채택한 결과입니다(ACCS에 속한 다른 학교로부터 들은 조언 덕분입니다). 그 방식이 백 퍼센트 기독교적이거나 고전적인 것은 아니지만, 프로그램 성격상 실제로는 명백하게 고전적입니다.

우리 학교 3학년 학생들은 하루에도 몇 번씩 '각 나라의 정보들'State Facts을 반복적으로 암송했습니다. 교사가 "각 나라 정보들!"이라고 외치면, 학생들은 해당 날짜에 공부한 각 나라에 관한 정보들을 큰 소리로 암송하기 시작합니다. 이렇게 하는 데 몇 분밖에 걸리지 않지만, 학생들은 해당 내용을 마음에 분명히 새기고, 그런 방식으로 공부하는 것을 즐거워하게 됩니다. 이 프로그램은 새로 3학년을 맡은 선생님이 고안했는데, 그분은 분명 문법 공부 방법을 정확하게 파악하고 본격적인 실험에 돌입했을 것입니다.

이런 개선과 혁신의 이야기를 접할 때마다 저는 크게 흥분됩니다. 우리는 이렇게 새롭고 색다른 여러 문법 방식을 초등 커리큘럼의 지속적인 부분으로 만들고 있습니다. 해마다 커리큘럼 위원회와 (적절한 훈련을 받은 부모들뿐 아니라 교사들도 모두 참여하는) 각종 소위원회의 활동을 통해, 우리는 과학이나 수학 같은 특정 학문 분야를 주의 깊게 살핍니다. 유치 과정에서 고등 과정까지 일관성 있게 그 방법으로 가르쳐야 하기 때문이지요.

우리는 교육 내용과 교과 자료가 학교에서 추구하는 목표들, 특히 성경적 세계관과 고전적 방법을 어떻게 일맥상통하게 만들지 판단하기 위해 무던히 노력합니다. 커리큘럼 개발을 위한 이 같은 주기적 프로그램은 과학 · 영어 · 성경 · 역사 수업을 놀랍게 바꿔놓았습니다.

이제 소개할 자료들은 해당 과목에서 암송이나 단순 암기(앵무새 단계)에 도움 될 문법 요소들에 관한 특별한 제안들입니다. 이런 사실들이나 날짜들은 그것을 바탕으로 심화 학습을 가능하게 하는 지식의 기본 재료들입니다. 우리는 '문법'을 '각 과목에 필요한 기본 규칙이나 자료'로 정의합니다. 물론 이에 관해 더 많은 것을 이야기할 수 있겠지만, 대개 이런 문법 요소들을 배운 학생들은 각 자료를 통합하면서 이를 탁월하게 강화합니다.

이것도 문법 방법론을 따를 때 나타나는 강점입니다. 하나님이 모든 지식에서 공통점을 발견하도록 우주를 서로 밀착하고 상호 연관되며, 서로 의존하게 만드셨기 때문입니다. 이 단계에서 학생들이 내적 연관성을 반드시 이해해야 할 필요는 없습니다. 그런 이해는 논리 단계, 곧 당돌이 단계에서 하게 될 것이기 때문입니다. 예를 들어, 문법 단계에서는 교사가 미술 프로젝트를 통해 역사적 사실들을 기억하도록 강화하거나, 수학 원리들을 응용한 과학 실험을 활용하는 것만으로도 충분합니다. 다음에 소개하는 내용은 주목받는 학문 분야에 필요한 문법 요소 중 일부입니다. 이것은 사례일 뿐이며, 모든 것을 망라하는 소모적 목록을 만들 의도는 전혀 없습니다.

과목 영역 : 암송Recitation, 단조롭고 짧막한 노래Chant, 각종 노래Song로 공부할 주제

성경
구절, 단락, 책들, 십계명, 사도들, 지파들, 창조 사건(각 날 일어난 일들), 주기도문

역사(일부는 미국의 경우)
역대 대통령, 독립선언서 전문, 헌법 전문, 에이브러햄 링컨 대통령의 1863년 11월 19일 게티즈버그 연설, 로마 황제들, 서구 문명(철자순), 날짜와 사건에 맞춘 운율, 유명한 사람과 행실에 맞춘 운율.

지리(일부는 미국의 경우)
오대양 육대주, 50개 주, 전 세계 국가, 각국 수도, 유명 산맥·하천(강)

수학

덧셈표·뺄셈표(20가지), 곱셈표, 곱셈의 네 가지 성질, 기본 분수, 2진법, 5진법, 10진법

과학

뉴턴의 운동 법칙, 과학 방법론의 여러 기본 단계, 간단한 화학식 (H_2O, CO_2), 분류(계, 문, 강 등), 인체 골격 구조, 행성 명칭·순서

영어

문장·말의 각 부분(명사, 동사 등), 철자법·어족, 모음, 알파벳, 음성학, 작문법(서론, 본론, 결론), 구두법, 대문자 사용법

암송이나 짧은 노래와 함께, 앵무새 단계에서 충분히 사용할 수 있으면서도 좀 더 '정상적으로' 보일 그 밖의 여러 방법이 있습니다. 이미 일부 공립학교에서 사용하고 있을지 모르지만, 이런 방법론은 하나님이 아이들에게 설계해두신 수단을 최대한 선용하는 것이기 때문에 그만한 가치가 있습니다.

그리스도인이든 비그리스도인이든, 명석하고 창의적인 교사들은 오랫동안 이 방법론을 사용했습니다. 그러나 기독교 고전교육 학교에서는 왜 그런 방식으로 가르치는지 분명히 알고 있어야 합니다. 여기 잘 갖춰진 그 밖의 여러 방법론이 있습니다.

잘 안내된 탐색 과정

세상에 대한 자연스러운 호기심을 끌어내고, 배우는 것에 관해 자

연스러운 흥미를 불러일으킵니다.

풍성한 촉감(감지) 중심 교육

재미있는 노래 부르기를 넘어 더 다양한 형태로 활용할 수 있습니다. 이를테면, 어떤 교사는 아이들이 암석 종류를 암기하도록 돕기 위해 팔과 손동작을 활용하기도 합니다! 계속해서 아이들은 온갖 감각을 활용하여 세상에 관해 더 많이 배우고 익히게 됩니다.

연극(드라마)

좋아하는 등장인물의 복장이나 맡은 역할, 이야기 전개 상황 등은, 아이들의 다양하고 자연스러운 관심을 불러일으킵니다. 여러분도 어린 시절 참여한 연극에서 맡았던 역할을 분명히 기억할 수 있으리라 생각합니다. 그것이 머리에 확실하게 새겨져 있기 때문이지요!

수집, 전시, 모형, 디오라마Diorama

이것은 아주 어린 연령대의 아이들까지도 매우 방향성 있는 체험 연구를 하게 합니다. 정교한 축소 모형과 기발한 장면에 빠져들지 않을 사람이 어디 있겠습니까? 이 방법은 역사와 과학, 성경 등을 가르칠 때 활용도가 매우 높습니다. 예술이나 작문을 비롯한 다양한 분야에 이를 통합해보십시오.

이야기하기Story-telling

그림이나 영상이 없어도 이야기를 효과적으로 재미있게 전달하면, 아이들에게 명료한 이미지와 세부 기억들을 심어줄 수 있습니다

(우리 주님도 탁월한 스토리텔러셨습니다).

현장 체험 학습, 초청 강사

(수많은 공작 놀이와 함께) 훌륭한 구성으로 미리 잘 계획하면, 이런 행사들을 통해 아이들의 호기심을 최대한 활용하고, 그들이 많은 정보를 기억하도록 도울 수 있습니다.

초등학교 고학년이 되면 당돌이 단계로 넘어가는 것 같습니다. 이런 아이들에게는 더 성숙한 활동을 허용해주십시오. 그들이 정해진 적절한 구조를 더 많이 직접 따라가기를 기대할 수도 있습니다. 그러나 성인인 우리도 문법적 방식으로 제시되는 정보를 즐기며 기억한다는 사실을 명심하십시오. 찬송가 가사를 4절까지 모두 암기하는 것과 성경 몇 구절을 억지로 암기하는 것 중 어느 쪽이 더 쉽겠습니까?

지금 우리 학교에 다니고 있는 학생들과 장차 다니게 될 학생들을 생각하면 너무 기쁘고, 흥분됩니다. 아이들을 연구하다 보면, 시간이 흐르면서 증명된—깔끔하게 조직화된 사실들을 매끈하게 정리하는 능력을 길러주는—성공적 교수법, 곧 하나님이 허락하신 이런 학습 도구를 최대한 선용하는 교수법들을 적용하다 보면, 이런 어린 학생을 통해 훨씬 더 큰 성공을 거두게 될 거라고 믿습니다. 그래서 다음과 같이 주장하는 것은 당연한 일입니다.

"하나님은 그분이 계획하신 대로 무언가를 사용할 때, 일반적인 시간의 흐름에 따라 그분이 주시는 복이 명확해지도록 세상을 설계하셨습니다."

9강

+

일곱 가지 교육 법칙

탐 스펜서

일곱 가지 간결한 법칙으로 성공적인 교육 기술을 모두 담아낼 수 있을까요?

그렇습니다! 존 밀턴 그레고리John Milton Gregory의 걸작 《가르침의 절대법칙 7가지The Seven Laws of Teaching》를 읽어보십시오. 그러면 그것이 가능하다는 사실을 알게 됩니다.[1] 효과적인 가르침에 관한 그레고리 박사의 놀라운 통찰은, 교육을 몇 가지 본질적 요소로 구분하게 해줍니다. 저자는 쉽게 적용할 수 있을 뿐 아니라 매우 유용한 방식으로 자신이 이해한 내용을 설명할 수 있는 사람입니다. 일부 전형적인 교실 환경에 관한 고찰은 이 책의 가치를 더욱 분명하게 보여줍니다.

여러분에게 샘Sam을 소개하고 싶습니다. 전임 교사인 그는 지금

사립 기독교 학교에서 교사 경력을 시작하려고 합니다. 얼마 전에 개교했고 규모도 작은 학교라, 샘은 상당히 많은 수업을 맡아야 합니다. 아마 중학교 1학년 구약성경 개관과 미국 역사 과목, 그리고 중학교 1학년과 2학년 영어 과목을 가르치게 될 것입니다.

샘은 대학에서 영어를 전공하고 부전공으로 역사를 공부했습니다. 성경을 부전공하지는 않았지만, 교회에서 오랫동안 훌륭한 가르침을 받았고 성경을 더 깊이 배우기 원합니다. 그는 이 과목을 신청할 학생들을 위해, 구약 시대에 관해 자신이 읽은 책 몇 권을 추천했습니다. 하지만 그와 대조적으로, 샘이 읽은 역사책은 대학 시절 수강한 역사 과목의 필독서뿐이었습니다. 샘은 짧은 글쓰기를 좋아했고, 캠퍼스 기독교 단체에서 소식지 편집자로 일하기도 했습니다.

샘은 열정적 기대와 떨리는 마음이 뒤섞인 상태로 첫 학기를 시작합니다. 교장 선생님은 모든 교사에게 과목마다 첫 학기 학습 목표를 적어 학기 시작 전에 제출하도록 요구했습니다. 그래서 샘은 성경 과목의 학습 목표로부터 출발합니다. 커리큘럼 지침서를 참고하며 이번 학기에 다루고 싶은 자료를 훑어보고, 재빨리 목표를 세웁니다. 영어 과목의 학습 목표를 세우는 데는 시간이 더 필요하지만, 그렇다고 많은 시간이 필요한 것은 아닙니다.

마지막으로, 샘은 역사 과목에 관심을 보입니다. 이 목표들은 그에게 더 큰 노력을 요구합니다. 샘은 건네받은 역사 교과서의 차례를 조심스럽게 살펴봅니다. 오랫동안 커리큘럼 지침서를 들여다보며 어떤 주제가 가장 중요한지 곰곰이 생각합니다. 하지만 별다른 확신이 들지 않아서 교과서 전체를 차례대로 가르치기로 하고, 각 과에 동일한 시간을 배분하는 실행 지침을 정합니다.

그가 주간 수업 계획표에 작성한 대로, 이 과정은 다음 몇 주간 동안 그대로 되풀이될 것입니다. 성경과 영어 수업 계획은 둘 다 신속하게 진행되고, 역사 수업 준비는 더 오래 걸립니다. 샘은 역사 수업을 준비하며 세부 개요를 정리하기 시작합니다. 수업 시간에는 학생들이 받아적을 세부 요점을 칠판에 적어놓습니다. 수업 시간 발표 외에, 학생들에게 교과서를 몇 페이지씩 읽어오는 숙제도 내줍니다.

또한 학생들은 필기 시험도 치르게 됩니다. 수업 시간에 교과서에 나온 질문을 조용히 읽으며 답변을 기록하는 데도 꽤 많은 시간이 소요됩니다.

이제 샘은 자신이 맡은 여러 수업 시간에 실질적 차이가 나타나는 것을 목격하게 됩니다. 학생들이 성경과 영어 수업 시간에 질문할 때, 그는 대부분의 질문에 적절히 대답할 수 있습니다. 학생들의 관심사를 최대한 활용하면서 사전에 준비하지 않은 내용을 가르칠 수 있다는 사실을 은연중에 즐기게 될 것입니다.

그러나 역사 시간에 받는 질문에 대해서는, 잘 모르겠다고 하거나 별 확신 없는 추측성 대답만 할 뿐입니다. 또한 그는 역사 시간에 좋은 교실 분위기를 유지하는 데 어려움을 겪지만, 다른 시간에는 학생 대부분이 좋은 태도를 보입니다. 샘의 역사 수업에 들어오는 학생들은 상당히 지루해하고 수업에 적극적이지 않은 것 같습니다.

이렇게 대조적인 수업 분위기는 서로 극명한 차이를 나타냅니다. 그레고리 박사는 샘의 역사 수업과 다른 수업 간의 중요한 차이를 언급하면서, "교사는 자신이 가르치려는 내용을 잘 알고 있어야 한다"

라는 그의 첫 번째 교육 법칙을 설명합니다.

샘의 수업에 나타난 여러 다양한 결과는 자신이 가르치는 과목에 관한 개인 지식이 충분한지 아닌지를 잘 보여줍니다. 잠재력 있는 교사가 어떤 것에 관심이 있는지 보여주는 실제적 실마리는 그가 선정한 도서 목록에서 얻을 수 있습니다. 샘이 자발적으로 읽은 역사 관련 서적이 없다는 사실을 기억하기 바랍니다. 교사가 자신이 가르치는 과목에 큰 관심과 열정을 나타내며 모범을 보이면, 학생들도 흥분하게 됩니다. 교사의 관심에는 전염성이 있습니다. 그에 상응하여, 자기 과목에 대한 교사의 관심 부족도 마찬가지입니다.

이처럼 철저히 숙달된 지식은 교사의 각종 능력을 통해 더 높은 차원의 활동으로 나아가게 하거나, 교사가 그 능력을 적극적으로 활용하도록 명령하기도 합니다. 수업 내용에 정통한 교사는 교과서에 매이는 대신, 자신의 방식과 방법으로 능수능란하게 수업을 이끌 것입니다.

교사들은 가르치는 과목을 충분히 숙지하는 것과 수업 하루 전 준비하는 것 간의 차이를 금세 깨닫게 됩니다. 해당 과목을 충분히 이해하고 있을 때, 가르치는 일은 굉장히 즐겁습니다. 가르칠 과목을 숙지한 교사들은 학생들을 충분히 지도할 수 있다는 자신감으로 만족을 느끼게 됩니다. 첫 번째 법칙을 위반하는 것은 다른 법칙들을 위반하는 것과 다소 다른 범주에 속한 문제입니다. 준비되지 않은 교사를 수업에 배치하는 것은 큰 잘못입니다.

솔직히 툭 터놓고 이야기하면, 이것은 신생 학교에서 흔히 벌어지는 상황입니다. 하지만 우리는 자신이 받아보지 못한 교육을 회복하려는 노력의 일환으로, 그런 상황과 여건에서도 모든 역량을 쏟아붓겠다고 굳게 결단해야 합니다. 교사가 해당 과목을 배우는데 진지한 관심을 기울인다면, 아직 희망이 있는 것입니다. 신입 교사들이 자신의 지적 한계로 낙망하도록 내버려 두어도 안 되지만, 자기 앞에 놓인 과제에 대해 비현실적 낙관을 갖게 해도 안 됩니다. 신입 교사들은 배우려는 태도를 취해야 하며, 관련 자료들을 공부하는데 헌신해야 합니다. 교직 생활 2년 차가 당연히 1년 차 때보다 현저히 나아져야 합니다.

샘이 역사 시간에 가르친 내용에 더 구체적으로 초점을 맞춰보겠습니다. 그는 동기부여가 잘 된 상태이고 열심히 공부하는 법을 알고 있으며, 모르는 것들을 배우려고 노력하고 있습니다.

그러면 수업 내용을 구성하는 방식에 관해 생각해봅시다. 샘은 학생들보다 앞서 해당 본문을 읽습니다. 그리고는 차례대로 대략의 개요를 작성합니다. 칠판에다 내용의 요점을 다시 적어주지만—학생들에게 그 내용을 받아 적으라고 격려하면서도—꼭 필기해야 한다고 명확하게 요구하지는 않았습니다. 그는 과거 어느 때보다 많은 역사를 배우고 있습니다.

그러나 수업을 늘 같은 방식으로 진행하기 때문에, 학생들은 반복되는 가르침에 싫증 내기 시작합니다. 그들은 너무 많은 내용을 필기해야 하는 것에 관해서도 불만이 많습니다. 그래서 샘은 수업 개요를 복사해서 학생들에게 나눠줍니다. 그리고 제대로 알고 있고 정확히 이해하고 있는지에 초점을 맞춘 시험을 치릅니다. 그는 창의적 분석 방식으로는 거의 아무것도 요구하지 않습니다. 학생들의 시험 결과는 그의 우려를 자아냅니다. 그가 바라는 만큼 학생들이 다양한 지식을 습득하지 못하고 있기 때문입니다. 그들은 수업 중에 제시된 자료를 토대로 정확하게 답변하지 못합니다. 도대체 뭐가 문제일까요?

샘의 수업 방식에는 해결해야 할 문제가 있습니다. 그것은 부분적으로 첫 번째 교육 법칙을 위반한 것과도 관련이 있습니다. 그는 수업할 자료들을 훤히 꿰뚫고 있지 못합니다. 그리고 학생 역할과 교사 역할에 관해서도 부정확한 인식을 갖고 있습니다. 그레고리 박사의 다섯 번째 교육 법칙을 생각해 보십시오.

"학생의 자발적 행동을 자극하고 유도하라. 종종 학생이 스스로 배울 수 있도록 아무것도 이야기하지 말라." (플루타르크Plutarch가 말한 대로, 지성은 무작정 채워야 하는 그릇이나, 무조건 타올라야 하는 불꽃이 아닙니다).

물론 샘도, 배우려는 태도를 유지하고 있었습니다. 실제로 상당히 많은 것을 배우고 있었지요. 하지만 그의 수업 방식은 학생들을 수동적 관찰자로 만들기 때문에, 어떤 학생들은 관심을 보일 수 있지만, 다른 학생들은 그렇지 않을 수 있습니다.

만약 그가 수업 계획을 수정해서 학생들에게 자신처럼 적극적 태도로 수업에 임하라고 요구한다면, 시험 점수가 극적으로 향상될 것입니다. 예를 들어, 개요를 그냥 제시하기보다 개요 작성하는 법부터 가르쳐 주는 겁니다. 그렇게 하면 학생들에게 직접 개요를 작성하게 할 수도 있습니다. 그랬다면 학생들은 해당 범위에서 가장 중요한 부분을 스스로 발견했을 것입니다. 이런 형태의 수업에 관심을 보이는 학생이 전부 그런 성과를 거둘 수는 없겠지만, 그래도 이것은 전혀 다른 교육 법칙입니다.

"학습자는 학습 자료에 흥미를 갖고 참여해야 한다."

이것이 바로 그레고리 박사의 두 번째 교육 법칙입니다.

샘의 역사 과목을 듣는 학생들은 수업에 별다른 흥미를 나타내지 않습니다. 그들이 조용히 수업 내용을 경청하고 있다면, 그건 샘의 흥미진진한 교수 유형 덕분이라기보다 그저 존중과 순종의 태도를 보이려고 애쓰기 때문이라고 생각해야 합니다. 그의 제한된 지식은 학생들의 관심을 사로잡지 못합니다.

그레고리 박사의 책에는 수업 내용을 흥미롭게 만들기 위한 제안들이 등장합니다. 예를 들어, 그는 '문제를 제시하는 방식'을 설명합니다. 이것은 모든 과목에 쉽게 적용할 수 있는 매우 효과적인 교수 도구입니다. 이 시점에서 샘은 학교 관리자들이나 경험 많은 노련한 교사진의 지원을 받아야 합니다. 그가 수업 내용을 훨씬 더 호소력 있게 전달하는 방법을 찾도록 또 다른 교육자가 도울 수도 있겠지요.

가르칠 때 사용하는 말투와 용어도 문제가 될 수 있습니다.

"가르칠 때 사용하는 언어는 교사와 학습자 모두에게 평범하고 쉬워야 한다."

그레고리 박사의 세 번째 교육 법칙입니다.

신입 교사들은 종종 말과 글을 이해하는 학생들의 능력을 과대평가합니다. 이 현상은 일반 학교보다 고전교육 학교에서 더 빈번하게 일어나지요. 샘이 정말로 힘들어한 수업은 중학교 1학년에게 독립선언문에 관해 가르치는 것이었습니다. 대학에서 역사 과목을 수강하면서, 그는 학생들이 모든 읽기 숙제를 충분히 이해할 수 있다고 가정하는 교수 모형을 사용했습니다. 그래서 학교에 와서도 동일한 가정을 전제로 가르친 것이지요. 하지만 상당히 많은 학생이 읽기 숙제를 제대로 해내지 못하는 것을 보고 크게 실망하게 되었습니다. 더구나, 나름대로 자료를 읽어내는 학생들도 숙제를 매우 어려워한다는 사실까지 알게 되었고요.

읽기 중심의 간단한 시험을 통해 알게 된 참담한 결과 때문에 샘은 크게 실망했습니다. 그는 왜 학생들이 이렇게 초라한 시험 성적을 거두었는지 알고 싶었습니다. 그래서 수업 시간에 학생들이 함께 독립선언문을 읽어보게 해야겠다고 다짐했지요. 결국 그는 여러 학생에게 큰소리로 읽어보라고 요청했고, 그들이 단어의 정확한 발음을 몰라 주저하는 모습을 여러 번 접하면서 놀라지 않을 수 없었습니다. 많은 학생이 읽기를 멈추고 샘에게 독립선언문에 등장하는 단어들의 정의를 물었는데, 어떤 것은 샘 자신도 제대로 알지 못하는 말이었습니다.

지금까지 배웠던 것들을 적용하려고 애쓰는 가운데, 그는 자신이 사용하는 단어들에 귀 기울이기 시작했습니다. 자주 수업 중에 강의를 멈추고, 학생들의 이해도를 점검했습니다. 마침내 샘도 보편적 언어 사용의 중요성을 배우기 시작한 것입니다.

이런 경향이 계속된다면, 학생들의 이해력 부족은 더 큰 문제로 확대될 것입니다. 다행히 우리의 역사 선생님은 학생들이 알고 있는 것들을 이해하도록 돕는 과정에 충분히 시간을 들임으로써 훌륭하게 발걸음을 떼고 있었습니다. 이 수업 원칙은 "가르쳐야 할 사실은 이미 알려진 사실을 통해 배우게 한다"라는 네 번째 교육 법칙을 따른 것입니다.

이 법칙에 따르면, 열매 맺는 교사는 새로운 수업 내용을, 이전에 가르쳐서 이미 학생들이 이해하고 있는 수업 내용과 적절히 연관시킵니다. 예를 들어, 독립선언문은 미국 독립 전쟁이 발생한 이유와 연결해서 가르칩니다. 이처럼 가르침은 수업을 진행하고 학년이 올라감에 따라 작은 발걸음을 떼가며 조금씩 확장해야 합니다.

우리가 아직 고려하지 않은 법칙이 하나 더 있습니다.

"학생들은 배운 사실을 자신의 마음속에서 자꾸 되새겨 보아야 한다."

샘이 찾아낸, 이 법칙을 적용할 실제적 방법이 다소 위협적으로 느껴질지도 모르겠습니다.

"학생이 여러 의견에 관해 적절한 이유를 하나 이상 제시할 수 있다고 느낄 때까지, 끊임없이 '왜'라고 질문하라."

자신도 항상 모든 질문에 대답할 수는 없기 때문에, 샘은 이런 원칙이 불편합니다. 하지만 더 많이 배울수록, 그는 훨씬 더 자신 있게 학생들에게 질문하게 될 것입니다.

전반적으로 샘은 아직 더 많은 것을 배워야 합니다. 열매 맺는 교사가 되려면, 아직 시간이 필요합니다. 영어와 성경에 관한 그의 지식은 충분히 성공의 기쁨을 만끽하게 해줄 것입니다. 머지않아 샘은 이런 성공을 역사 과목에도 고스란히 옮겨갈 만큼 충분히 준비될 것입니다.

그레고리 박사의 책은 재능을 계발하기 원하는 사람에게 매우 유용합니다. 로고스 학교에서도 이 책을 교직원 오리엔테이션에 비중 있게 활용하고 있습니다(우리는 이 법칙들을 통합한 워크북을 개발했습니다).

모든 신입 교직원은 이 책을 읽으면서 워크북 내용을 숙지한 다음, 교직원 훈련 모임에서 토론해야 합니다. 또한 우리는 이 책의 내용을 중심으로 직무 기술서Job Description와 교직원 평가 도구Staff Evaluation Instrument도 고안했습니다. 물론 신입 교직원들이 각 법칙을 숙지하기 위한 요구사항들을 접하고 주눅 들지 않도록 조심해야겠지요.

교사들은 각 법칙을 즉시 숙달하는 것보다 차츰 발전할 길을 모색해야 합니다. 신입이든 기존이든, 모든 교직원이 이 법칙들을 마음에 새겨두는 것은 매우 유용하고 중요합니다.

또한 로고스학교에서는 문제점을 보완하고 교사들을 재교육하기 위해 이 책의 특정 내용을 함께 검토하며 이 법칙들을 적용할 새로운 길을 모색하고 있습니다. 이는 일곱 번째이자 마지막인 교육 법칙에 따라 진행하는 것입니다.

"가르침에 관한 시험과 검증, 곧 마무리와 통합 과정은 지금까지 교육한 자료, 지금까지 전달한 각종 지식과 이상과 기법을 복습하고, 재고하고, 재발견하고, 재현하고, 적용하는 과정이어야 한다."

(이것이 학년을 마칠 때마다 학생들에게 각 과목에 관해 어떤 형태로든 종합적으로 평가받을 기회를 줘야 하는 이유입니다)

교사들은 초심으로 돌아가 자신의 교육기법을 개선할 방안들을 재고하는 것이 매우 유익하다는 사실을 깨닫고, 학교 관리자들은 교사진의 강점과 약점을 진단하는 데 이 책이 아주 유용하다는 사실을 알게 될 것입니다. 이 책은 매우 귀중한 자료이며, 여러분 학교의 모든 교사와 관리자들에게 반드시 전해줘야 할 필독서입니다.

10강

+

논리 교육의 목적과 방법

짐 낸스

어디에서 시작해야 할까

중고등학교에서 논리를 가르치는 목적과 방법을 논의하기 전에, 무엇을 가르쳐야 할지부터 다뤄야 합니다. 열 권의 논리 교과서가 있다면, 여러분은 모든 책의 서론에서 논리에 관한 각기 다른 열 가지 정의를 보게 될 것입니다. 열 권 모두 이 특별한 학문에 관해 저마다의 관점을 제시할 테니 말입니다.

우선 논리학은 추론의 형식 원리Formal Principles of Reasoning를 다루는 학문으로 정의할 수 있습니다. 학문은 관찰과 분석을 통해 체계화한 지식의 집합체입니다. 대다수 학문(다시 말해, 자연과학)은 피조 세계에서 훨씬 더 유형적이고 실체적인 양상을 관찰합니다. 화학은 물질 성질을 관찰하고 물질 간 상호작용으로 나타나는 변화를 분석하는 학문입니다. 생물학은 살아있는 유기체들을, 천문학은 천체들을 연구하고요. 이런 관찰을 통해 과학자들은 하나님이 피조 세계를 다스리시는 자연법칙을 발견하려고 노력합니다. 이것은 그들이 주관자이신 하나님을 인정하든 인정하지 않든, 사실입니다.

학문으로서 논리학은 추론을 진행할 때 나타나는 인간 이성의 변화를 관찰합니다. 전(前) 프린스턴 대학 총장 제임스 맥코쉬James McCosh는 자신의 책《The Laws of Discursive Thought》(추론하는 사고의 법칙)에서 이렇게 말합니다.

"추론 과정은 규칙적 방식으로 진행된다. 다시 말해, 일정한 법칙에 따라 이루어진다. 사고를 진행하는 지성의 행동을 주의 깊게 관찰하고 이런 법칙들이 무엇인지 발견해서, 언어나 공식의 형태로 표현하게 한다. 그렇게 해서 하나의 학문으로 구축되는 것이다."[1]

예를 들어, 우리는 죽은 자의 부활에 관한 사도 바울의 논증을 관찰할 수 있습니다.

죽은 사람이 살아나지 못한다면 그리스도도 살아나지 못하셨을 것이며, 그리스도가 살아나지 않으셨다면 여러분의 믿음은 무익하고 여러분의 죄 역시 용서 받지 못했을 것입니다. 더구나 그리스도를 믿고 죽은 이들은 완전히 죽어서 사라집니다. 살아 있는 동안에만 그리스도를 소망할 수 있다면, 사실 우리는 온 인류 가운데 가장 불쌍한 이들입니다! 고전 15:16-20.

여기에서 우리는 사도 바울이 특정 법칙을 적용하고 있음을 관찰할 수 있습니다. 그리스도가 살아나지 않으셨다면, 우리의 믿음은 헛된 것입니다. 그런데 우리는 자신의 믿음이 헛되다고 인정하고 싶지 않기 때문에, 그리스도가 죽은 사람 가운데서 다시 살아나셨다고 인정할 수밖에 없습니다. 이 법칙은 다음의 공식으로 표현할 수 있습니다.

P가 Q라면, Q가 아닌 것은 P가 아니다.

'부정 논법'Modus Tollens이라고 불리는 이 법칙은, 다음의 추론으로 인식됩니다.

0으로 나누는 것이 허용된다면, 1과 2가 똑같다는 사실을 증명할 수 있다. 1과 2는 똑같지 않기 때문에, 0으로 나누는 것은 허용되지 않는다.

또한 논리학은 그릇된 추론, 곧 논리적 오류가 있는 추론을 인식할 때 일어나는 지성의 변화를 관찰합니다. 다음 논증을 심사숙고해 보십시오.[2]

모든 학생에게는 두 다리가 있다.
모든 고릴라에게도 두 다리가 있다.
그러므로 모든 학생은 고릴라다.

사리에 맞지 않다는 것을 알기 때문에, 여러분은 이 논증을 우스꽝스럽게 여길 것입니다. 하나님은 올바른 추론과 부적절한 추론을 넉넉히 분간해낼 존재로 우리를 창조하셨습니다. 논리학은 우리가 이런 일을 할 수 있게 도와주는 법칙들을 연구합니다. 더 명확하게 말하자면, 논리학은 훌륭한 추론과 불충분한 추론을 구분하는 데 사용할 법칙들을 발견하기 위해 애씁니다. 논리학자들은 "그 결론은 각종 전제를 제대로 뒷받침하는가? 그 논증은 견실한가?"와 같은 질문에 답하려고 노력하며, 그렇게 하는 데 유용한 법칙들을 발견하려고 애씁니다.

그러나 논리학을 학문으로만 여기면, 자기 관점에 따라 분석적 왜곡을 가해서 이 학문을 아주 우스꽝스럽게 만들 수도 있습니다. 논리학은 학문뿐 아니라 기술과 기법으로도 가르쳐야 합니다.

모티머 애들러는 〈What is Basic About English?〉(영어의 기초는 무엇인가?)라는 글에서, 논리학을 '언어로 표현해야 할 것들을 배열하는 기술', 또는 '기존에 언어로 표현한 것들을 판단하는 기술'로 정의합니다. 논증 형태로 무언가를 전달할 때, 기술Art로서의 논리학은 그 논증의 타당성을 보장하기 위해 따라야 하는 순서를 묘사합니다. 학문Science으로서의 논리학은 다양한 법칙과 규칙들을 발견합니다. 기술로서의 논리학은 다양한 상황에서 그런 규칙들을 적용하는 법을 가르쳐줍니다. 논리학이라는 기술은 온갖 방식으로 추론하거나 토론하거나 논쟁하거나 소통하기 위한 실제 기법들을 제공합니다. 또한 누군가의 추론이 적절한지를 결정하기 위해 그들의 논증을 판단할 법칙과 규칙들을 제공합니다.

하나님은 언어를 수단으로 추론하는 존재로 우리를 만드셨습니다. 논리학은 언어에 내재하는 논리적 근거를 드러낼 때, 논증에 사용하는 언어를 상징적 형태로 분해해서—수학 시험에 등장하는 이야기 문제와 아주 흡사하게[3]—그 근거가 확연하게 드러나도록 단순화합니다. 그래서 가능한 한 모든 관계없는 부분을 제거해서—생물학을 공부하는 학생이 몸의 내부를 살펴보기 위해 개구리를 해부하는 것처럼—논증 구조를 명확하게 만듭니다. 이런 식으로 논증 구조를 공부하면 상징 언어를 만들 수 있는데, 이것은 자신의 독특한 구성과 법칙을 가진 언어입니다. 상징 언어로서의 논리학은 이런 법칙들이 해당 언어가 드러내는 논리적 근거를 정확히 반영하는 경우에만 아주 유용합니다. 논리학은 영어 같은 언어의 모호성을 적절히 다뤄야 합니다. 다른 형태의 논리학들은 매우 다양한 방식으로 그 같은 문제를 다룹니다.

논리 나무의 다양한 가지들

이렇게 논리학의 다양한 정의를 살펴볼 때, 우리는 그 안에 존재하는 여러 분류를 생각해봐야 합니다. 먼저 저는 논리학을 두 갈래의 주요 가지로 나누려고 합니다. 바로 형식 논리학과 비형식 논리학인데요.

비형식 논리학은 상식적 추론, 용어 정의, 비형식적 오류, 유추, 수수께끼 풀기 같은 다양한 주제를 포함합니다. 형식 논리학 과정에는 흥미와 적용 가능성을 위해 흔하게 볼 수 있는 비형식 논리학을 포함해야 합니다. 다른 한편으로, 형식 논리학은 보다 엄격하고 제한된 방식으로 구조화된 논증을 분석합니다.

형식 논리학 자체는 다시 연역적 가지와 귀납적 가지로 나눌 수 있습니다. 가능성과 개연성에 관한 논증을 다루는 귀납 논리학은, 특정 사실이나 경험에서 결론을 끌어냅니다. 귀납적 논증의 결론은 각종 전제를 뛰어넘지만, 이런 결론은 더 많은 관찰을 통해—적어도 원칙적으로는—검증할 수 있습니다.

귀납적 추론은 실험 과학에 기초한 논리학입니다. 이를테면, "열 가지 다른 상황으로 서로 다른 고도에서 물을 가열했는데, 고도가 높아질수록 끓는점이 낮아진다는 사실을 발견했다. 그러니까, 다른 모든 조건이 동일하면, 물은 고도가 높을수록 항상 더 낮은 온도에서 끓을 것이다" 같은 논증이지요. 각종 증거가 얼마나 결론을 제대로 뒷받침하느냐에 따라 귀납적 논증은 강력하거나 빈약할 것입니다.

그러나 연역적 논증 역시 타당하거나 설득력이 떨어질 것입니다. 타당해지려면 결론이 반드시 전제를 따라가야 합니다. 타당한 연역적 논증에서는—전제가 사실이라면—결론 또한 사실이어야 합니다.

연역적 논리학 자체도 단언적 논리학Categorical Logic과 명제적 논리학Propositional Logic처럼 수많은 가지로 나눕니다. 단언적 논리학—삼단논법 논리학이라고도 불리는—은 두 가지 전제와 하나의 결론을 간직하는 논증인 삼단논법을 다룹니다. 삼단논법Syllogism(연역법)의 고전적 사례는 이런 것입니다.

모든 사람은 죽는다.

소크라테스는 사람이다.

그러므로 소크라테스도 죽는다.

그런 논증은 다양한 법칙과 벤 다이어그램Venn Diagrams, 반증 Counter-Example으로 분석하고 증명합니다. 단언적 논리학에서 개별 단어는 상징으로 나타내며, 대개 대문자로 표시합니다.

어떤 힌두교도도 그리스도인이 아니다.

그러나 어떤 사람들은 힌두교도다.

그러므로 어떤 사람들은 그리스도인이 아니다.

이 논증은 "No H are C, Some M are H, Therefore some M are not C" 로 상징화할 수 있습니다. 수많은 논증은 단언적 형태로 만들어, 그 타당성을 분석할 수 있습니다.

역시 삼단논법 논리학이라고 불리기도 하는 명제적 논리학에서는 '그리고AND, 또는OR, 아니다NOT, 만약/이라면IF/THEN' 같은 논리 연산자Logical Operator와 전체 문장, 명제를 상징으로 나타냅니다. 고린도전서 15장에서 사도 바울은 명제적 논증을 펼쳤습니다. 다른 방법들과 함께 진위표Truth Tables를 활용해서 그런 논증의 타당성을 분석하게 되는데요. 상당수 디지털 방식의 전자학에도 명제적 논리학에 관한 연구가 포함됩니다.

논리의 가치

논리학 교육의 가치를 고려할 때, 먼저 한 가지를 관찰해봐야 합니다. 곧 살펴보겠지만, 논리학은 문법만큼이나 많은 부분에서 사고 영역과 관련되어 있습니다. 그러나 일반 논리학 교과서 서문에서처럼, 저는 학교에서 논리학 가르치는 것을 옹호해야 할 필요성, 그러니까 거의 보편적으로 인식되는 필요성을 주목해왔습니다. 영어 문법 교육과 관련해서 그 같은 지지 의사를 들어보거나, 영어 문법책에서 그런 필요성을 역설하는 서론을 읽어본 적이 거의 없습니다. 논리학과 문법 간 유사성을 생각하면, 그 이유를 이해하기 어렵습니다. 생각하고 말하는 모든 사람이 논리학과 문법을 활용하기 때문인데요.

두 학문에 관한 연구는 화법과 사고 개선에 큰 도움이 됩니다. 논리학을 공식적으로 배우지 않고도 자연스럽게 활용하고 있는데, 굳이 가르쳐야 하냐고 주장할 수 있을 겁니다. 하지만 이것이 문법에도 적용할 수 있는 주장일까요?

모든 아이가 영어 수업에서 문법을 배우기 전에 이미 문법을 활용합니다. 그런데 왜 문법을 공부하는 걸까요? 올바른 문법을 인식하고 잘못된 문법을 고치기 위해서지요. 마찬가지로 논리학도 올바른 논리학을 드높이고 잘못된 논리학을 교정하기 위해 공부해야 합니다.

아마도 형식 논리학의 평판이 그리 좋지 않은 이유 중 하나는, 역사적으로 일부 철학자들과 논리 교사들이 학문으로서의 논리학만 강조하고 기술로서의 논리학은 무시하는 과정에서, '순수' 논리학만 편애했기 때문일 것입니다.

논리학이 오류를 '증명하기' 위한 도구라고만 생각하는 사람들은,

그것을 궤변과 같은 범주에 넣을지 모릅니다. 저 역시도 실제로 그런 일이 시도되었다는 사실에 동의합니다. 하지만 그런 경우는 논리학을 오용하는 것이며, 마약 남용이 의학 연구를 무시할 이유가 될 수 없는 것처럼, 논리학의 오용도 논리학 연구를 막을 이유가 되지는 못합니다. 적절히 활용하면, 아무리 연역적 논리학이라도 함부로 전제를 넘어 이야기할 수 없습니다. 오히려, 연역적 논리학은 이미 전제된 것을 더 확실한 방식으로 간단명료하게 밝혀냅니다.

그런데도 여전히 "왜 논리학을 공부해야 하는가?"는 아주 중요한 질문입니다. 학생들과 부모들도 그렇게 물을 것이 분명하기 때문이지요. 논리학을 커리큘럼에서 구체적으로 실행하는 것은 그리 만만한 과제가 아닙니다. 그러려면 반드시 논리학 교사를 고용하거나 훈련시켜야 합니다. 그러면 논리학이 다른 수업 대신에 누구나 지지할 만한 가르침의 자리를 차지하게 됩니다. 그러나 이보다 중요한 것은, 교사나 관리자로서 우리는—학교에서 가르치는 것에 관해 하나님이 책임을 물으실 것이기 때문에—반드시 이 질문과 대답을 동시에 해야 합니다.

〈잃어버린 배움의 도구〉에서 도로시 세이어즈는 이런 식으로 그 질문에 답하기 시작합니다.[4] 커리큘럼에서 형식 논리학을 무시하는 것은, 현대 지성 기관에서 우리가 지금까지 주목해온 거의 모든 불안 증상을 일으키는 근본 원인입니다. 그녀가 열거한 증상에는 다음과 같이 행동하지 못하는 학생들의 무능력이 모두 포함됩니다.

1. 일방적 선전에 저항하기

2. 논리적으로 토론하기

3. 다른 사람이 촉발한 일관된 논증 따라잡기

4. 학문적 글쓰기와 아무렇게나 쓰는 글 사이의 차이점 구분하기

5. 혼자 공부하기

세이어즈는 중고등학교 커리큘럼에 형식 논리학을 재도입하는 것이 이 같은 문제 해결에 도움이 된다고 주장했습니다. 그와 더불어, 중고등학교 교실에서 형식 논리학을 공부해야 하는 이유를 더 면밀하게 살펴보겠습니다.

논리는 모든 학습의 기초다

어떤 학습도, 그리고 사실상 어떤 종류의 추론도 완전히 독립적으로 논리학을 대신하지 못합니다. 논리학은 누구도 쉽게 피해갈 수 없는 개념입니다. 논리학이 필요 없다고 생각하는 사람은, 이렇게 주장할 것입니다.

"논리학은 인간적 산물일 뿐이니, 철학 박물관에 처박아놓고 그냥 잊히게 하는 것이 가장 좋다."

논리학을 활용하지 않고, 다시 말해 적절한 이유를 제시하지 않고 이런 주장을 변호하라고 요청받는다면, 그는 그렇게 할 수 없을 것입니다. 논리학을 부정하는 것은 자가당착에 빠지는 것입니다. 누구도 "논리학을 활용하지 않겠다"라고 할 수 없습니다. 우리는 오직 논리학을 잘 활용할지 말지만 선택할 수 있습니다.

하나님은 우리를 그분 형상을 따라 합리적으로 추론하는 피조물로 만드셨습니다. 논리학을 활용하지 않겠다고 고집하는 사람은, 침묵이나 어리석은 생각으로 자신을 제한하게 될 것입니다. 하지만 그마저도 일관성을 유지하려는 시도이기에, 논리학의 권위를 인정하는 행위가 됩니다.

논리학은 모든 학습의 기초이며, 모든 의사소통을 질서정연하게 하는 기술입니다. 특히 문법과 수사학을 비롯한 세 가지 자유 교과 중 하나입니다. 이 세 기술은 모든 의사소통 가운데 존재하며, 각각의 기술은 다른 두 기술과 상호 의존할 뿐 아니라 상호 연결되어 있습니다. 논리 없는 문법은 의미 없는 말의 향연에 지나지 않으며, 문법 없는 논리는 무질서일 뿐입니다. 그러므로 논리와 문법을 제대로 표현하려면 수사학이 꼭 필요합니다.

논리학은 피할 수 없는 것입니다. 누구도 논리학으로부터 숨을 수 없고 그것을 없앨 수 없습니다. 그러므로 논리학과 친구 되는 것이 상책이며, 그것을 잘 알고 지내는 것이 좋습니다.

논리는 추론을 개선하도록 돕는다

먼저, 문법을 공부한다고 자동으로 말하는 능력이 향상되지 않는 것처럼, 논리학을 공부한다고 해서 자동으로 사고력이 향상되지 않는다는 점에 주목해야 합니다. 물론, 아프지 않은데 건강해지기 위해 일부러 꾸준히 약을 먹 필요가 없는 것처럼, 올바로 추론할 능력을 갖추기 위해 반드시 형식 논리학을 훈련받아야 하는 것은 아닙니다.

저는 수많은 현대 사상이 실제로 중병을 앓고 있으며, 형식 논리학을 처방받을 필요가 있다고 믿습니다.

그러나 다른 면에서는, 동일한 추론 능력을 지닌 두 사람이 있다면, 논리학을 공부한 사람이 자신과 다른 사람들의 실수를 훨씬 더 정확히 잡아내면서 더 명확하고 능숙하게 추론할 가능성이 큽니다. 이것은 여러 면에서 사실입니다.

다른 이유 하나는, 간단히 말해서 논리학이 지적으로 엄격하다는 것입니다. 논증과 증명, 비유 영역까지 사고 영역을 확장하는 논리학은, 이전까지 해보지 않은 방식들로 학생들을 생각하게 만듭니다.

하나의 기술로서 가르침을 받을 때, 논리학은 적절히 논쟁하며 비판적으로 논증을 분석하는 특별한 기법을 제공합니다. 학생들은 토론에서 용어 정의의 중요성을 배우고, 용어 정의에 필요한 특정 기술들을 배웁니다. 학생들은 여러 개념을 더 간단명료하게 표현하는 능력을 키우게 됩니다. 타당한 논증을 형성하고, 타당하지 않은 논증을 찾아 반박하도록 연습합니다. 또한 명제와 결론의 차이를 구분하는 법도 배우게 됩니다. 구체적으로 표현한 것이든 추정한 것이든 상관없습니다. 학생들은 입으로 말하기 전에 머리로 생각하는 법을 배우게 됩니다.

학생들에게 논리학을 가르치는 것은, 그들 손에 총을 들려주고 사용하는 법을 훈련하는 일이라는 점을 지적해야겠습니다. 좋은 일이기는 하지만, 이것은 모든 총이 올바른 방향을 가리키고 있을 때만 해당되는 이야기입니다. 교사는 이제 논쟁하기를 좋아하고 잘하는 학생들 앞에 서 있는 자신을 발견하게 됩니다. 그래서 모든 교사가 논리학을 훈련해야 하고, 학생들에게 상냥하게 토론하는 법을 가르쳐야 한다는 사실이 더욱 명확해집니다. 결국, 모두 그리스도를 닮은 방식으로 토론하도록 훈련해야 합니다.

또한 논리학 공부는 타당한 추론과 타당하지 않은 추론을 분별하도록 학생들을 도와줍니다. 도로시 세이어즈는 이렇게 말합니다.

> "사실, 오늘날 형식 논리학의 가장 실제적인 유용성은 긍정적 결론을 형성하는 과정에서 타당성 없는 추론을 즉각적으로 간파하고 노출하는 데 있다."[5]

타당하지 않은 추론을 간파하고 노출하는 이런 능력은, 일단 학생들이 비형식적 오류의 명칭을 정확히 배우고 나면 매우 분명해집니다. 학생들은 편집자에게 보낸 편지에서 모호한 표현을 찾고, 과학 잡지에서 순환적이고 우회적인 추론을 발견하고, 역사 교과서에서 오류를 집어내며 기뻐합니다. 대중적 오류를 인식하고 일일이 이름을 대며 지적하는 능력은, 현대 대중 매체에 만연한 비논리적이고 권위적이고 감정적인 호소에 의존하지 않도록 학생들을 지켜줍니다. 학생들은 말하는 사람이 아니라 사실에 주목하도록 배우면서 확신 있게 객관적 태도를 유지할 수 있습니다. 그리고 '그럴 듯하게 들리기는 하지만, 도대체 얼마나 타당한 걸까? 만약 타당하다면, 과연 그 전제는 진실할까?'라고 생각하는 법을 배우게 됩니다.

논리학은 스스로 배울 수 있도록 준비시킵니다. 학생들은 다른 사람들이 기록한 것들을 읽고, 말하는 것들을 듣고, 뜻하는 바를 이해하는 능력을 키우게 됩니다. 그들은 저자가 강조하는 요점을 찾아내는 법을 배우고, 그의 논증을 이해하고 평가하기 위해 협상을 시작합니다.

논리는 하나님과 그분의 계시를
이해하도록 돕는다

《On Christian Doctrine》(기독교 교리에 관하여)에서 어거스틴은 이렇게 말합니다.

> "논리 전개 과정의 타당성은 인간들이 스스로 고안한 것이 아니라 관찰하고 주목한 것이기 때문에 충분히 배우고 가르칠 수 있다. 그 타당성이란 만물의 존재 이유로 영원히 존재하는 동시에, 그 기원을 하나님에게 두기 때문이다."[6]

논리학은 하나님에게 기원을 둡니다. 논리학은 '변하지 않으며, 질서정연하고, 진실한' 하나님의 성품을 표현합니다. 하나님 그분이 논리적으로 사고하시기 때문에, 그 성품을 반영하는 한, 우리가 공부하는 논리학은 얼마든지 타당합니다.

사도 바울은 하나님이 '무질서한 분이 아니라 조화로운 분'이라고 말했습니다고전 14:33. 하나님은 질서 정연하신 분입니다. 자기 행위에 대한 정당한 이유가 있으신 분입니다. 질서는 합리성을 함축합니다. 그리고 합리성이 없는 곳에는 무질서와 혼란이 있을 뿐입니다.

하나님의 말씀은 거짓에 반대된 진리입니다요 17:17. 상호 모순을 일으키지 않습니다. 하나님은 말 그대로 모순을 전혀 모르는 분입니다. 거짓말할 수 없으시며 자기 자신을 부인하지 않으십니다히 6:18, 딤후 2:13. 자신의 약속을 거슬러 행동하지 않으십니다. 거룩하시며, 그분 안에 그분의 온전하심을 거스르는 것이 전혀 없습니다.

기독교 철학자이며 칼빈주의 신학자인 존 프레임John M. Frame은 《신지식론The Doctrine of the Knowledge of God》에서 우리에게 이런 사실들을 확인시킨 다음, 이렇게 덧붙입니다.

"하나님은 자기모순이 없다는 법칙을 준수하고 계시는가? 그 법칙이 어떤 식으로든 하나님 그분보다 상위에 있다는 의미에서는 그렇지 않다. 오히려 하나님은 자신과 모순을 일으키지 않으시며, 그래서 논리적 일관성과 함축적 의미의 척도가 되신다. 논리는 정의, 자비, 지혜, 지식과 마찬가지로 하나님의 속성이다. 그런 이유로, 하나님은 우리에게 전형이시다. 하나님 형상인 우리는 그분이 진리와 약속을 지키는 모습을 본받아야 한다. 그러므로 우리도 자기모순이 없어야 한다."[7]

그러므로 하나님은 사랑이요 빛이신 것과 마찬가지로 논리 자체이십니다.[8] 논리학은 하나님이 그분의 계시를 질서정연하게 제시하시기 위해 우리에게 허락하신 것입니다. 합리적으로 추론할 능력은 모든 계시에 반드시 전제되어야 합니다. 하나님은 볼 수 있도록 눈을 주신 것처럼 논리를 사용하도록 지성을 허락하셔서, 우리가 그분 말씀을 이해하게 하셨습니다. 19세기 미국의 대표적인 칼빈주의 신학자 찰스 핫지Charles Hodge는 《Systematic Theology》(조직신학)에서 이렇게 말합니다.

"계시는 지성에 진리를 소통하는 것이다. 그러나 진리를 소통하려면 그것을 받아들일 역량이 전제되어야 한다. 진리는 짐승이나 바보에게 전해줄 수 없다. 믿음의 대상을 받아들이려면 진리를 지적으로 이해해야 한다."[9]

논리가 없다면, 하나님 명령에 순종할 수 없습니다. 그분의 명령이 보편 명제의 형태로 제시되기 때문입니다.

"모든 사람은 회개해야 한다. 나는 사람이다. 그러므로 나는 회개해야 한다."

그러므로 논리를 거부하는 것은 불순종과 죄악을 저지르는 것과 다름없습니다. 이것이 바로 웨스트민스터 신앙 고백의 저자들이 다음과 같이 기록한 이유입니다.

"하나님 자신의 영광과 인간의 구원과 믿음과 생명에 필요한 모든 것에 관하여 하나님이 가지시는 모든 계획은 성경 안에 분명히 나타나 있거나, 그렇지 않으면 바람직하고 필연적인 귀결로써 성경에서 찾아낼 수 있다."

교리를 정확하게 이해하려면, 논리를 활용해야 합니다. 하나님이 언어를 통해 인간을 가르치셨기 때문입니다. 하지만 성경이 신앙 고백문처럼 기록되지 않았다는 점도 주목해야 하고, 어떤 진리들은 그것에 도달하기 위해 어느 정도 계속해서 파고들어야 한다는 점에도 주의를 기울여야 합니다. 성경에 명확하게 포함되어 있기는 하지만, 삼위일체로 영원토록 존재하는 한 분 하나님이 계신다는 진리는 한 곳에만 머물러 있지 않습니다. 삼위일체 교리는 그것을 제대로 이해하기 위해 경건하고 순종하는 자세로 논리를 활용해야 하는 진리입니다.

논리는 다른 학문 영역의 기초를 제공한다

수많은 연구 영역은 논리학과 직접 관련되어 있고, 그래서 논리학 연구는 다른 학문을 연구하는데 적절한 기초가 됩니다.

먼저, 논리학은 수사학의 기초입니다. 특히 논리학을 기술로 가르칠 때 더 그렇습니다. 수많은 논리학 양상들이 수사 형태로 진행됩니다. 가령, 여러 논증을 신속하게 분석하고 효과적으로 반박하는 연습이나 특정 논증의 윤곽을 머릿속으로 그려내는 능력, 귀류법Reductio ad Absurdum●과 한층 더 유력한 이유나 근거 같은 다양한 논증 형태를 활용하는 것이 그런 경우입니다.

논리학은 분명 미학, 윤리학, 형이상학, 인식론과 더불어 철학의 중심에 서 있습니다. 이런 학문을 연구하는데도 논리학이 사용되기 때문입니다.

본질상 연역적 논리학에 관한 이해가 필요한 학문 중에는 신학, 수학, 법학, 컴퓨터 공학, 전자, 그리고 교육학 분야가 포함되어 있습니다. 형식 논리학을 공부하는 학생들은 이런 학문을 연구하기 위한 매우 훌륭한 출발점에 서게 될 것입니다.

● 간접 증명법, 극단적 예를 통한 논증 – 역자 주

지금 학생들이 서 있는 자리에서 시작하라

우리 학교에서는 중학교 2학년 학생들에게 1년 동안 일주일에 5회 논리학을 가르칩니다. 덕분에 우리는 도로시 세이어즈가 '무엇이든 충분히 인식할 수 있는 당돌이'라고 부른 단계의 학생들을 찾아낼 수 있습니다. 그녀는 이렇게 말했습니다.

"학생이 당돌이 단계를 거치고 있어서 끝없는 논쟁에 마음을 빼앗긴 자기 모습을 발견하자마자, (또는, 나를 대신하여 특파된 교장이 "추상적인 사고 능력이 그 모습을 드러내기 시작할 때"라고 품위 있게 말하는 경우처럼) ⋯ 논리학은 반박하고, 대꾸하고, (특히 자기보다 연장자인 사람들의) '의중을 간파하기' 좋아하고, 수수께끼 내는 것(특히 건방지게 말대꾸하는 형태로)을 특징으로 한다. 이처럼 아무리 성가신 모습을 띠고 있더라도 거기 내재한 논리학의 가치는 지극히 크다."[10]

중학생들은 논쟁하기 좋아합니다. 교사인 우리는 너무나 자주 그런 학생들의 충동을 억누르고 싶어 합니다. '나랑 한번 붙어보자는 거냐!'라고 생각하면서 말이지요. 그 대신 우리는 학생들의 자연스러운 논쟁적 성향을 받아들여 경건하게 활용해야 합니다. 이것이 올바로 이루어지면, 학생들에게 의견을 달리하는 게 무조건 좋다는 식으로 가르치지 않아도 될 것입니다. 더글라스 윌슨이 《잃어버린 배움의 도구를 회복하라》에서 이렇게 말한 것처럼 말입니다.

"당신이 반대를 위한 반대를 고무시킨다면, 아마 까다로운 아이들을 얻게 될 것이다. 그러나 질문하는 것이 좋은 일이라고 가르친다면(그런 질문이 지적으로 엄격하고 정직한 것이라면), 제대로 교육하는 것이다."

이 같은 학생들의 특성을 최대한 선용한다면, 기질에 맞게 적절히 교육할 수 있습니다.

그리고 중학생들은 실수를 잡아내기 좋아합니다. 이런 연령대 학생들을 가르치는 선생님이라면 누구나 인정할 것입니다. 우리는 이들에게 다양한 실수, 곧 사실이나 추론에서의 실수, 윤리학이나 이해에서의 실수 구분하는 법을 가르쳐야 합니다.

마지막으로, 중학생들은 수수께끼, 놀이에서 마주치는 수수께끼뿐 아니라 일상생활에서 만나는 수수께끼도 어떻게든 풀어내고 싶어합니다. 그들은 철학자 같은 질문을 던집니다. 가령, "진리란 무엇인가?"나 "옳고 그름의 기준을 어디에서 찾을 수 있을까?" 같은 것들인데요. 그들은 질문을 던지고 해답을 찾아내기 좋아합니다.

우리는 그들에게 그렇게 할 수 있는 적절한 기술들을 제공해야 합니다. 수업 시간에 질문을 던지고 토론할 시간을 줘야 하고, 훌륭한 논쟁을 위한 방법과 윤리를 가르쳐야 합니다.

논리를 받아들일 준비가 되었을 때 학생들에게 논리학을 가르쳐야 합니다. 그럴 때 학생들은 논리학을 배울 뿐 아니라, 그것을 사랑하게 될 것입니다.

어떻게 가르쳐야 하는가?

논리학을 다른 과목들과 분리해서 가르쳐야 할까요(좌우간 어떻게든 논리학을 가르친다면, 그게 일반적으로 논리학을 가르치는 방식입니다)? 아니면, 몇몇 사람이 주장하는 대로, 논리학을 다른 과목들의 통합적 부분으로 포함해야 할까요? 우리 학교에서는, 그리고 제가 믿기로 대다수 다른 학교에서는, 두 가지 모두 맞습니다.

먼저, 논리학을 개별 과목으로 가르쳐야 합니다. 이것이야말로 논리학에 관해 세세한 내용까지 가르칠 수 있는 가장 실제적 방법입니다. 예를 들어, 우리 학교에서는 학생들이 스무 가지 비형식적 오류들에 머물지 않고 더 많은 명칭을 배우기 원합니다. '삼단논법, 타당성, 유개념, 종개념, 자기모순, 동어반복' 같은 다양한 특수 용어도 모두 가르치고 싶습니다. '반증, 벤 다이어그램, 진리표, 형식 증명, 진리 나무'처럼 타당성을 결정하는 데 필요한 특수 기법도 많이 가르쳐 주고 싶습니다. 모든 수업 시간에 학생들이 이런 명칭과 용어, 기법들을 활용하게 하고 싶습니다.

그러나 수업 시간에 이런 내용을 전부 가르치는 것은 것은 비현실적이고 비효과적인 일입니다. 논리학에 관한 세세한 내용까지 수업 시간에 가르치려고 하면, 어떤 것은 그냥 건너뛰어야 하고, 대다수 내용은 장황해지고, 교사들은 자신이 선호하는 명칭과 용어와 기법들로 서로 다르게 가르치고 싶어 할 것이며, 결국 학생들은 혼란에 빠질 것입니다. 그래서 우리는 모든 교사에게 수학이나 역사를 훈련받으라고 요구하지 않는 것처럼, 모든 교사에게 반드시 형식 논리학을 배우라고 요구하지는 않습니다. 여러분 학교에 어떤 형태로든 독립된 수업 시간이 있다면, 독립된 논리학 수업을 진행해야 할 것입니다.

이제는 중학생과 고등학교 저학년 학생들에게 모든 과목을 통합하는 부분으로 논리학을 가르치도록 촉구하는 쪽으로 넘어가겠습니다.

각 과목 교사들은 해당 과목에 등장하는 특별 사항 간의 질서정연하게 정돈된 관계를 강조해야 합니다. 과목마다 동원하는 논리는 다루는 자료에 따라 조금씩 다른 형태를 띠게 될 것입니다. 설령 해당 과목 교사가, 논리학 수업에서 학생들이 공부하는 것과 동일한 방식으로 각종 용어와 기법들을 활용해야 한다손 치더라도 말이지요. 간단히 말하자면, 그것은 다음과 같을 가능성이 큽니다.

가령, 영어 수업에서 특정 정보가 담긴 책들을 읽을 때, 학생들은 단락마다 삼단논법이나 논증을 검증해야 하고, 그런 단락에서 전제나 결론으로 제시하는 문장을 세밀하게 살펴야 합니다. 학생들은 저자에게 익숙해져야 하고, 저자의 추론 방향이나 흐름을 잘 따라가야 합니다.[11]

학생들은 적절한 논증 방법을 활용해서 설득력 있게 글 쓰는 법을 배워야 합니다. 그들은 저자의 1차 추론 방향이나 흐름 파악하는 법을 배우기 위해 다른 사람들의 글을 절반 이하로 줄이는 연습을 해야 합니다. 말하기 영역에서도, 모든 과목에서 수많은 토론을 거치며 수사학을 배우는 동안, 훨씬 더 형식적 토론이 가능해지도록 해야 합니다.

역사는 서로 의견을 나누고 토론하기 좋은 자료를 풍성하게 제공할 것입니다. 이런저런 결정을 내린 이유나 다양한 역사적 사건이 일어난 원인과 더불어, 역사의 충실성을 강조해야 합니다.

이런 부분은 수학에서 자연스럽게 대수학과 기하학이라는 보다 추상적인 기술을 가르칠 계기를 마련해줍니다. 기하학적 증거들을 논리적 증거로 제시할 때는, 보편적 공리에서 출발해서 구체적 결론으로 나아가야 합니다. 교사는 수학 논리가 얼마나 정밀하고 고상한지 강조해야 하는데, 특히 끔찍할 정도로 복잡하게 시작해서 간단하게 끝나는 문제에서는 더욱 그래야 합니다.

성경 과목에서 학생들은 과거 문법을 배우던 시절부터 성경 역사와 교리에 관한 모든 기본 사실들을 훤히 꿰뚫고 있어야 합니다. 그리고 이제는 적절한 성경 해석 기술과 기독교 교리의 발전 과정을 촘촘히 공부해야 합니다. 교사는 하나님 말씀 속에서만 진리의 절대 무오한 원천을 찾을 수 있고, 진리와 타당성 간의 분별이 매우 중요하다는 것을 알려주어야 합니다. 학생들은 성경에서 절대 무오하고 진실한 전제를 얻으며, 바람직하고 필수적인 결과로 성경 진리를 연역하기 위해 바른 추론을 활용하게 됩니다.

형식 논리학은 연역적 논리학 과정으로, 과학 과목의 나머지 영역은 귀납적 논리학 과정으로 봐야 합니다. 학생들은 관찰과 실험으로 귀납적 결론에 도달하기 위해 자의식을 가져야 하고, 그것을 통해 기독교 세계관을 형성하며 귀납적 추론의 타당성을 인식해야 합니다.

논리학 교사의 자질

논리학 교사는, 학생들과 과목에 대한 애정처럼 교사에게 필요한 온갖 일반적 자질들 외에도 몇 가지 특별한 요소를 갖춰야 합니다.

논리학 교사라고 해서 반드시 철학 분야 학위를 소지해야 하는 것은 아닙니다. 물론 그것이 유용할 수는 있습니다. 하지만 논리학 과목을 가르치기 전에, 교사는 형식 논리학에 관해 훌륭한 교육을 받아야 합니다. 논리학 교사는 교과서보다 앞서 나가려고 해서는 안 됩니다.

그러면 내용을 충분하고 깊이 있게 숙지할 수 없고, 학생들은 그 사실을 금세 눈치챌 것입니다. 논리학 교사는 다음과 같은 수많은 기본 질문을 곰곰이 생각해 보아야 합니다.

- 논증을 타당하게 하는 요인은 무엇인가?
- 타당한 논증이 그릇된 진술로 이루어지거나, 타당하지 않은 논증이 참된 진술로 이루어질 수 있을까?
- "모든 일각수에게는 뿔이 달려있다"라는 진술이 "어떤 일각수에게는 뿔이 달려있다"라는 진술을 암시하는가?
- 왜 "모든 S는 P가 아니다"라는 진술은, "모든 P는 S다"라는 진술과 다른가?

논리학 교사는 추상적 추론과 구성에서 하나님이 허락하신 기술을 갖추고, 수수께끼를 풀어내는 요령을 터득해야 합니다. 논리학은 상징적 과정이기 때문에, 도형을 그리는 약간의 미술적 재능과 고등 수학을 훈련하는 것이 아주 유용합니다.

논리학 교사는 특히 어린 학생들과 논의하고 토론할 수 있어야 하고, 분별력이 있으면서도 냉정한 태도를 유지해야 하며, 쉽게 격앙되지 않으면서 논증할 수 있어야 합니다. 자기 의견을 강하게 밝히는 젊은이들로 가득한 교실로 주저 없이 나아가, 토론 수업에서 그것을 최대한 선용해야 합니다. 논리학 교사는 모든 상황을 논리적으로 바라봐야 하는데, 그래야 학생들에게도 모든 것을 논리적으로 바라보라고 가르칠 수 있기 때문입니다.

논리학을 가르치는 데 유용한 자료들

첫 번째는 당연히 여러 논리학 서적일 것입니다(이 책의 부록에 탁월한 논리학 관련 서적들의 목록이 실려 있으니 참고하시기 바랍니다). 다양한 자료를 사용하는 것이 다양한 연령대의 아이들에게 훨씬 더 적절한 방법입니다. 어떤 자료들은 학생들이 활용하기 좋고, 어떤 자료들은 논리학 교사들이 혼자 공부하기 적절할 것입니다.

훌륭한 추론 사례들을 살펴보기 위해, 학생들에게 훌륭한 책들을 읽게 해야 합니다. 과목별로 가장 좋은 책을 읽어야 하는데요. 물리학을 공부한다면 뉴턴과 아인슈타인에 관한 책을 읽고, 신학을 공부한다면 마틴 루터와 존 오웬의 저서에서 깊은 향취를 맛봐야 합니다.

그리 좋지 않은 추론 사례들에 관해서는 다른 다양한 책들을 참고하십시오. 인쇄된 책도 좋고, 다양한 형태의 소통 방식과 더불어 참고할 수 있는 형태의 책도 좋습니다. 오늘날의 책들이 여기 해당할 것입니다.

지역 신문의 여론 페이지는 형식적 오류와 비형식적 오류로 뒤범벅된 광장과 같을 것입니다. 이런 현상은 구두로 전하는 정보에서도 동일하게 나타납니다. 특히 학생들이 별생각 없이 범하는 오류들에 귀 기울여 보십시오(학생들은 여러분이 범하는 오류들에 귀 기울일 것이니, 그렇게 하는 건 당연한 일입니다).

또한 논리적 사고를 위한 두뇌 훈련에 활용할 놀이가 많이 있습니다. 수업에 참여하는 전체 학급을 위해, 특정 실마리를 주고 삼진법이나 사진법 순서대로 숫자를 파악하도록 도와주는 '매스터마인드'(Mastermind, '피코 센트로'Pico Centro라고도 합니다) 같은 놀이는, 정확하고 질서정연한 사고법을 연습하는 데 유용합니다. 덜 수학적인 방식으로 접근하려면, 스무고개—횟수를 제한하지 않을 수도 있습니다—같은 상황 놀이가 좋은데, 이 놀이에서는 '예'나 '아니오'로 대답할 질문으로 세부 내용을 결정하는 일반 진술문이 제시됩니다. 다른 놀이도 얼마든지 가능합니다.

개인주의 성향이 강한 학생들에게는 장기나 매트릭스 논리 퍼즐, '클루'Clue 같은 보드게임을 하게 하는 것도 고려해 보십시오. 이 모든 것은 여러 전제에 기초해서 특정 결론을 내리도록 도와주는 훌륭한 연습 방법이기에, 학생들의 사고 영역에 논리적 발자국을 남길 것입니다.

그러나 가장 좋은 활동은 수업에 참여하는 학생들과 끊임없이 대화하고 질문하고 그들의 가정에 도전하면서, 좋든 나쁘든 그들의 추

론 방식을 규칙적으로 지적하는 것입니다. 이것이야말로 논리학을
실제로 경험하는 가장 좋은 방식일 것입니다.

11강

+

라틴어 교육의 목적과 방법

더글라스 윌슨

호기심에 답하다

"왜 라틴어인가?"

이 질문에 대한 답변이 매우 다양할 수 있지만, 아마도 그것은 '실용적' 대답을 먼저 떠올리는 시대에 고전 지성을 회복하기 위해 어디까지 나아가야 하는지 보여주는 하나의 증거일 것입니다. 실용적 고려가 잘못되었다는 말이 아니라, 대부분의 실용주의적 접근이 노골적으로 그렇다는 것입니다. 언제나 미와 진리에 더 많은 관심을 두도록 교육할 때, 학생들은 단순히 '결과'만 염두에 두는 사람들을 훨씬 능가하게 됩니다. 다시 말해, 실용주의는 제대로 효과를 발휘하지 못하지만, 실용주의를 기분 좋게 거절하면 제대로 효과를 보게 된다는 것입니다. 결과적으로, 라틴어 공부를 실용주의적으로 변호하는 것은 실용주의 자체를 변호하는 것으로 비칠 수밖에 없습니다.

라틴어를 공부하는 학생들은 더 실용적인 과목을 선택한 학생들보다 무엇이든지 훨씬 더 잘합니다. 그리 놀랍지 않은 결과인데요. 영어 어휘의 약 80퍼센트가 라틴어와 헬라어에서 파생되었고, 그중 50퍼센트 이상이 라틴어에서 파생된 것이기 때문입니다. 다음 두 사례를 살펴보면 이를 충분히 이해할 수 있을 것입니다.

라틴어 단어 '시스토'Sisto

'나는 서 있다'I Stand, '나는 멈춘다'I Stop라는 뜻의 이 단어에서 '구성하다, 양립하다'Consist, Stand Together, '그만두다'Desist: To Stop, '주장하다'Insist: To Stand Upon, '존재하다'Exist: To Stand Out, '끝까지 살아남다'Persist: To Stand Through 같은 단어가 파생되었습니다.

라틴어 단어 '파니스'Panis

'빵'Bread이라는 뜻의 이 단어에서는 '동료'Companion(빵을 나누어 먹는 사람), '동행하다'Accompany(같은 생각을 품다), '식료품 저장실'Pantry(빵을 보관하는 곳) 같은 단어가 파생되었습니다.

영어가 로마 어족은 아니지만, 라틴어는 지금까지도 영어 사용자들의 일상 대화에 엄청난 영향을 미치고 있습니다. 이를 고려하면, 영어 어휘력 시험에서 라틴어를 공부하는 학생이 다른 외국어를 공부하는 학생보다 더 높은 점수를 얻는 것은 전혀 놀랄 일이 아닙니다. 성공적인 공부의 핵심 비결로 흔히 풍성한 어휘력을 꼽는 사실을 생각하면, 우리가 엄격한 라틴어 공부 프로그램을 실행하려는 이유도 명확해집니다.

그러나 언어는 어휘를 구성하는 낱말 더미 따위가 아닙니다. 각 단어는 의미가 통하기 위해 순서대로 조합되어야 하는데, 단어를 조합하는 방식에는 문법과 구문론이 포함됩니다. 라틴어 공부는 일반적으로 문법 지식을 철저히 단련하는데, 이것이 나중에는 영어 실력에도 고스란히 영향을 미칩니다. 간단한 예를 들면, '하나님'God이 라틴어 문장의 주어일 경우, 그에 해당하는 라틴어 단어는 '데우스'Deus입니다. '하나님'이 직접 목적어일 경우에는 '데움'Deum이라는 단어가 사용됩니다. 이런 주격과 대격의 차이는, 영어에서 주격을 'He'로 사용하는 경우와 목적격을 'Him'으로 사용하는 경우의 차이를 알고 싶어 하는 학생에게 큰 도움을 줄 수 있습니다.

로마 어족은 아니지만, 영어 어휘의 50퍼센트 이상이 라틴어에서 파생되었다는 점을 앞에서 설명했는데요. 이 점은 현대 로맨스어 Romance Language●를 공부하는 학생에게 아주 유용합니다. '로맨스어'라는 이름에서 알 수 있듯, 이 언어들의 기원은 고대 로마 시대까지 거슬러 올라갑니다. 스페인어, 프랑스어, 루마니아어, 이탈리아어, 포르투갈어 등의 어휘 중 80퍼센트 이상이 라틴어에서 파생된 직계 후손들입니다.

어린 시절부터 스페인어를 배우고 싶었다면, 당연히 스페인어부터 공부해야겠지요. 그러나 현대 언어 중 하나를 공부하고 싶긴 한데 선

● 라틴어에 뿌리를 둔 프랑스어나 이탈리아, 스페인어 등을 지칭하는 말 - 역자 주

뜻 고르지 못하겠다면, 라틴어가 최고의 선택이라고 말하고 싶습니다. 라틴어는 수많은 현대어 중 공부할 대상을 선택할 때 아주 탁월한 발판을 제공합니다. 이것은 라틴어와 직접 관련이 없는 언어들에 대해서도 마찬가지입니다. 또한 라틴어는 헬라어와 러시아어, 독일어 같은 굴절어들을 공부할 때도 매우 유용합니다. 그다음으로, 헬라어와 라틴어 둘 다 공부하는 것에 관해서는, 공부 순서를 바꾸면 좋겠다는 것 외에 따로 할 말이 없습니다. 라틴어는 명사 변화가 일어나는 언어를 공부할 때 훌륭한 디딤돌이 되어줍니다.

또한 라틴어는 과학적 방법론의 본질적 과정, 곧 관찰과 비교, 일반화Generalization를 훈련합니다. 라틴어에서는 낱말 간의 미미한 차이도 큰 문제가 됩니다. 각 낱말을 정확하게 관찰해야 하는데, 거기에는 온갖 세세한 사항이 모두 포함됩니다. 낱말 뜻을 아는 것만으로는 충분하지 않습니다.

라틴어를 공부하는 학생은 세부 사항에 관한 정확한 안목을 키워야 합니다. 각 낱말의 세부 사항이 영어보다 훨씬 더 많은 의미를 내포하기 때문인데요. 이런 사고 습관은 과학적 분석에 매우 유용합니다.

21세기 초, 독일의 위대한 화학자 바우어Bauer는 라틴어 공부 덕분에 화학 분야의 특정한 고차원적 연구를 논평할 수 있었습니다. 한번은 램지Ramsey라는 교수가, 자신의 학생 중에서 가장 뛰어난 친구들이 당연히 레알슐레Real-Schulen● 출신일 거라 생각하고, 바우어에게

● 실용 교육을 강조하는 독일의 중등학교. 9년제 김나지움에 대한 대안으로 나온 6년제 학교로 18세기 중반부터 발달함 - 역자 주

레알슐레와 김나지엔Gymnasien•의 차이를 물었습니다. 그때 바우어는 전혀 그렇지 않다고 대답했습니다.

"제 학생 중에서 가장 뛰어난 친구들은 모두 김나지엔 출신입니다. 처음에는 레알슐레 출신 학생들이 두각을 나타낼지 모르지만, 보통 3개월 정도 지나면 김나지엔 출신 학생들에게 뒤처집니다."

램지 교수는 이 말을 의아하게 여겼습니다. 레알슐레 학생들은 화학 영역에서 특별한 가르침을 받거든요. 바우어가 다시 말했습니다.

"김나지엔 출신 학생들은 잘 훈련된 지성을 갖추고 있어요. 라틴어 문법을 배운 학생을 한 명 데려와 보세요. 그의 화학 실력이 어떤지 보여드릴게요."[1]

훈련된 지성이야말로 철저한 과학 공부를 위한 최선의 준비이며, 지성을 훈련하는 최고의 방법은 라틴어 문법 공부입니다. 근대주의는 단어들이 따뜻한 욕조 안에 있기라도 하듯, 모든 것을 편하게 다루기 좋아합니다. 그러나 라틴어 공부는 외과의사의 메스처럼 예리하게 각 단어를 구사하도록 도와줍니다.

더구나, 라틴어를 공부한 학생들은 문화적으로 교양 있고 박식하며, 도처에 산재한 이전 문화들의 발자취와 함께, 특정 문화가 다른 문화들로부터 발생한 방식과 과정에 관한 훌륭한 식견을 갖추게 됩니다. 이것은 '자아도취'Narcissism나 '자웅동체'Hermaphrodite 같은 단어들의 뒷이야기, 고대 로마 원로원 의원 신분에 얽힌 역사, 달러 표시, 건축 양식, 별자리, 결혼 예복, 그리고 '기타 등등'Et Cetera 등의 의미에서도 쉽게 찾아볼 수 있습니다. 그들은 세계 역사와 문화를 더

───────

• 독일 교육 제도에서 중등학교의 일종 – 역자 주

잘 이해하고, 장기적 안목으로 문화적 정체성을 더욱 명확하게 파악할 수 있습니다. '강과 연못을 혼동하는' 흔한 실수를 하지 않을 가능성이 아주 크겠지요.

2000년대는 자기만을 충족시키는 '조그만 연못'의 시대가 아니라, 오히려 장기적이고 흥미롭게 유유히 흐르는 문화적 강줄기의 작은 일부분입니다. 그런데 2000년 이전 상류에서 벌어진 일들에 관한 문제는 아주 중요합니다.

여러 심미적 고려 사항도 아주 중요한 부분입니다. 고전 문학이 아주 놀라운 방식으로 학생들에게 열리게 됩니다. 이를테면, 로마시인 베르길리우스Publius Vergilius Maro의 작품 같은 고대 고전 문학으로 향하는 문이 활짝 열립니다.

또한 라틴어는 영문학을 제대로 감상하도록 도와줍니다. 훌륭한 영문학 작품은 모두 고전에 심취한 사람들의 저작이기 때문입니다. 그들의 작품은 고전에 관한 직접 언급과 간접 암시로 가득합니다. 물론 교양 없는 현대 독자는 당황하거나 건너뛸 수밖에 없겠지만 말입니다.

이런 유익은 단지 다른 사람들이 해놓은 것을 소극적으로 감상하고 평가하는 정도로 끝나지 않습니다. 이런 것들을 가르치는 이유 중 일부는, 결과적으로 아이들이 효과적으로 그리스도에 대한 믿음을 표현하는 법을 이해하도록 도우려는 것입니다.

그렇다면 라틴어 공부에는 어떤 심미적 선이 자리 잡고 있는 걸까요? 학생들이 다른 언어와 모국어로 된 위대한 문학 작품을 이해할 때, 이것은 창작의 재능을 타고난 학생들에게 굉장히 멋진 준비가 될 것입니다. 이 타락한 세상에서 다른 모든 것과 마찬가지로, 천재는 계속해서 잠재력을 키워가도록 양육 받아야 합니다. 지능이 뛰어난 아이는 어린 나이에도 시리얼 상자로 읽는 법을 독학할 수 있습니다. 게다가 이런 아이는 글쓰기 능력을 선천적으로 타고났을 수 있습니다.

그런데 바로 그 아이가 시리얼 대신 베르길리우스의 대서사시 〈아이네이드Aeneid〉를 공부한다면, 어떻게 되겠습니까? 치열한 문화 전쟁 가운데 참전한 그리스도인 중에서 아이들에게 문화라는 무기를 들려주는 일의 중요성을 올바로 간파한 사람은 거의 없습니다.

"그러나 사람들은 이런 식으로 글쓰기 능력을 갖추기 전에, 먼저 그렇게 할 수 있도록 적절한 교육을 받아야 한다. 우리는 그리스도인들이 손에 쥔 크레용으로 아무렇게나 글을 쓰지 않게 될 날을 갈망해야 한다. 흐릿한 지성과 무기력한 입술로 토론하지 않게 될 날을 열망해야 한다. 웅장한 언어로 믿음에 관한 진리들을 넉넉히 제시할 신자들을 그리워해야 한다."[2]

그러나 이것은 고전교육으로 돌아가지 않고서는 절대 일어날 수 없는 일입니다.

마찬가지로 성경을 연구할 때도 라틴어 공부는 큰 유익을 얻습니다. 그리스도인에게 고전 공부는 신약 성경 맥락을 이해하는 데 꼭 필요한 배경을 제공합니다. 이에 관한 사례는 무수히 많습니다.

그리스 로마 신화 속 쌍둥이 이복형제 '카스토르'Castor와 '폴룩스'Pollux는 사도행전 28장 11절에 언급된 쌍둥이 별자리 이름이기도 한데요.* 이것은 쌍둥이 별자리 이름인 라틴어 '제미니'Gemini에서 유래된 '지미니'Jiminy**로 여전히 우리 곁에 남아있습니다.

사도행전 14장 12절에서 사람들은 사울과 바나바를 '제우스'와 '헤르메스'로 오해합니다. 이에 관한 경각심은 현대 교회에도 널리 퍼져 있으며 세심한 주의가 필요한 '가짜 성결'을 방지할 것입니다. 빌립보서 2장 25절과 4장 18절에 등장하는 이름 '에바브로디도'Epaphroditus는 라틴어로 '베누스투스'Venustus인데, 이것은 그리스 신화 속 '육체적 사랑의 여신' 아프로디테에게 바쳤다는 뜻을 갖고 있습니다. 로마 신화에서 이 여신은 '베누스'Venus라고 불리는데, 그 영어식 발음이 바로 '비너스'입니다. 사도행전 20장 4절에 등장하는 이름 '두기고'Tychicus는 그리스 신화 속 제우스의 아들 '튀케'Tyche를 따라 지은 것으로, '숙명적'이라는 뜻이 있습니다.

같은 맥락에서, 사도행전 20장 9절에 등장하는 이름 '유두고'Eutychus에는 '행운을 가져다주는' 또는 '행운'이라는 뜻이, 빌립보서 4장 2절에 등장하는 이름 '순두게'Syntyche에는 '운명과 함께'라는 뜻이 담겨 있습니다.

고린도전서 16장 17절에 나오는 라틴어 '포르투나투스'Fortunatus***의 기원은 쉽게 알 수 있습니다. 로마서 16장 14절에 등장하는 라틴

● 개역개정에서는 '디오스구로', 필립스 성경에서는 '쌍둥이별', NIV에서는 '카스트로와 폴룩스', NASB에서는 '쌍둥이 형제'로 번역됨 – 역자 주

●● '으악' 하면서 놀람, 공포 따위를 나타내는 말 – 역자 주

●●● 개역개정과 새번역에서는 '브드나도', 필립스 성경에서는 '포르투나투스'로 번역됨 – 역자 주

어 '헤르메스'Hermes(허메)의 뜻은 '여러 신의 사자'인데요. 이 이름의 로마식 표기가 바로 '머큐리'Mercury입니다. 이 '사자 신'God of Messages의 이름에서 '해석학'Hermenutics이라는 학문 명이 나왔습니다. 요한 3서 12절에 등장하는 이름 '데메드리오'Demetrius에는 '(로마 신화 속 곡물의 여신) 세레스Ceres에게 속한 사람'이라는 뜻이 있는데, 여기에서 우리에게 친숙한 단어 '시리얼'Cereal이 나왔습니다. 사도행전 17장 34절에 등장하는 이름 '디오누시오'Dionysius에는 '(로마 신화 속 술의 신) 바커스Bacchus에게 바친 사람'이라는 뜻이, 사도행전 18장 24절에 등장하는 이름 '아볼로'Apollos에는 '(그리스 로마 신화의 태양신) 아폴로에게 드려진 사람'이라는 뜻이 있습니다.

이렇게 신약성경 속 수많은 성도의 이름이 이교적 세계관과 관련되어 있습니다. 그런데도 초대 그리스도인들이 개명하지 않았다는 사실은, "상대가 유대인이든 그리스인이든 교인이든 상대의 과실을 드러낼 만한 일은 절대 삼가야 합니다"라는 사도 바울의 명령에 새로운 의미를 부여합니다고전 10:32.

베드로후서 2장 4절에는 범죄한 천사들이 '타르타로스'Tartarus●에 갇혀있다고 기록되어 있습니다. 고전 세계를 공부하는 학생은 금세 이 단어가 '스올'Sheol●●이라는 것을 알아차릴 것입니다.

사도행전 16장 16절에서, 사도 바울은 아폴로 신에게 바쳐진 여자아이로부터 귀신을 쫓아냅니다. 아이가 '거대한 뱀'Python(파이돈)의 영에 사로잡혀 있었는데, 파이돈은 아폴로 신에게 바쳐졌고 아폴로

● 개역개정과 새번역에서는 '지옥', 필립스 성경에서는 '어두운 지옥', 공동번역에서는 '깊은 구렁텅이'로 번역되었고, 그리스 신화에 나오는 '지옥 아래 밑바닥 없는 못'을 의미함 – 역자 주
●● '황천'이라는 뜻의 히브리어 단어이며, 영어에서는 '하데스'Hades로 번역됨 – 역자 주

신전이 있던 그리스 고대 도시 델포이Delphi 신탁과 관련이 깊습니다. 이렇듯 신약의 배경은 고대 그리스와 라틴 고전에 관한 지식 없이 이해하기 어렵습니다. 이런 배경 지식을 어느 정도 갖춰야 신약성경을 제대로 이해할 수 있다는 말입니다.

분명히 이것은 목회자나 사역자가 될 젊은이들에게 굉장히 중요한 부분입니다. 고전 공부를 통해 그들은, 습득한 사람은 누구나 큰 복을 받으며, 성경을 가르치는 교사들에게는 필수 요소인 배경을 얻게 됩니다.

그래서 대브니 박사는 다음과 같이 요점을 제시합니다.

"그렇다면 현대 목회자들도 이 같은 최소한의 자격을 갖춰야 하지 않겠는가? 목회자라면 최소한 에베소 사람들 수준은 되어야 하지 않겠는가? … 신약성경 저자들의 인간적 환경을 구성하던 사상적 사건들, 역사, 지형, 관행, 양식을 비롯한 다양한 견해, 그들의 기록과 관련된 실제 상황에 대한 정확한 이해, … 이 모든 것은 나름의 지적 수준을 갖춘 에베소 사람들에게 익숙하고 인기 있으며, 동시대적인 지식이었다."[3]

고전 세계는 그리스도가 태어나신 세계이며, 그 세계와 친해지는 것은 하나님 말씀과 관련된 사역에 꼭 필요한 준비입니다.

그리스도인이 헬라어가 아니라 라틴어부터 공부해야 하는 이유를 나름 확신하는 사람도 있겠지만, 반대로 의아해할 사람들도 있습니다. 이 중 어느 하나를 공부하는 것이 고전교육에서 가장 핵심적 요소이기는 하지만, 여러분이라면 과연 어느 쪽을 먼저 배우고 가르치겠습니까?

그 대답은, 상황에 따라 다를 것입니다. 아무것도 없이 시작한다면 라틴어가 훨씬 더 쉬울 수 있고, (라틴어 공부를 통해) 헬라어 공부에 필요한 멋진 디딤돌을 얻을 수 있습니다. 라틴어를 공부하면, 알파벳을 새로 배울 필요가 없고 수많은 낱말의 뜻이 즉시 명확해질 것입니다.

앞에서 언급한 대로, 영어 단어의 절반 정도는 라틴어에서 파생된 것들입니다. 그래서 이 점은 라틴어 낱말을 익히는 학생들에게 아주 실제적인 격려가 됩니다. 예를 들어, '아그리코라'Agricola는 '농부'Farmer란 뜻이, '페미나'Femina는 '여성'Woman이라는 뜻이, '투바'Tuba는 '나팔'Trumpet이란 뜻이, '빌라'Villa는 '농가'Farmhouse라는 뜻이 있다는 식이지요. 이와 반대로, '진리'를 의미하는 헬라어 단어 '아레떼이아'Aletheia는 학생들에게 겁을 줄 수도 있겠지요.

헬라어가 더 어렵기는 하지만, 그와 함께 그리스도인 중에 이미 헬라어를 공부한 사람이 많다는 점도 기억해야 합니다. 다시 말해, 여러분이 (라틴어가 아니라) 헬라어를 가르칠 자격을 갖춘 교사일 수도 있다는 이야기입니다. 그런 경우라면, 여러분은 기존 실력을 더 확실히 갈고닦고 싶을 수도 있을 겁니다. 그렇다면 일단 헬라어부터 시작하십시오. 어떤 경우든, 아이들에게 가르칠 때, 문법 개념부터 시작하지는 마십시오. 대략 3학년 수준에서 시작해서, 기본 어휘 정도만 가르치며 동사와 명사 어미들을 간단한 노래로 만들어 부르게 하십시오. 이 연령대의 기억력으로는 그것이 훨씬 더 쉽고, 나중에 문법 수업을 할 때 훨씬 유용할 것입니다. 이런—언어를 가르치는 것과 배우는 것을 병행하는—방식으로 하면 언어 공부가 훨씬 더 쉬워집니다.

어떤 사람은 여전히 고전과 관련해서 전반적으로 납득할 수 없다는 견해를 피력할지 모릅니다. 라틴어가 '트로이 목마'처럼 돌변해서, 기독교 교육을 인본주의로 물들이지 않을까 염려할 수도 있겠지요. 그렇다면, 먼저 앞의 반대 주장에서 활용한 《일리아드 *Iliad*》 트로이 목마 이미지가 그 주장을 얼마나 그럴듯하게 만드는지 주목해보십시오. 둘째로, 반대 주장이 상당 부분 사실임을 인정하면서 그 우려에 답할 수도 있습니다.

고전교육이 걸림돌이 될 가능성은 충분히 있습니다. 하지만 그럴 가능성은 다른 모든 교육 방식에서도 충분히 존재합니다. 인문 교양 능력과 지식도 사람을 넘어지게 할 수 있습니다. 교육과 교양의 결핍도 마찬가지입니다. 마음 다해 하나님을 사랑하는 사람은 어디를 가든 안전하지만, 그렇지 않은 사람은 어디에 가도 위험할 것입니다. 마음과 뜻과 정성을 다해 하나님을 사랑하는 것은 우리의 의무이며, 그 안에는 언어와 문화, 민족사에 관한 공부도 당연히 포함됩니다.

라틴어 공부를 시작하려면

"라틴어…, 물론 공부하면 좋겠죠."

그러나 이렇게 말하면서도 여러분이 바라는 교육을 학생들에게 제공하는데 필요한 여러 가지가 큰 부담으로 느껴질 수 있습니다. 여러분이 라틴어 공부를 시키고 싶다는 생각에 흠뻑 빠져 있다 해도, 낙담하지 않는 것보다 중요한 일은 없습니다. 지금 낙담하고 포기하면, 50년 뒤 여러분 학교의 교사들도 똑같이 "라틴어…, 물론 공부하면 좋겠죠"라고 푸념만 하게 될 것입니다.

또한 여러분이 낙망하지 않는다고 해도, 여전히 답해야 할 실제적인 질문들이 있습니다. 이 목록의 맨 위에는 "지인 중에 라틴어를 아는 사람이 없는데도 학생들에게 라틴어를 가르칠 수 있습니까?"라는, 아주 현실적인 질문이 있습니다.

"나도 제대로 알지 못하는 과목을 도대체 어떻게 가르치란 말입니까?"

아주 훌륭한 질문입니다. 특히 아이들에게 고전교육을 제공하기 원하는 사람이라면, 라틴어를 유치한 방식으로 가르치거나 그저 단어를 겉핥기식으로 훑는 것에 관심 없을 것입니다.

제일 먼저 정해야 하는 것은 원칙입니다. 정말로 그 언어를 가르치기 원하는 게 맞습니까? 정말로 라틴어를 가르치기 원한다면, 어느 수준까지 다루기 원합니까?

학교 운영위원회가 처음 초등학교에서 라틴어를 가르치겠다고 결정했을 때, 우리는 가장 기본적인 교육 원칙이라는 토대 위에서 그렇게 한 것입니다. 그때 우리 학교에는 라틴어를 가르칠 교사가 없었습니다. 하지만 우리는 우리가 무엇을 얼마나 원하는지 잘 알고 있었습니다. 현재 우리 학교는 3학년부터 6학년까지의 학생들에게 라틴어를 가르치고 있고, 곧 중학생들에게도 가르칠 예정입니다. 여러분은 자기 자신에게 놀랄지 모릅니다. 그리고 라틴어 공부를 회복하는 것이 어렵긴 하나, 불가능하지는 않다는 사실도 발견하게 될 것입니다.

그다음으로 확실히 해야 하는 것은, 학교에서 라틴어 프로그램을 본격적으로 시작하기 위해 라틴어를 적극적으로 배우려 하는 사람이 학교 창립자 중 한 명이라도 있어야 한다는 것입니다. 라틴어 프로그램은 부모들이 실제 결과를 보기 전에는 기꺼이 충분한 대가를 치르려 하지 않는 영역에 속합니다. 그러나 여러분이 처음부터 라틴어 프로그램을 확립하는 데 기꺼이 헌신한다면, 여러분과 기쁜 마음으로 협력할 학부모가 많이 나타날 것입니다. 그리고 여러 해 동안 라틴어 과목을 꾸준히 가르친 결과에 학부모들이 설득된다면, 여러분은 이미 프로그램의 초석을 놓은 셈입니다.

고전교육을 회복하기 위한 첫 번째 조처에서, 여러분은 매우 가치 있는 역할을 감당해야 합니다. 하지만 그렇다고 당장 하늘에서 고전학자들이 뚝 떨어질 거라고 기대하지는 마십시오. 우리는 문화 재건에 동참하고 있고 적어도 우리 보기에, 그 일은 여러 세대에 걸쳐 진행되기 때문입니다.

보잘것없는 출발이라고 부끄러워할 필요가 전혀 없으며, 작은 출발도 그 자체로 의미 있는 시작임을 인식하는 것이 중요합니다. 분명히 주변에서 "당신이 라틴어를 가르친다고? 자기가 그렇게 대단하다고 생각해?"라고 떠들어댈 것이기에, 이런 올바른 인식은 꼭 필요합니다.

그러므로 겸손히 나아가십시오. 라틴어를 잘 아는 교사를 모실 수 있다면, 교육 프로그램이 훨씬 더 빨리 자리잡을 것입니다. 그러나 어떤 경우든 간에, 여러분은 실제로 그런 프로그램을 세우게 될 것입니다.

세 번째로 해야 할 일은 자료 선별입니다. 이 과정에도 여러 측면이 있는데요. 첫 번째는 도서관을 꾸밀 자료를 수집하는 것입니다.

이와 관련해서 제가 할 수 있는 최선의 충고는, 중고 책 서점에서 직접 책을 골라보라는 것입니다. 많은 중고 서점이 외국어 도서 코너를 갖추고 있고, 그중 사람들의 손길이 가장 닿지 않은 공간에서 보물과 같은 라틴어 관련 서적을 발견할 수 있습니다.

언젠가 저는 한 중고 서점에서 거의 2천 페이지나 되는《하퍼 라틴어 사전Harper's Latin Dictionary》을 저렴하게 구입할 수 있었습니다. 여러분도 오래된 문법책, 고전 원본, 번역된 고전, 어원학 관련 도서 등을 구할 수 있을 것입니다. 이것은 가성비를 높이면서 효과적으로 시간을 사용하는 방식입니다.

두 번째는 자료 수집을 위해, 꼭 새 것을 구매해야 한다고 해도, 표준 안내 책자들을 활용하는 것입니다. 이 책 마지막 부분에 실린 추천 도서 목록에서 그에 관한 도움을 얻을 수 있을 것입니다.

기초 문제 : 발음

라틴어를 가르치며 배우는 교사들이 부딪치는 문제 중 하나는, 적절한 발음법입니다. 실제로는 사소한 것이지만, 이 문제는 불필요하면서도 성가신 혼란을 종종 일으킵니다. 그러나 결론을 말하자면, '적절한' 발음법은 그리 심각한 문제가 아닙니다.

발음법에 관해 세 개의 주요 학파가 저마다 그럴듯한 주장을 내놓고 있는데요. 첫 번째는 고전적 방식으로, 정확히 말하자면, 학자들이 고전에 관한 경험상 근사치를 제시하는 것입니다. 베르길리우스와 키케로, 어거스틴은 한번도 (우리가 알고 있는 것과 같은) 녹음기에 실제 음성을 남긴 적이 없고, 결과적으로 그들이 말하는 방식은 확정된 것이 아닙니다. 그러나 학자들이 복원한 발음법이 정확하다 할지라도, 여전히 어거스틴 시대 지식층이 사용하던 발음법 중 하나를 다루고 있을 뿐입니다. 다시 말해, '언어 고문'을 감내하면서까지 억지로 익혀야 할 것은 아니라는 이야기입니다.

발음법 문제는, "왔노라, 보았노라, 이겼노라!"I came, I saw, I conquered라는 시저의 유명한 말로 그 차이를 구체적으로 살펴볼 수 있습니다. 원래 라틴어 문장인 "Veni, vidi, vici"의 고전식 발음은 "웨이니, 위디, 위키"Waynee, Weedee, Weekee 정도 될 것입니다. 성가대(찬양대)에서 라틴어로 노래해본 사람은 아마 두 번째의 중세 라틴어 형태에 익숙할 겁니다. 그리고 가톨릭 배경의 학교에서 라틴어를 공부했다면, 이런 발음 방식을 배웠을 거고요.⁴ 그래서 시저의 말을 "비니, 비디, 비치"Veeni, Veedi, Vichi라고 읽었을 것입니다.

세 번째는 가장 간단한 '오래된' 또는 '개신교' 방식이 있습니다. 영어처럼 발음하는 형태인데요. 라틴어 발음법을 다루는 전통 방식으로, 추천할 요소가 상당히 많습니다.

"이것은 15세기 동안 주로 자국어 발음에 맞게 라틴어 발음을 유지하기 위해 이 나라에서 사용되기 시작했다. … 그런데 이것도 그 시기 무렵 급속하게 변화되고 있었다. 자국어와 관련해서 이런 방식으로 라틴어를 다루는 것은 거의 모든 나라에서 전통적이었고, 그에 관해 해야 할 말이 아주 많다."⁵

이런 과정 때문에, 여러분이 텍사스 출신이 아니라면, 시저의 호언장담은 "비니, 비디, 비키"Venee, Viddee, Vicki로 읽혔을 것입니다.

그러니 발음법에 관해 걱정하지 마십시오. 학생들을 위해 일관성만 유지하면 됩니다. 대부분의 라틴어 공부에서는 말하기보다 글로 옮기는데 훨씬 더 관심을 기울입니다. 라틴어 수업은 라틴어 회화를 가르치는 시간이 아니라는 이야기입니다.

마드리드 중심가의 식당에서 스페인어를 잘못 발음한다면, 현지인 종업원이 크게 웃을지 모릅니다. 그러나 라틴어의 경우에는 그런 일이 벌어지지 않습니다. 라틴어를 '잘못' 발음했다고 발끈할 사람들은 결벽 주의자들이며, 그들의 사고방식은 처음부터 살아있는 언어였던 라틴어를 죽이는 것과 크게 관련되어 있습니다. 루이스의 말대로, 몹시도 까다롭던 16세기 인문주의자들에 관해 언급하자면, 그들은 "중세 라틴어를 말살하는 데 성공했지만, 회복된 어거스틴주의 교실의 엄정함을 유지하는 데는 실패했습니다."[6]

즉 라틴어 공부의 다양한 혜택을 회화 수업에서는 쉽게 찾아보기 힘들다는 것입니다. 그러나 이 혜택은 매우 클 뿐 아니라, 훨씬 폭넓게 나타납니다.[7]

라틴어의 쓰임새

라틴어는 격어미Case Endings를 가진 언어입니다. 영어에서는 단어가 문장에서 차지하는 위치에 따라 구문상의 기능이 결정됩니다. 예를 들어, '소녀가 소년을 보았다'the Girl Saw the Boy라는 문장에서, '소녀'는 주어이고 '소년'은 직접목적어입니다. 나열된 순서에 따라 단어의 쓰임새가 결정되는 거지요. 그래서 순서를 바꾸면 문장의 의미도 완전히 바뀝니다. 만약 '소년'이 주어라면, 맨 처음에 놓아야겠지요.

하지만 라틴어는 이런 식으로 쓰지 않습니다. 라틴어에서 명사의 다양한 구문상 기능은 격어미로 결정됩니다. 단어 순서가 영어와 같은 방식으로 기능하지 않는 거지요. 대표적인 라틴어 단어 중에서 '소년'이라는 뜻을 가진 '푸에르'Puer가 문장에서 다양한 역할을 감당하려면, 다양한 어미를 붙여야 합니다. 주어일 때는 '푸에르'Puer지만, 소유격(소년의)으로 사용할 때는 '푸에리'Pueri라고 써야 합니다. 간접목적어라면 '푸에로'Puero, 직접목적어라면 '푸에룸'Puerum, 바로 뒤에 사람이나 장소가 따라오면 '푸에로'Puero로 바뀝니다. 이 정도는 괜찮다고요? 안심하기는 아직 이릅니다. 복수형이 남아있기 때문이지요: 푸에리Pueri, 푸에로룸Puerorum, 푸에리스Pueris, 푸에로스Pueros, 푸에리스Pueris. 하나의 단어가 열 가지 형태로 바뀐다는 겁니다.

하지만 아직 끝난 게 아닙니다. '소년'이라는 단어는 '2차 격변화'라고 불리는, 동일한 종류의 어미를 가진 명사 어족에 속합니다. 그런데 여기에는 네 가지 다른 어족이나 격변화가 더 있습니다. 이 명사와 관련해서 서로 다른 50가지 어미를 익혀야 한다는 뜻이지요. 이 각각의 어미는 형용사와 동사를 이해하는 데도 중요합니다. 형용사는 성과 수, 격을 한정하는 명사와 호응해야 합니다. 각 명사의 어미가 형용사에도 그대로 나타날 수 있다는 말이지요.

이것이 바로 트리비움 문법 단계를 활용하는 것이 라틴어 교육에 아주 중요한 이유입니다. 라틴어를 가르치는 선생님은, 학생들이 온갖 종류의 어미를 세심하게 이해하도록 격려해야 합니다. 그들에게 명사 어미 '-a, -ae, -ae, -am, -a! -ae, -arum, -is, -as, -is!, -us, -i, -o, -um, -o! -i, -orum, -is, -os, -is!' 등을 짧은 노래로 부르면서 익히는 것은 굉장히 쉬운 일입니다.

또한 이 단계는 상당히 많은 어휘와 일련의 어미들, 일련의 주요 동사들을 기억하기에 좋은 시기입니다. 나중에(변증 단계에서) 아이들은 각각의 단편 지식을 조합하며 문법을 익히고, 언어에 관한 문법적 이해로 나아갈 것입니다. 트리비움 수사 단계에서, 아이들은 원자료를 번역할 뿐 아니라, 해당 언어에 관한 초기 이해도 가능하게 됩니다.

동사는 영어보다 라틴어가 더 질서정연합니다. 예를 들어, 현재 시제로 영어 동사 '찬양하다'Praise를 활용하려면, 대명사와 함께 사용해야 합니다. '나는 찬양한다'I Praise, '당신(들)이 찬양한다'You Praise, '그가 찬양한다'He Praises, '우리가 찬양한다'We Praise, '그들이 찬양한다'They Praise처럼 표현하지 않으면, 그 자체로는 별 의미가 없습니다. 3인칭 단수 외에는 형태 변화가 없기 때문이지요. 하지만 라틴어에서는 '-o, -s, -t, -mus, -tis, -nt' 같은 간단한 어미로 쉽게 해결할 수 있습니다. 이 어미들을 붙이면 'laudo, laudas, laudat, laudamus, laudatis, laudant' 같은 형태가 됩니다.

라틴어는 질서정연하고 정확한 언어입니다. 문법 규칙이 다양해서 흥미로운 예외들이 존재하지만, 라틴어는 '질서'라는 단어 하나로 특징지을 수 있습니다. 라틴어를 배우고 가르치는 데 몰두하는 사람은 엄청난 보상을 받게 될 것입니다.

이 강의는 아주 빈약한 서론에 불과합니다. 하지만 라틴어 교육의 중요성을 확신하는 사람이라면, 그 언어의 작동 원리에 관한 기본 개요 정도는 맛보았을 것입니다. 그 밖의 세세한 자료와 도구들은 얼마든지 쉽게 구할 수 있습니다. 우리에게 아직 남은 과제가 있다면, 그건 마지막까지 최선을 다하는 모습일 것입니다.

12강

+

역사 교육의 목적과 방법

크리스 슐렉트

"역사 공부는 건실한 기독교를 위해 절대적으로 필요하다."
_그레샴 메이첸 J. Gresham Machen[1]

사람들은 좋은 의미에서 핼리카나수스의 헤로도투스Herodotus of Halicarnassus●를 '고대의 마르코 폴로'Marco Polo라고 불렀습니다. 약 2500년 전, 헤로도투스는 고향에서 멀리 떨어진, 소아시아 지역 남에게 해 연안의 조그만 도시를 여행하며 인생의 전성기를 보냈습니다. 그래서 학자들은 그가 에게해 지역을 아주 잘 알고 있었고, 당시 황금기를 맞이했던 아테네를 한 번 이상 방문했을 것으로 추측합니다.

헤로도투스는 서방으로 이탈리아까지, 남방으로 아스완Assuan●● 지역에 속한 나일강까지 항해했습니다. 동방으로는 바빌론과 수사 지

● 고대 그리스의 역사가 - 역자 주
●● 이집트 공화국 남동부의 도시 - 역자 주

역까지, 북방으로는 흑해와 그곳으로 흘러드는 여러 강까지 거슬러 올라갔고요. 그는 자신이 만난 사람들의 관습과 과거 역사로부터 많은 것을 배웠고, 그 내용을 일일이 기록했습니다. 그는 당시 대제국이던 페르시아의 연대를 따라 방대한 자료들을 멋지게 구성했습니다. 페르시아의 중흥기를 탁월하게 설명하며 그들이 정복했던 땅에 관해 이야기한 뒤, 그리스에 멸망당하는 것으로 대미를 장식했습니다.

고대 서기관이나 필경사들, 사서들은 파피루스 두루마리에 헤로도투스의 작품을 필사했습니다. 두루마리를 말 때 그들은 파피루스 바깥쪽에 〈Herodotus of Halicarnassus: Researches〉(헬리카나수스의 헤로도투스가 연구한 성과들)라는 제명이 보이게 했는데요. 그것은 오늘날 책 제목과 같은 것이었습니다.

여기에서 '연구 성과들'Researches이라고 번역된 헬라어 단어 '히스토리아'Historia는, 이 무렵까지만 해도 일반적으로 특정 문제에 관한 탐구를 뜻하는 용어였습니다. 그러다가 헤로도투스 덕분에, 의미가 더 전문화되었지요. 이 용어를 제대로 이해하게 되면서, 비로소 오늘날 우리가 알고 있는 '역사'History라는 말이 탄생했습니다. '과거 사건들 자체, 그리고 각 사건 간의 상호 연관성에 관한 조직적 탐구' 말입니다.

어떤 사전 편찬자는, 헤로도투스의 영향으로 이 용어에 덧붙여진 의미가 '문학 혁명을 일으켰다'라고 말하기도 했습니다.[2]

이렇게 헤로도투스는 '역사의 아버지'로 여겨집니다. 각 사건을 실제로 일어난 대로 기록하려고 애쓰고, 자신이 얻은 자료들을 비판적으로 평가한 최초의 인물이라는 점에서 그는 그렇게 불릴 자격이 있습니다. 수에토니우스Suetonius와 디오게네스 라에르티오스Diogenes Laertius, 특히 플루타크Plutarch 같은 위대한 전기 작가뿐 아니라, 아주 일부만 열거하면, 투키디데스Thucydides, 크세노폰Xenophon, 폴리비우스Polybius, 리비우스Livy, 타키투스Tacitus같은 사람들도 그의 발자취를 따랐을 것입니다.●

우리는 이 중 끝까지 남은 자료들에서 고대 시대에 관한 대다수 지식을 얻었습니다. 이들의 저작이야말로 서구 문학에서 가장 위대한 작품들입니다. 헤로도토스 시대부터 모든 교양 있는 서구인들은 역사 공부의 가치를 끊임없이 주목했고, 역사는 지금까지도 교육에서 가장 기본적인 역할을 감당하고 있습니다.

종교 개혁 이래로, 개신교도들은 역사 연구를 교회의 안녕과 복음 전파의 성공을 위한 본질적인 학문 분야로 여겼습니다.

16세기 영국의 역사학자 존 폭스John Foxe는 복음 때문에 고난 겪은 이들에 관한 기억을 보존하는 데 인생을 바쳤습니다. 그의 대작 《존 폭스의 순교사Actes and Monuments》는 교회의 가장 소중한 재산 중 하나를 고스란히 간직하고 있습니다. 1700년 미국 회중파 목사이자 역사가인 코튼 매더Cotton Mather는 지금까지 조국 뉴잉글랜드를 세워주신 하나님에 관한 언약적 의무들을 동포들에게 상기시키기 위해 《Magnalia Christi Americana》(미국 대륙에서 이루신 그리스도의 위업)라는 방대한 작품을 완성했습니다. 역사 공부가 가장 중요한 과제라고 생

● 고대 그리스와 로마의 역사가와 철학자들임 – 역자 주

각했던 그는, 그에 관한 절박한 권고를 서론에 실었습니다. 이 책은 뉴잉글랜드 청교도들에 관해 공부하는데 가장 좋은 1차 자료입니다. 그로부터 1세대 뒤, 조나단 에드워즈는 다음 세대가 하나님의 일하심을 기억할 수 있게, 자신이 목격한 부흥 이야기들을 상세히 기록했습니다.

19세기에는 개신교 역사 연구가 왕성하게 이루어졌는데, 이때 남겨진 수많은 그리스도인 학자들의 업적은 지금도 교회사 지식을 쌓는데 가장 좋은 2차 자료로 인정받고 있습니다.

현대 그리스도인들은 역사에 대해 관심을 잃고 있으며, 주님이 과거에 행하신 일들에 관한 지식을 길이 보존하라는 성경의 명령신 6:20-25, 수 4:5-7, 대상 16:7 이하 등 에도 실제 상황은 정반대로 흘러가고 있습니다. 요즘에는 그리스도인들이 출판한 역사 관련 저술을 읽는 사람이 거의 없습니다. 오늘날의 기독교 출판 시장을 대충만 훑어봐도, 교인들이 교양 수준의 역사 관련 서적에도 관심을 보이지 않는다는 사실을 알게 됩니다. 과연 현대 그리스도인 중 몇 명이나 다음과 같이 정직하게 노래할 수 있을까요?

내가 옛날을 기억하고, 주님의 그 모든 행적을 돌이켜보며, 주님께서 손수 이루신 일들을 깊이깊이 생각합니다시 143:5.

우리는 역사의 중요성을 상기하고, 그것이 기독교 커리큘럼에서 중요하고 지속적인 역할을 감당하게 해야 합니다.

역사를 연구한 고전 역사학자들

방대한 분량의 여러 작품을 살펴보면, 대다수 고전 역사학자들이 서론에서 자신들의 연구 이유를 상세히 설명하고 있는 것을 접하게 됩니다. 고대의 고전 역사학자들은 그것이 자신의 임무라고 생각했습니다. 진실한 학자라면 마땅히 자신이 연구하는 주제에 그럴 가치가 있음을 보여야 하기 때문입니다. 기독교 역사가들은 다른 역사가들보다 훨씬 더 역사의 중요성을 절감해야 합니다. 헛된 것을 추구하다 시간을 허비한 사람들을 주님이 심판하신다는 사실을 기억하며, 역사가 그것을 연구해야 할 만큼 가치 있는 대상임을 확신하는 쪽이 훨씬 낫습니다. 그리스도인의 순종에 관한 (누군가의) 연구 성과가 얼마나 중요한지 올바로 인식하는 것은, 그 연구자에게 계속해서 동기를 부여하며 그가 연구에 집중하도록 도울 실제적인 유익을 제공합니다. 그러므로 누군가의 연구 주제가 얼마나 중요한지 이해하면 할수록, 그의 노력도 점점 더 나은 쪽으로 인도받을 것입니다.

그런데 왜 역사 연구가 이토록 중요하단 말입니까? 성경은 자연스럽게 그에 관한 몇 가지 이유를 제시합니다. 하나님의 은혜로 고전 역사가들은, 그분을 직접 알지 못했는데도 이런 이유 중 상당히 많은 부분을 이해하게 되었습니다. 궁극적 안내 지침인 성경과 함께, 우리는 이런 많은 고대 학자들로부터 역사 연구의 중요성을 배울 수 있습니다. 우선 그들의 이야기를 들어본 뒤에, 가장 근본적인 성경의 증언으로 돌아가겠습니다.

역사 연구의 가치를 제대로 발견하지 못한 사람들은, 자신의 경험이 인생을 살아가는 데 필요한 훈련을 충분히 제공한다고 판단하려는 유혹을 받을지 모릅니다. 그러나 경험 많은 좋은 스승은, 물론 그것이 사실이기는 하지만, 역사에 훨씬 더 소중한 가치를 부여할 것입니다.

고대 그리스 역사가인 시실리의 디오도루스Diodorus of Sicily는, 자신의 위대한 저서 《Library of History》(역사의 도서관) 서문에서 그 이유를 자세히 설명합니다. 그는 역사를 기록하는 사람들이 인류 사회에 전반적인 도움을 제공한다고 주장합니다. 역사를 통한 경험은 어려움 없이 얼마든지 그 주제에 가까이 가게 하기 때문에 매우 탁월합니다. 디오도루스는 계속해서 이렇게 말합니다.

"비록 각각의 사례에서, 모든 부수적 수고와 위험과 함께, 경험을 통해 얻게 되는 배움이 실제로 유익한 각 사례를 분별하게 하기는 하지만, … 각 사건 경험을 통한 배움은 참여하는 모든 사람을 수고스럽고 위험하게 하는 동시에, 실제로 사건마다 어떤 유용성이 있는지 분별하도록 도와주기는 하지만, … 역사 연구를 통해 다른 사람들의 성공과 실패를 이해하는 것은, 온갖 불행한 사건을 직접 경험하지 않고도 훌륭한 가르침을 얻게 해준다.

… 또한 잘못을 바로잡도록 경고하는 사례로써 다른 사람의 무지한 실수를 지혜롭게 활용하는 것도 굉장히 멋진 일이며, 다양한 인생의 흥망성쇠에 맞닥뜨리는 과정에서, 현재 진행되고 있는 일들을 샅샅이 파헤치지 않고도, 과거에 성취한 갖가지 성공사례들을 모방할 수 있다는 것도 아주 멋진 일이다. 확실히 모든 사람은 우리 사회의 앳된 젊은 이들보다 지혜와 경륜을 쌓은 어른들에게 조언받고 싶어 한다. 이것은

오랜 세월 동안 우리 사회의 원로들이 쌓아온 경험 덕분이다.

그러나 지금까지 우리가 역사에서 얻은 이해가 이 같은 경험을 훨씬 능가한다는 것도 사실이다. 우리가 알고 있기로, 역사가 수많은 개별 사실에서 이처럼 경험을 훌쩍 뛰어넘는 경우에 말이다. 이런 이유로, 역사에 관한 지식을 습득하는 것이야말로 우리가 상상할 수 있는 어떤 삶의 환경보다 더 엄청나게 유용하다고 충분히 주장할 수 있다…"(l.1.i-v).[3]

역사 연구에 관한 디오도루스의 보다 유력한 논증은 반박할 여지를 남기지 않습니다. 경험을 통해서도 배울 수 있다면, 역사 연구를 통해서는 얼마나 많은 것을 배울 수 있겠습니까? 역사는 개인이 평생 얻는 것보다 훨씬 더 많고 다양한 경험으로부터 형성되며, 이런 경험은 학생들에게 직접적이고 부정적인 영향을 전혀 주지 않기 때문입니다. 폴리비우스도 이에 관해 언급했습니다.

"인간 만사가 얼마나 역동적으로 흥망성쇠를 겪는지 배울 가장 확실하고도 사실상 유일한 방법은 다른 사람들의 불행을 상기해보는 것이다"(l.1.ii).[4]

역사가 중요한 두 번째 이유는, 헤로도토스와 쌍벽을 이루는 인물인 투키디데스의 분석에서 만날 수 있습니다. 주전 431년 아테네와 스파르타가 전쟁을 벌이자, 투키디데스는 주변에서 일어나는 일들을 기록하기로 결심했습니다. 그는 동시대 사건에 역사적 의미를 부여하려는 가장 자연스러운 경향성을 인정하면서, "이 전쟁은 실제 사실에 근거해서 판단하려는 사람들에게, 이전에 일어난 그 어떤 전쟁보다 중요하다는 점이 머지않아 증명될 것이다"라고 썼습니다(I.21).[5] 당대보다 앞서 일어난 전쟁 중에서 펠로폰네소스 전쟁(기원전 5세기에 아테네와 스파르타가 벌인 전쟁)을 가장 위대한 전쟁으로 평가한 것입니다.

특히 이것이 트로이 전쟁과 페르시아의 여러 전쟁을 훨씬 능가한다고 간주합니다. 투키디데스는 펠로폰네소스 전쟁의 중요성을 너무 확신한 나머지, 다가오는 세대에도 그럴 거라고 예언했습니다. 이 주장의 근거는 매우 통찰력 있으며, 나름 역사 공부의 가치에 관한 교훈을 던져줍니다.

> "누구나 지금까지 일어난 역사적 사건은 물론, 모든 인간에게 동일하거나 비슷한 방식으로 다시 일어날 가능성이 있는 사건들에 대한 명확한 관점을 갖고 싶을 것이다. 나로 하여금 역사를 유리하게 판단하게 만드는 이런 사건들만으로도 충분하기 때문이다. 그러므로 사실상, 내가 쓴 역사는 한번 듣고 마는 현상 논문이 아니라, 모든 세대에 유용한 재산으로 구성되어 있다"(I.22).[6]

여기서 투키디데스는 자신의 업적을 위대한 역사 법칙 중 하나로 끌어올립니다. 말하자면, 유사 사건들이 끊임없이 반복해서 일어난다는 것이지요. 또는 좀 더 그럴듯하고 유명한 표현을 동원한다면, 역사는 스스로 되풀이됩니다. 바로 이것이 과거로부터 배워야 하는 이유입니다. 우리가 마주치고 있으며 마주치게 될 환경들이 이미 전에 다른 사람들이 직면했던 그것과 닮았을 것이기 때문입니다.

그러므로 특정 역사가의 작품이 모든 세대에 얼마나 유용한 재산

인지 판단하려면, 해당 작품에서 다루는 각각의 사건이 각 세대가 공유하는 경험과 얼마나 밀접하게 관련되는지를 살펴야 합니다. 실제로, 펠로폰네소스 전쟁은 우리에게 시간적으로나 지리적으로 상당히 멀게 느껴집니다. 그러나 이 전쟁에 관해 투키디데스는, 모든 사람이 모든 시대에 걸쳐 직면하게 될 문제들을 탁월하게 묘사하고 있습니다. 이를테면, 동맹과 외교의 복잡한 문제들과 함께 정치, 전쟁에 뛰어든 인간의 심리, 전쟁 전략에 관한 폭넓은 분석, 내전이나 국제전의 정치적이고 전략적인 영향, 다양한 형태의 지도력에서 나타나는 강점과 약점, 평화의 허약함 등이며, 이 목록은 얼마든지 늘려갈 수 있습니다.

나폴레옹 전쟁에서부터 베트남전이나 냉전 시대에 이르기까지, 현대 인류가 겪은 거대한 충돌 중 하나라도 연구해본 사람들은 투키디데스가 말한 내용이 지금도 계속해서 나름의 연관성을 갖는다는 사실에 깜짝 놀랄 것입니다. 역사가 스스로 되풀이된다는 사실을 충분히 이해했기 때문에, 투키디데스는 자신의 시대로부터 시간을 초월하는 요소들을 뽑아내는 동시에, 그것을 통해 우리 시대에도 많은 것을 가르쳐주고 있습니다. 그가 지난 2500년 동안 계속해서 수많은 사람들을 가르치기라도 한 것처럼 말이지요.

성경을 제외하고, 집단 인간성에 관한 연구에서 투키디데스의《펠로폰네소스 전쟁사History of the Peloponnesian War》보다 나은 작품은 거의 없습니다. 투키디데스는 역사를 공부하고 연구해야 할 매우 중요한 이유 하나를 명확하고 구체적으로 보여줍니다. 간단히 말해서, 역사에 상호 연관성이 존재한다는 것인데요. 과거가 현재와 미래를 닮기 때문입니다. 어떤 환경도 인간에게 자주 흔하게 나타나지 않고서는 존재할 수 없으니까요. 또한 이런 관찰은 훌륭한 역사 연구를 한 가지 기준, 곧 현재와 미래에 빛을 비춰줄 기준을 제시합니다.

리비우스는 로마 역사에 관한 기념비적 작품을 만드느라, 40년의 인생을 고스란히 바쳤습니다. 142권으로 구성된 걸작의 서론에는 역사에 대한 칭송과 함께, 다음과 같은 언급이 포함되어 있는데요. 그것은 역사 연구의 가치에 관한 고대인들의 지혜를 토론하는 과정에서 다른 어떤 것보다 나은, 우리에게 꼭 들어맞는 결론을 제공합니다.

고대인들은 두 가지 이유로 역사를 중요하다고 보았습니다. 첫 번째 이유는 역사가 별 수고 없이 얻을 수 있는 광범위한 인류 경험에서 가져온 것이라는 점이고, 두 번째 이유는 그런 경험이 모든 인간이 직면하는 문제들과 연관된다는 점입니다.

"역사 연구는 상처 입은 영혼에게 최고의 보약이다. 역사를 통해 모든 사람이 볼 수 있도록 명백하고 질서정연하게 제시된, 무한할 정도로 다양한 인간 경험에 관한 기록들을 향유할 수 있기 때문이다. 또한 그 같은 기록을 통해, 자신과 조국을 위한 본보기와 경고를 발견할 수 있으며, 모델로 삼아야 할 것을 찾는 동시에 철저히 부패해서 반드시 피해야 할 기본 사항들을 알아차리게 하기 때문이다"(I.1.x).[7]

역사 연구의 기초

고전적인 고대 시대 역사가들은 역사가 주는 엄청난 유익을 설명했지만, 그들이 제시한 것만큼 성공적이지는 못했습니다. 지금까지 살펴본 대로, 그들은 역사가 매우 유용하다는 사실을 잘 알고 있습니다. 하지만 그리스도인들은 그들 대부분이 그 이유를 제대로 설명하지 못했다는 사실에 별로 놀라지 않을 것입니다.

디오도루스는 자의식을 가장 강하게 드러내려고 시도했습니다. 다음과 같은 중요한 질문을 던짐으로써 그는 여러 철학적 토대를 과감하게 고려하려고 했습니다.

"과거의 사건이 현재와 미래와 상응한다는 것은 도대체 무슨 의미인가?"

그는 인간의 보편적 친족 관계에 관한 스토아학파의 가르침을 의지하려고 애썼습니다. 이런 작가들(곧 역사가들)의 열망은 모든 사람을 이끌었는데, 어떻게든 친족 관계로 서로 연결되기는 하겠지만, 각 사람은 여전히 시간과 공간으로 분리되면서도 '하나이고 동일하며, 질서정연한' 인류 공동체에 속해 있습니다. 그러므로 이런 역사가들은 하나님의 섭리를 드러내는 사역자로서의 자기 모습을 진솔하게 보여주었습니다. 하나님은 눈에 보이는 별들과 자연에 관한 질서정연한 배치를 통해 인류를 하나의 공통 관계로 끌어내시고 그러한 피조물의 행로를 각자에게 맞게 지정함으로써 영원한 길로 끊임없이 인도하십니다. 역사도 그렇습니다. 이들은 모든 사람이 한 나라의 국민인 것처럼 온 세계에 일어나는 공통적인 일을, 과거 사건에 관한 자기만의 판단과 그 사건들에 관한 지식의 공동 창고를 토대로 낱낱이 기록했습니다(l.1.iii-iv).[8]

스토아 철학자에게 하나님의 섭리는 모호한 범신론적 힘에 불과

하며, 인류의 친족 관계는 어쩔 수 없이 이 힘에 동참하는 인간의 몸부림에 뿌리를 두고 있습니다. 기독교 변증가들은 서슴없이 고대 스토아 철학자들의 범신론을 어리석다고 몰아붙입니다.

그러나 기독교적 관점에서 평가한다고 해도 우리는 디오도루스 사상의 상당히 많은 부분에 감사해야 합니다. 첫째, 디오도루스는 역사 연구가 모든 인간사에 관해 오랜 세월에 걸쳐 생겨난 규칙성을 전제로 삼는다고 올바로 관찰했습니다. 정말로 소설 같은 특정 상황이 인간사의 여정 가운데 발생한다면, 역사는 그것에 구체적으로 어떻게 대처해야 할지 제대로 알려줄 수 없습니다. 둘째, 디오도루스는 모든 시대와 문화에서 모든 인간이 본질적으로 공유하는 본성이 있음을 올바로 인식했습니다. 역사 연구는 이것도 참으로 전제하고 있습니다. 당시 사람들이 과거의 사람들과 아무 관련도 맺고 있지 않다면, 오늘날 과거의 교훈에서 아무런 적용점도 찾을 수 없게 되기 때문입니다.

디오도루스가 역사 연구에 필요한 두 가지 기본 전제를 통찰력 있게 확인했지만, 그의 스토아 철학은 이를 제대로 설명하지 못합니다. 범신론은 자연의 절대적 다양성에 몰두함으로써 시종일관 쉽게 알 수 있는 질서의 원리를 창출할 수 없습니다.

그러나 하나님의 섭리를 마땅히 그래야 한다는 식으로 이해한다면, 그것을 모든 피조 세계에 대한 삼위일체 하나님의 인격적 다스림으로 이해한다면, 그리고 하나님 형상을 간직한 사람들로서 인류의 친족 관계가 인간의 독특한 신분에 뿌리를 두고 있다면, 디오도루스가 말한 내용이 상당히 정확할 수 있을 것입니다.

그러나 범신론적 힘이 아니라 그리스도 안에서, 모든 피조 세계는 서로 긴밀하게 연합합니다골 1:17. 그리스도 안에서 모든 피조 세계에 대한 하나님의 다스림은 역사 연구의 전제가 되는 모든 시대에 규칙성을 제공합니다창 8:22 참고. 이 또한 역사 연구의 전제가 되는 다른 사람들과 우리의 연관성은, 심지어 다른 시간과 공간 속에 있는 사람들도, 그와 유사하게 인간을 향한 하나님의 설계에 뿌리를 두고 있습니다.

사도 바울은 아테네 사람들에게 이 두 요점을 모두 소개했는데, 그중에는 스토아 철학자들도 있었습니다.

세상 만물을 만드신 하나님, 하늘과 땅의 주님은 사람이 만든 신전에 살지 않으십니다. 마치 뭔가 부족한 게 있어서 사람의 도움을 받아야 하는 그런 분도 아닙니다. 그분이야말로 모든 사람에게 생명과 호흡과 다른 모든 것을 주시는 분이니까요. 하나님께서는 한 조상에게서 모든 인류를 창조하셨고 온 땅 위에서 살게 하셨습니다. 또한 그들이 존재할 시기와 거주할 경계를 정하셨습니다행 17:24-26.

바로 이 하나님, 예수 그리스도의 인격 가운데 그분을 밝히 드러내신 성경의 삼위일체 하나님은 인류 역사의 하나님이십니다. 종교 개혁 시기의 역사가이자 스위스 개신교 장관이었던 장 앙리 메를 도비네J. H. Merle D'Aubigne는 상당한 분량의 걸작 《History of the Reformation》(종교 개혁의 역사)에서 이에 관한 깊이 있는 선언으로 서문을 장식했습니다.

"역사는 그 자체에 허락된 생명력으로 살아가야 하는데, 그 생명력이
란 다름 아닌 하나님이다. 역사에서 하나님을 인정하고 선포해야 한
다. 온 세상 역사는 주권적인 왕의 다스림을 기록한 연대기로 진술해
야 한다."[9]

이런 식으로 역사를 이해해야, 그것이 가치 있고 이해할 만하다
는 것을 알게 됩니다. 그들의 온갖 천재성과 그럴싸한 영향력에도,
고전 역사가들은 역사의 가장 본질적 특징을 제대로 이해하지 못했
습니다. 또 다른 위대한 교회사가 필립 샤프Philip Schaff는 그의 책《필
립 샤프 교회사 전집History of the Christian Church》에서 이를 매우 잘 요
약했습니다.

"우주적 교회라는 개념은 하나님의 유일성이라는 개념과 인간의 하나
됨과 공동 운명체라는 개념을 전제하고 있다. 그런데 이 개념은 고대
그리스와 로마에 거의 알려지지 않았던 것이다."[10]

역사의 중요성

기독교 관점에서, 역사 이해의 중요성은 감히 함부로 헤아릴 수
없습니다. 우리 믿음은 역사, 특히 역사 가운데 행하신 예수 그리스
도의 사역에 의존합니다. 트라야누스Trajan 황제의 로마 통치 시기에
활동한 위대한 역사가 타키투스Tacitus는 '티베리우스 황제 통치 시
절, 총독 본디오 빌라도의 선고로 사형에 처해진 그리스도'를 언급했

습니다.[11]

그러나 우리는 그리스도가 타키투스가 전해준 것보다 훨씬 더 나은 이유로 돌아가셨다고 믿습니다. 우리는 절대 무오하고 유일한 역사 기록인 성경의 증언을 믿습니다. 성경에서 우리는 그리스도가 돌아가셨다는 이야기뿐 아니라, 그분이 우리 죄를 대신 지고 돌아가셨다는 이야기를 읽습니다고전 15:3. 또한 그리스도가 우리를 의롭게 하시려고 3일 만에 다시 살아나셨다는 이야기도 읽습니다롬 4:25. 이런 이야기들이 역사적 사실이 아니라면, 우리의 믿음은 헛된 것입니다고전 15:14. 그러므로 기독교를 가장 두드러지게 구별하는 기본 특징인 복음은, 역사적 문제의 본질입니다.

어떤 사람들은 복음과 역사를 분리하려고 합니다. 그들은 우리 믿음의 핵심이 하나님과 늘 함께하는 관계, 또는 지금 이곳에서 내려지는 결단이라고 말합니다. 신정통주의에서는 갈보리의 그리스도가 역사를 초월한 인물이자, 우리 손에 닿지 않는 곳에 계시면서도 항상 존재하기 때문에 쉽게 알 수 없는 실재라고 가르칩니다. 이런 오해는 20세기의 전환기 무렵 주류 기독교에 영구적 침해를 가했고, 그 문제를 명확하게 주목한 변증가 중에 참 그리스도인이자 고전주의자였던 존 그레샴 메이첸이 있었습니다. 메이첸은 '역사와 분리된 복음이란 상당히 모순된 논리'라고 강하게 주장했는데요.[12] 당시 메이첸을 반대한 사람들은, 오늘날에도 많은 사람이 그렇지만, 참된 종교란 객관적 역사에 등장한 예수님이 아니라 '그리스도인 각 사람 내면에 계신 주관적 예수님'에게 뿌리를 두는 것이라고 주장했습니다. 성경을 기껏해야 읽는 사람의 감성을 일깨우는 도덕 교과서나 신비한 힘을 지

닌 부적으로 치부한 것이지요. 이런 주장의 사실성은 위험천만하게
도 평가절하되었습니다. 메이첸은 이것을 기독교 신앙의 핵심에 관
한 공격으로 정확하게 파악했습니다.

"우리 그리스도인들은 하나님이 명령하신 것만이 아니라, 그분이 행
하신 것에도 관심이 있다. 기독교 신앙은 명령법만이 아니라, 의기양
양한 직설법으로 표현되기도 한다. 우리 구원은 공공연하게 역사에 의
존한다. 성경은 그 같은 역사를 포함하고 있으며, 그런 역사가 진실하
지 않다면, 성경의 권위가 땅에 떨어지는 동시에, 성경에 깊은 신뢰를
두는 우리에게는 아무 소망도 없게 된다."[13]

기독교가 역사적 사건에 기초하기 때문에, 그리스도인들에게 역
사는 매우 중요합니다. 이것이 기독교를 대다수 다른 철학과 차별화
합니다. 메이첸은 이렇게 말합니다.

"신약성경을 공부하는 학생은 일차적으로 역사가가 되어야 한다. 모
든 성경의 중심이자 핵심은 역사다. 성경에 포함된 다른 모든 것은 역
사상 최고 절정에 오르는 한 가지 사건으로 인도하는 역사적 뼈대 속
에서 맞춰지게 된다. 성경은 일차적으로 그 같은 여러 사건에 관한 기
록이다."[14]

복음 자체에 더해, 기독교는 다른 중요한 역사적 주장들로 나아갑
니다. 우리는 창조 시점에서 출발할 수 있는데, 그것은 모든 기독교
세계관의 진정성을 유지하기 위해 확실하게 뒷받침되어야 하는 역사

적 진실입니다골 1-2장.

또한 하나님은 무지개를 만드셔서 확실한 역사의 교훈, 곧 노아를 비롯한 이 땅 모든 육신과 맺은 그분의 언약을 상기하게 하셨습니다 창 9:12-17. 마찬가지로, 유월절 식사는 이스라엘 사람들이 반드시 준수해야 하는 절기로, 이집트에서 이스라엘을 구원하신 하나님이 친히 규정하신 역사적 교훈을 상기하게 하시려는 것이었습니다출 12장. 예수님도 같은 방식으로 새 언약의 유월절을 제정하시고, 제자들에게 "나를 기념하여 이 일을 행하라"라고 명하셨습니다눅 22:19. 옛 언약의 유월절과 마찬가지로, 주님의 성만찬을 거행하면서 우리는 역사적 진실, 곧—이 경우에는—주님이 살을 찢고 피를 쏟으셨음을 기억하라는 명령을 받고 있습니다. 다른 많은 것 사이에서, 유월절에 관한 구약과 신약의 제도는 역사적 교훈을 담고 있습니다.

각종 흉악한 범죄는 역사 지식에 관한 무지에서 비롯됩니다. 아삽은 에브라임의 믿음 없는 자손들이 무장하고 활을 들었지만, 정작 전쟁이 일어났을 때 물러가고 말았다고 상기시켜 줍니다. 그들은 하나님과 맺은 언약을 지키지 않고 그분의 교훈 따르기를 거절했습니다. 하나님이 이루신 일들과 그분이 보이신 기적들을 잊었기 때문입니다 시 78:9-11. 하나님이 행하신 일, 곧 역사를 잊었기 때문에 범죄한 것입니다.

같은 시편에서, 아삽은 역사 속에 나타난 하나님의 영광스러운 행적과 능력과 그분이 이루신 놀라운 일들을 다음 세대에게 가르치라고 부모와 어른 세대에게 권고합니다시 78:4.

왜 그렇게 해야 할까요? 차례대로 다음 세대에게 같은 교훈을 선포하는 것은, 그들이 희망을 하나님에게 두고 그분이 하신 일들을 잊지 않으며 그 계명을 지키게 하는 일입니다시 78:7. 하나님의 계명을 지키는 것과 그분의 일하심을 잊는 것이 직접 대조되어 있는데요. 이런 사실이 역사 연대기에 낱낱이 기록되어 있는 것입니다. 그래서 그리스도인들은 누구나, 반드시 역사를 배우고 가르쳐야 합니다.

또 다른 사례로, 여로보암 시대의 이스라엘 백성이 있습니다. 왕위에 오를 계획의 일환으로, 여로보암은 백성에게 여호와를 예배하는 의무를 소홀히 여겨도 된다는 확신을 심어주면서, 하나님 대신 우상들에게 절하게 했습니다. 이스라엘 백성이 역사를 올바로 기억했다면, 여로보암이 만든 금송아지에 절하지 않았을 것입니다. 그랬다면 금송아지가 그들을 이집트에서 구한 신이라고 여로보암이 명백하게 그릇된 역사적 주장을 펼칠 때, 이를 훨씬 더 정확히 알아차렸을 것입니다왕상 12:28. 역사를 잊은 이스라엘 백성은 어리석은 수정론자에게 너무 쉽게 속고 말았습니다. 우리는 여로보암이 이스라엘 백성을 함정에 빠뜨린 죄악을 피할 경건한 자손을 일으켜야 합니다.

역사 커리큘럼

역사 공부의 책임을 제대로 감당하려면, 먼저 어떤 역사를 공부할지부터 정해야 합니다. 처음부터 고대 역사에 초점을 맞춰야 할까요? 아니면 경제사? 노동조합 역사? 예술사? 기독 교리사? 1960년대 록 음악 역사? 사실 이 모든 역사가 중요하며 그리스도인이 관심 둘 만한 가치가 있습니다.

그러나 어떤 역사는 다른 역사보다 더 기초적이며, 적절한 교육에 필요한 본질이라고 여겨야 하고, 또 다른 역사는 전문가들을 위한 영역으로 분리할 수 있습니다. 존재하는 모든 것에는 나름의 역사성이 내재하기에, 당연히 여기서 모든 역사를 다룰 수는 없습니다. 그래서 몇 가지만 고려할 것이며, 그것도 이론 수준에서만 다루려고 합니다.

최근에는 현대사를 엄청나게 강조하는 경향이 있는데요. 제 추측으로는, 세계사나 서구 역사를 개관하는 수많은 교과서가 줄리어스 시저나 페리클레스●는 아주 간단하고 짤막하게 언급하면서도, 2차대전에 관해서는 광범위하고 장황하게 다룰 가능성이 큽니다.

기독교를 로마제국의 공식 종교로 만든 데오도시우스 1세Theodosius I는 트로이 전쟁과 현대의 중간 정도에 살았습니다. 그러나 교과서 본문에 이 황제가 등장한다 해도, 그 교과서의 중요한 부분에서는 그를 전혀 발견하지 못할 것입니다. 어쩌면 앞쪽 장 중 하나에서 그 이름을 발견할지도 모릅니다. 곧 살펴보겠지만, '고대'를 희생하면서까지 최근 역사를 크게 강조하는 이 같은 커리큘럼 상의 일시적 유행은 심히 유감스러운 일입니다.

세속주의자들은 오늘날 우리와 현대가 훨씬 더 연관되어 있다는 생각으로 이 같은 강조, 곧 인간 사회에 대한 진화론적 관점을 전제하는 주장에 의존합니다. 하지만 그리스도인인 우리는 아무리 시대가 바뀌어도 인간성과 하나님의 길은 절대 변하지 않는다는 사실을 잘 알고 있습니다. 하나님 나라는 계속해서 확장되며, 그분이 마지막

● 고대 아테네의 장군이자 정치가 - 역자 주

대적들을 물리치실 날을 향해 담대히 나아가면서도 그분의 나라와 관련된 역사는 변함없이 일관되게 진행되고 있습니다. 그러나 이런 전제에도, 가장 최근에 일어났다는 이유만으로 특정 사건이 하나님의 계획에서 가장 의미심장한 일이라고 성급하게 결론지을 수는 없습니다.

교사들은 특히 하나님의 계획에서 기념비 같은 역사적 사건에 초점을 맞춰야 합니다. 물론, 가장 중심적인 것은 그리스도의 사역을 둘러싼 시기입니다. 그러므로 새로운 천년의 전환기 무렵 로마의 정치적, 사회적, 지적 역사는 분명 중요합니다. 고대 그리스와 헬레니즘 연구가 이 시대에 관한 배경과 정황을 제공할 것입니다. 마찬가지로 인류사의 여정에서 지울 수 없는 영향을 미쳐온 종교 개혁 시대를 거치면서, 복음의 회복과 함께 르네상스 시대와 동시에 발생한 인문주의에 관해서도 많은 관심을 두어야 합니다. 플라톤, 아리스토텔레스, 어거스틴, 캘빈, 칸트 같은 사상가들의 영향력도 그냥 지나쳐서는 안 됩니다. 초대교회의 박해와 교리 논쟁, 그레고리 1세, 그레고리 7세, 보니파스 8세 같은 로마 교황들, 여러 차례 열린 종교회의, 그리고 그 외 의미심장한 다른 경우들처럼, 교회사에서 그리스도인들이 매우 중요하다고 알고 있는 획기적인 사건들에 관해 세속 역사는 합당한 관심을 보이지 않습니다.

물론 지엽적인 역사도 중요하지만, 앞에서 언급한 사건들과 비교하면, 그 중요성은 전혀 성질이 다릅니다. 지엽적 역사는 그것에 걸맞은 배경에서 해당 사건이 일어난 당대의 논란거리로 한정됩니다. 그러나 우리 지역과 시대에 일어난 사건이나 논란거리는 미래 세대나 다른 지역에 사는 사람들에게 그리 의미심장하게 느껴지지 않을 겁니다.

지엽적인 역사는 몇 세대만 거슬러 올라가면 되는 사건들을 관찰하는 것입니다. 지역에 국한된 역사라고 불러도 무방합니다. 예를 들어, 텍사스에서 자란 아이는 텍사스의 역사를 배워야 하고 미국에서 자란 아이는 미국 역사를 공부해야 하며, 한국에서 자란 아이는 한국 역사를 공부해야 한다는 식입니다.

경제적, 심미적, 정치적, 지적, 또는 사회적 역사 중 어느 것이 더 중요한지는, 이 중 어느 것이 해당 시대를 훨씬 더 크게 지배하게 되는지에 달려있습니다. 이 모든 영역이 서로 연관되어 있음을 생각하면, 쉽사리 중요도를 결정할 수 없을 것입니다. 전통적으로 정치사에 가장 관심을 기울이지만, 최근에는 다른 영역을 더 많이 인식하도록 도우려는 경향이 커리큘럼에 나타나고 있습니다. 르네상스 시대 왕들과 전쟁은 라파엘로나 미켈란젤로, 브루넬레스키 Filippo Brunelleschi ● 같은 사람들만큼 주목할 가치가 없었습니다.

비엔나 의회가 유럽 정치 지형을 완전히 바꾸어놓기는 했지만, 1세기 정도 지난 뒤에는 그 영향을 거의 찾아볼 수 없었습니다. 그런데도, 그와 동시에, 의회가 소집되었을 때, 한 비엔나 시민이 온 세상을 영원히 바꿔놓고 있었습니다. 언젠가 베토벤의 음악, 특히 그의 여러 교향곡 발표가 19세기의 다른 어떤 사건보다 심오하고 지속적인 영향력을 발휘했다는 것이 밝히 드러날 것입니다.

교사들은 가르칠 내용과 함께, 가르치는 방식도 결정해야 합니다.

● 이탈리아 건축가 - 역자 주

우리 목표는 학생들이 언젠가 스스로 역사를 공부하는 모험을 떠날 수 있도록, 필요한 도구를 나눠주는 것입니다. 학생들은 1차 자료와 어떻게 상호작용하며, 역사를 기술한 사람들이 주변 자료를 어떻게 다뤘는지 비판적으로 평가하는 법을 배워야 합니다. 이런 것들이 바로 역사 공부를 위한 도구들입니다. 줄리어스 시저에 관한 정보가 아무리 많이 담겨 있어도, 달랑 지난해 출간된 교과서 하나만 들고 그에 관해 공부한다는 것은 쉽게 납득할 수 없습니다.

역사 공부는 하나님의 백성이 중요하게 추구해야 하는 것입니다. 하나님은 우리에게 그분의 영광을 위해 역사를 배우고 가르치라고 명령하셨습니다. 성실한 역사 교육은 과거 사람들의 경험에서 얻은 지혜를 통해 커다란 복을 누리게 할 것입니다. 기독교 학교는 역사 공부의 중심지가 되어야 하며, 그곳에서 다음 세대는 하나님이 행하신 위대한 일들을 이해하게 됩니다. 그리고 우리 모두의 삶을 완벽하게 주관하시는 하나님을 찬양하는 법을 배우고, 미래 세대에게도 같은 일을 행하도록 가르칠 것입니다.

13강

+

문학 교육의 목적과 방법

더글라스 윌슨

우리 주변에서 흔히 일어나는 혼란은, '느슨한 기준'으로 발생한 문제에 맞닥뜨린 사람들을 괴롭힙니다. 교육자의 소명을 받은 우리에게 느슨한 기준이라는 문제는, 물론 학문적 기준이기는 하지만, 삶의 모든 영역에서 얼마든지 쉽게 드러날 수 있습니다. 기준이 점점 낮아지면서, 많은 사람이 늘 큰 스트레스를 받을 것입니다. 그들은 기준을 올리고 싶어 하겠지요. 고삐를 힘껏 당기고 싶으면서도 한편으로는 다른 사람들이 그 기준을 받아들이지 못할 거라고 걱정합니다. 그렇다면 이제 곤란한 것은, '마땅히 따라야 하는 방식이 무엇인가?'라는 문제입니다. 다른 사람들이 엄격한 기준으로 돌아가고 싶어 하지 않는다고 생각하는 이유 중 하나는, 일부의 반발을, 죽을 때까지 싸워야 하는 결전이 임박했다는 증거로 과장해서 해석하는 것입니다. 그러나 이것은 우리 쪽에서 마음의 평정을 잃는 것에 지나지 않습니다.

우리는 엄격한 기준으로 돌아가면 엄청난 반발을 불러올 뿐 아니라, 겨우 남아있는 영향력마저 잃게 될 거라고 추측합니다. 그러나 세속 교육계를 배려하면서 이런저런 개편안을 별생각 없이 쫓다 보면, 우리 문화가 문학적 고결함과 아름다움이라는 측면에서 더 오래된 학문 영역들에 관해 커다란 혼란을 불러일으키게 된다는 점을 인식해야 합니다. 그런 학문이 설치게 되면, 당연히 격렬한 소동이 일어날 것입니다. 버릇없는 세 살 아이가 결국 따끔하게 엉덩이를 얻어맞을 때까지 소란 피우는 것처럼 말입니다. 이렇듯 어린아이에게는 훈련이 필요하고, 다소 시끄러워지더라도 기본 훈련을 진행해야 합니다. 교육 환경이 총체적 난국을 맞이한 상황에서, 우리는 지금 우리 교육을 고전적이고 기독교적인 탁월성을 보증하는 기준까지 끌어올리려고 애쓰고 있습니다.

이제 '탁월한 교육'이라는 구호는 진부해진 나머지, 탁월함과 거리가 먼 사람들이 자신을 과시하려는 과정에서 외치는 과장되고 헛된 구호로 전락했습니다. 그러나 모조품을 인정하지 않으려고 하다가 진짜까지 내버려서는 안 됩니다. 단지 현행 정부 교육, 곧 공교육의 기만 술책에서도 탁월성을 이야기한다는 이유로, "어쩔 수 없이 형편없는 곳으로 돌아가야 한다"라는 식으로 요구해서는 안 됩니다.

그렇다면 도대체 진정한 탁월성이란 무엇일까요? 우리가 선택할 수 있는 기존 커리큘럼을 언급하기 전에, 탁월성이 바로 고전 지성에 관한 태도라는 것부터 언급해야겠습니다.

본격적으로 특정 커리큘럼을 시작하기 전에, 먼저 학생들에게 초점 맞추기 위해 우리 마음대로 커리큘럼을 재단하지 않아야 합니다. 그래서 해당 커리큘럼에 적응하고 숙달되도록 학생들을 교육해야 합니다. 교육 과정은 우리보다 더 광범위할 뿐 아니라, 현재 세대를 훨씬 초월하는 문제입니다. 교실 뒷자리에서 시큰둥한 표정으로 투덜대는 아이들의 변덕에 끌려다니면 안 됩니다. 그 문제는 호머와 예레미야, 베르길리우스와 아타나시우스, 셰익스피어와 존 번연, 반 틸과 C. S. 루이스 같은 이들에게 맡겨야 합니다. 그리고 이 목록이 보여주는 것처럼, 탁월한 교육이란 문학 교육을 충분하고 넉넉하게 시키는 것을 의미합니다. 이 말이 추상적으로 들리겠지만, 그렇게 할 때 루이스가 다음과 같이 논평한 이유를 이해할 수 있습니다.

"당신은 노예들의 자유와 직업 훈련에서 교육이 본질적 요소라는 사실을 즉시 깨닫게 될 것이다."[1]

요즘 아이들이 이것을 감당할 수 있을까요? 부모들은 어떨까요? 저는 부모들은 물론, 아이들도 잘 해낼 거라고 생각합니다. 그들 모두 자신이 확신하는 바에 용기 있게 임하는 교육자들과 함께 무언가를 해낼 기회를 기꺼이 받아들일 것입니다.

이 기회를 제대로 인식한다면, 학교는 놀랍게 성장할 것입니다. 기준을 타협하면서까지 성장을 추구한다면, 성장은 할 수 있겠지만, 암세포도 동시에 자라날 수 있습니다.

그러나 끝까지 견고히 서 있다면, 엄청난 축복을 경험할 것입니다. 루이스가 한 말을 다시 생각해보십시오.

"더 많은 것을 성취할 수 있는 유일한 사람들은, 너무나 간절히 지식을 얻고 싶어 하는 까닭에, 온갖 주변 상황들이 여전히 호의적이지 않을 때조차도 꾸준히 그것을 추구하는 사람들이다."[2]

이런 사실을 올바로 인식하는 사람들은 주변 상황을 긍정적으로 변화시킵니다. 이런 상황을 만들기 위해 가장 먼저 해야 할 것 중 하나는, 훌륭한 문학 작품에 관한 심미적 감상법을 가르치는 것이 그런 종류의 작품들을 좋아하는 사람들을 위해 따로 마련한 대안이나 선택 과목 정도가 아님을 깨닫는 것입니다. 오히려, 그것은 모든 진정한 교육의 핵심입니다.[3] 그것은 직업 교육뿐 아니라, 고전교육에도 해당합니다.

그리스도인들은 자주 문학과 관련해서 불안한 휴전 협정을 맺습니다. 문학을 가르치는 것이 그리스도인 교육자에게 상당히 큰 문제를 야기하기 때문인데요. 그리스도인 교육자는 한편으로는 하나님 없이, 그리고 세상에 관한 희망 없이도 아주 잘 서술된 수많은 책을, 다른 한편으로는 복음주의에서도 총체적인 커다란 실패를 목격합니다. 때때로 문학에 관심을 보이는 교사들은 어쩔 수 없이 두 가지 대안 중 하나를 선택해야 할 것처럼 느끼게 됩니다. 식사를 준비하면서 독을 넣는다고 소문이 난 유명 쉐프의 요리를 제공하는 것과, 거듭난 공장 노동자들이 준비한 인스턴트 식품을 꾸준히 먹이는 것 사이에서 말입니다. 다른 대안은 정말로 없단 말입니까?

자녀에게 고전 교육을 하기 원하는 부모는 가볍고 수준 낮은 책들을 배우는 과정에 아이를 보내고 싶지 않을 것입니다. 그 책의 저자들이 그리스도인이든 아니든 상관없이 말입니다. 그리고 자녀들이 천국에 가기 바라는 부모는, 박학하고 설득력 있지만, 하나님을 싫어하는 사람들이 만든 책을 읽는 과정에 아이들을 맡기고 싶지 않을 것입니다.

공립 학교와 달리 사립 학교에서 학생들에게 읽기를 탁월하게 가르친다는 사실 때문에 문제가 더 복잡해집니다. 또한 아이들이 읽기를 배우고 나면, 가능한 모든 좋은 책을 섭렵하려고 달려들기 때문에, 그 자체가 중대한 문제를 일으킵니다. 그렇다면 이제 어떻게 해야 할까요? 이것은 갈 곳이 없는 데도 아이들이 모두 외출복으로 말쑥하게 차려입고 집을 나서는 것과 같습니다.

그러나 '완벽한 독서 목록'에 관한 탐색을 본격적으로 시작하기 전에, 특정 원리들을 먼저 숙지하는 것이 매우 중요합니다. 그렇지 않으면, 여러분 학교 학생들의 독서는 건전한 성경 원리들보다 변덕과 개인 취향과 최신 유행을 따라갈 가능성이 아주 큽니다. 이것은 마지막 장에 이르렀을 때 누구나 구원 얻는 책이나, 주인공 여성이 키도 훤칠하고 구릿빛 피부를 가진 경건한 청년과 결혼하는 그럴듯한 이야기를 다룬 책을 말하는 게 아닙니다. 또한 제대로 된 기도 응답 이야기만 고스란히 담긴 책을 의미하는 것도 아닙니다.

그런 책들의 문제는 그 안에 담긴 감성주의가 낭만주의 운동의 백치 어린아이 수준에 불과하다는 것입니다. 그런데 낭만주의 운동이란 성경의 하나님에 대한 전면적이고 철저한 반항이었습니다. 이 감성주의자들의 철없는 소리는 이런 반항의 연장선일 뿐입니다. 비록 그것이 훨씬 덜 강하게 진행되었다고 해도 말입니다. 저술 영역에서 감성주의는 각종 감성을 자극하는 도색 문학에 불과합니다.

우리가 첫 번째로 깨달아야 할 것은, 성경적 사고와 매력적인 글쓰기가 대조적 개념이 아니라는 점입니다. 현대 문화에서 이 둘을 조합하려는 시도가 매우 드물다는 사실은, 지난 세기에 전반적으로 나타난 문화적 배교 이후로 복음주의 그리스도인들을 괴롭혀온 회피주의자 같은 정신 자세를 웅변할 뿐입니다.

하나님을 믿는 그리스도인으로서 우리가 바라는 것은, 하나님 영광을 위해 할 수 있는 모든 일을 과감히 행하는 것이어야 합니다. 이것은 별 의미 없는 기독 서적을 저술하거나 읽어서는 안 된다는 뜻이 아닙니다. 기독교 문학 프로그램은 학생들에게 기독교 서적을 읽히는 수준의 활동이 아닙니다. 그것은 학생들에게 훌륭한 문학 작품을 읽도록 가르치면서, 그리스도인으로서 그런 작품을 읽는 동안 생각하는 법을 익히는 프로그램입니다. 그 시간을 통해 아이들은 하나님의 영광을 위해 정교하게 다듬어진 문장을 감상해야 합니다. 그리스도인으로서 우리는 말씀의 백성이며, 결과적으로 언어를 잘 구사하는 백성이 되어야 합니다. 그러려면 언어를 제대로 이해해야 하고, 그 이해한 바를 잘 활용해야 합니다.

두 번째로 이해해야 할 것은, 성경적 믿음이 단순한 도덕주의와 전혀 다르다는 점입니다. 기독교 서적이라고 할 때 사람들은 흔히 '점잖은 내용을 담은 책'을 생각합니다. 대부분 어린이용 만화에 나타난 기준으로 각색된 동화 이야기처럼 생각한다는 의미입니다.

그러나 이런 책 대부분은 기독교적인 것과 거리가 멉니다. 나이 제한 없이 누구나 볼 수 있는 영화 같은 이교주의나 쾌락주의의 산물일 뿐입니다. 이런 원리를 제대로 이해하지 못한 부모들은 아주 단순한 기준, 곧 불경스러운 말이 포함되어 있는지로 책을 평가하고픈 유혹을 받습니다. 또한 그 과정에서 완벽하게 인본주의적인 일부 도서는 그런 기준을 충족하고, 오히려 일부 훌륭한 기독교 서적은 그렇지 않다는 문제가 생깁니다.

또한 우리의 현대 도덕주의가 성경으로부터 분리되어 있고, 결과적으로 정치적 정당성Political Correctness이나 자존심, 페미니즘, 또는 그와 비슷한 이 시대의 '윤리' 경향에 의해 결정된다는 사실과 관련이 있습니다. 이렇게 되면, 독자는 모두가 추천하는 고전 문학 작품 속 주인공이—그리스도인과 어울리지 않는—모습과 태도로 문제를 헤쳐나가는 광경을 직면하게 됩니다.

세 번째 원리는, 아이들이 하나님 영광에 관해 그리스도인답게 생각하도록 바른 교육을 받고 있다면, 하나님을 모르는 훌륭한 작가들이 쓴 작품들을 읽고 분석할 준비가 되어 있어야 하고, 어느 정도는 그런 작품들을 감상할 준비가 되어 있어야 합니다. 예를 들어, 누구나 마크 트웨인의 작품 속 특정 요소를 감상할 수 있지만, 모든 사람이 작가가 느끼는 절망을 나름대로 이해하고 작품 저변에 녹아있는 사상을 그대로 따르지는 않을 것입니다.

아이들이 읽는 법을 터득하면, 부모는 그들을 그냥 책에 내맡겨 버리고픈 유혹을 받게 됩니다. 이것이 직무 유기는 아니지만, 적절한 교육도 아닙니다. 그리스도인 교사들은 공립 학교 교사들이 영상물을 사용하는 방식으로 책을 활용해서는 안 됩니다. 수준 미달의 아기 도우미나 머리 쓰는 복잡한 일을 하기 싫어하는 사람들처럼 말입니다. 부모뿐 아니라, 부모가 고용하는 교사도 아이들의 내면에 벌어지고 있는 일에 관해 책임을 져야 합니다. 그 자료가 텔레비전이든, 이웃집 아이들이든, 학교 도서관에서 빌린 책이든 상관없습니다. 아무 생각 없이 직무 유기를 범하지 않기 위해서, 부모와 교사들도 부지런한 독서가가 되어야 하며, 어떻게 각종 서적이 아이들의 세계관을 형성하는지 적절히 판단할 수 있어야 합니다. 또한 여기에는 아이들이 충실하게 저작된 문학 작품들을 이해하고 감상하도록 이끄는 것도 포함됩니다.

동시에, 우리는 독서를 단순한 오락 즐기듯 바라보면 안 된다는 점을 인식해야 합니다. (이것은 에드가 앨런 포Edgar Allen Poe가 소개한 그릇된 관점인데, 그는 문학 작품의 교훈적 기능과 교육적 역할을 전적으로 거부했습니다) 가볍게 즐기기 위해 이런저런 것을 읽고 있다고 생각해서, 그러면서도 편안히 쉬고 싶어서, 그리스도인답게 편히 쉬려면 저자와 책이 '안전해야' 하므로, 우리는 말썽이나 논쟁거리, 문제 소지를 포함하지 않는 책들로 구성된 목록을 원합니다. 그래서 안전한 복음주의 도서 목록을 바라는 욕구는, 그 자체가 세상으로부터 영향 받은 것입니다. 기독교적인 것이 아니라, 매우 세속적인 것입니다.

읽고 토론하고 생각해 볼 내용으로 가득한 추천 도서와 그저 포함한 내용에 따라 추천된 도서 간에는 커다란 차이가 있습니다. 이런 주제들을 꼼꼼하게 살펴본다면, 독서 습관이 어떻게 하나님의 영광을 세우고 빚어가는지 아이들에게 낱낱이 보여주는 것이 매우 중요하다는 것을 알게 될 것입니다.

문학과 문화 전쟁

우리는 문화의 총체적 퇴보에 강경한 신학과 변증 정도로 반응하고픈 유혹을 크게 받습니다. 주변에서 벌어지는 일들을 그렇게 바라보려는 일부 그리스도인은 자신이 목격한 바에 관해 다른 사람에게 솔직담백하게 설명하고픈 유혹도 받게 되고요. 이것이 무슨 의미인지 이해하시겠습니까?

교육 관련 내용이 화제에 오르면, 사람들은 당장이라도 '인식론' 특수부대를 졸업하고 싶어 하는데, 그 부대는 전원이 언제든 헬리콥터에 올라탈 준비가 되어 있고, 즉시 항공모함 편대를 떠나 곧바로 특수 임무를 수행할 준비가 되어 있는 것처럼 행동합니다. 물론 이해할 수 있습니다. 진리에 무관심하기 때문에, 현대인들은 그것을 갈고 닦을 시간을 내지 않습니다. 그러나 진리는 너무나 중요합니다. 하나님을 싫어하는 자들이 탐탁지 않게 여긴다면, 그대로 내버려 둔 채, 스스로 그 진리에 대처하는 법을 배우게 하십시오. 아주 특별한 호소이기도 하지만, 문제는 '갈고 닦지 않은 진리는 사실상 진리가 아니다'라는 점입니다. 제대로 가꾸지 않으면, 진리는 타락한 세상에서 본래 모습 그대로 남아있을 수 없습니다. 아름답지 않은 형태로 전해지는 진리는, 더 이상 진리가 아닙니다.

우리는 사랑스럽고 소금으로 맛을 낸 것처럼 맛깔스러우며, 모든 상황에서 적절하고 어울리는 말을 해야 합니다골 4:6. 수사학에 관한 아리스토텔레스의 정의를 믿음으로 적용해야 합니다.

"시인은 세상을 제대로 파악하지 못한 입법자들이다"라는 19세기 영국 소설가 쉘리Mary Wollstonecraft Shelley의 말은, 그녀가 인식한 것보다 훨씬 더 지혜로운 말입니다. 우리는 입법 활동을 통해 미국의 예의범절을 회복하는 운동을 하고 있는데요. 이 모든 일을 끝내고 나면 온통 결점투성이 결과만 남을 것입니다. 심지어 상황이 그보다 더 심각한 경우가 많을 것입니다.

이와 대조적으로 시인과 작가들은, 좋은 쪽으로든 나쁜 쪽으로든, 수많은 세대의 마음을 빚어갑니다. 그러나 지금 여기서 우리는 스스로 아무 문제도 없는 듯한 모습을 보이고 있습니다. 말씀의 백성인 우리는 언어의 달인이 되어야 합니다. 그리스도인은 언어를 탁월하게 다뤄야 합니다. 하지만 우리는 그렇지 못합니다. 이렇게 위태로운 시기에도, 우리는 끈적끈적하고 역겨운 사탕발림을 산더미처럼 쌓아놓고, 달콤하기만 한 말을 바다처럼 흘러넘치게 해서 팔아먹는 데만 열중하고 있습니다. 국제 도서전 같은 곳에서 많은 돈을 들여 집중적으로 광고하거나 홍보하지 않으면, 아무리 훌륭한 책이라 해도 아무도 알지 못합니다.

물론 세속 문학계의 지각없는 상대주의는, 견실한 진리의 뒷받침 없이도 창의적 문학을 할 수 있다는 것을 보여줍니다. 이것은 아주 분명합니다. 그러나 현대 복음주의 진영에 나타난 심미적 우둔함은 우리에게 "든든한 배가 없어도 많은 짐을 실을 수 있다"라고 말합니다. 위대한 작가들을 길러내지 못하는 기독교 학교는 '실패한 학교'입니다.

그러므로 대학 수준에서 무엇과도 타협하지 않고 기독교 인문 교양을 공부할 과정이 절실히 필요합니다. 여기에서 '타협하지 않는다'라는 말은, 성경적 대조에 관한 철저한 이해가, 공부 과정 전체에 스며들어야 한다는 의미입니다. '다른 것'이 성경적 진리만큼 중요하거나, 문학 자체의 자율 영역에서 중요하기 때문에 위대한 문학 작품을 공부하거나 저술하는 것이 아닙니다. 오히려, 그 진리가 너무나 중요해서 모든 곳으로 뻗어가야 하기 때문입니다. 학생들은 어디에서 무엇을 읽든 그리스도인답게 생각하는 법을 훈련해야 합니다. 성경적 대조와 관련해서 생각하는 법을 훈련할 때에만, T. S. 엘리엇이 말한 것처럼 '이집트 사람들의 황금을 빼앗아 사용하는' 법을 터득하게 될 것입니다출 12:35-36.

> "자신과 현대 문학이라는 거대한 분야 사이에 가로놓인 커다란 간격을 올바로 의식하는 한, 우리는 현대 문학에게 해를 당하지 않도록 다소나마 자신을 보호할 수 있으며, 현대 문학이 제공하는 선한 것들을 최대한 뽑아낼 위치에 서게 된다."[4]

그러나 마음속에 이런 대조가 단단히 자리 잡고 있지 않으면, 현대 문학으로 눈 돌릴 때마다 유혹받을 것입니다. 이런 상황에서 학생들에게 대조를 훈련하지 않을 이유가 무엇이란 말입니까? 또한 학생들이 그런 매음굴을 멀리 하도록 말리지 않을 이유는 도대체 어디 있단 말입니까? 왜 우리는 학생들에게 호머와 베르길리우스, 밀턴과 셰익스피어를 가르쳐야 할까요? 왜 성경만 고수하면 안 되는 걸까요?

가장 간단한 답은, 성경에 '집착한' 사람들이 성경을 오해해 왔다는 것입니다. 성경은 우리에게 (모든) 생각을 사로잡으라고 요구합니다고후 1:5. 오로지 성경만 읽는 것은, 결과적으로 성경이 제시하는 바람직한 삶의 양식을 따르지 않는 것입니다. 사도 바울은 자신의 간증을 곁들여, 이방인 아이스킬로스Aeschylu●가 쓴 희극 〈아가멤논*Agamemnon*〉

● 고대 그리스의 비극 시인 - 역자 주

을 인용합니다. 그에게 그런 괜찮은 지적 자극들을 발로 차버리는 것은 굉장히 어려운 일이었습니다. 마찬가지로 성경을 유일한 책으로 삼고 싶은 사람들에게도 그것은 매우 어려운 일입니다.

사실 성과 속의 구분은 존재하지 않습니다. 온 땅과 그 안에 있는 모든 것이 주의 것이기 때문이지요고전 10:26. 결과적으로, 나머지 하나님의 세계와 진리를 분리해서는 어떤 진리도 보호하고 보존할 수 없습니다. 그것은 오히려 진리를 죽이는 일입니다. 성과 속, 신학과 문학 사이에 구분선은 없습니다. 그런 대조는 하나님이 바라보시는 방식으로 온 세상을 바라보거나 바라보기를 거부하는 것 간에 존재합니다. 예를 들어, 〈아이네이드〉를 읽으면서 성경적으로 해석하기를 거부하는 것은, 하나님에게 불순종하는 행동입니다. 신학과 영적인 것에 관해서만 시간을 낼 수 있다는 이유로 그런 작품을 읽지 않는 것도, 진리를 경건주의적 고정 관념으로 제한하는 똑같은 잘못입니다. 경건하지 않은 '바깥' 세계는 제멋대로 반항하도록 방치되었기 때문에, 언제든지 마음대로 믿음을 공격할 수 있습니다. 그래서 루이스가 이런 식으로 말한 것입니다.

"누구든지 자신의 지적이고 심미적인 활동을 전적으로 중단하려고 시도한다면, … 결국 더 나은 문화생활을 즐기려다 단지 더 나쁜 것으로 대체하는 결과를 낳고 말 것이다. 좋은 책을 꾸준히 읽지 않는 사람이라면, 실제로 아무것도 읽지 않으려고 하면서, 오히려 나쁜 책을 읽게될 것이다. 계속해서 이성적으로 생각하지 않는다면, 비이성적으로 생각하게 될 것이다. 심미적 만족을 거부한다면, 결과적으로 관능적 만족에 빠져들고 말 것이다."[5]

이것이 바로 정확하게 복음적 경건주의가 빠진 함정입니다. 문화생활을 거부하는 것은 불가능합니다. 그러기 위한 모든 시도는 비열하고 부도덕한 문화만 양산할 것입니다. 소위 경건주의라는 것이 결과적으로 경건하지 않은 삶으로 인도하기 때문에, 마땅히 그것을 거절해야 합니다. 하나님의 선하심과 위대하심을 제대로 이해할 때, 그이해는 어디서나 학생들을 붙잡아줄 것입니다. 그러므로 학생들은 좋은 책 찾는 법을 배워야 합니다.

문학 가르치는 법

문학 감상의 기초는 읽고 쓰는 능력입니다. 이렇게 말할 수밖에 없는 현실이 비극적이기는 하지만(그래서 어떤 진영에서는 격한 논란까지 벌이는데), 아무리 많은 대학이 그런 교육을 포기했다 해도, 이것은 명명백백하게 자명한 이치이자 변함없는 진실입니다. 모든 교육 과정에서 가장 기본적인 과제 중 하나는 유창하게 읽고 쓰는 능력을 전수하는 것입니다. 이것이 적절하게 이루어지지 않으면, 우리 자녀들은 평생 큰 고통을 당하게 될 것입니다. 결과적으로, 이렇게 말하는 것이 유감스럽기는 하지만, 문학 감상을 가르치는 첫걸음은 읽는 법, 무엇보다 처음부터 책 읽는 법을 가르치는 기초 프로그램을 갖추는 것입니다.

훌륭한 학교는 저학년 때부터 문학과 좋은 책을 강조합니다. 좋은 책을 읽을 시기인데도 초보 수준에 아이를 붙잡고 있을 이유가 전혀 없습니다. 그러나 여기에서도 세심한 주의를 기울여야 합니다. 어떤 사람들은 책에 관한 강조를 '통문자'Whole Language가 의미하는 내용처럼 생각합니다. 실제로, 읽고 쓰는 능력을 키우기 위해 통문자 접근법을 사용하는 것은 완벽한 재앙입니다. 물론 이런 혼돈은 이해할 수 있습니다. 통문자 접근법 교육은 아이들에게 의미를 찾기 위한 읽기를 가르칩니다. 통문자 접근법은 책 전체를 읽으면서 더 커다란 관점에서 맥락을 세심히 관찰하게 합니다. 개별 문자 소리에 집착하지 않도록 격려하고, 낱말 하나하나에 매이는 것은 강조하지 않습니다. 각 낱말의 객관적 의미를 부정하고, 학생들이 본문에 따라 다양한 의미를 창조하도록 격려합니다. 간단히 말해서, 이런 접근법은 반바지를 입고 바니 공룡● 도시락통을 들고 있는 해체주의 문학 이론과 다를 바 없습니다.

적절히 읽는 법을 아이들에게 가르치는 것은 그리 어려운 일이 아닙니다. 지금까지 여러분을 교육한 전문가들이 그걸 어렵게 만들었고, 그 때문에 전체 과정이 뜻 모를 전문 용어로 가려지고 말았습니다. 하지만 사실 관심 있는 부모들이 알고 이해할 필요가 있는 단어는 하나뿐인데, 그것이 바로 '파닉스'Phonics(음성학)입니다.

영어는 음성 언어입니다. 근본적으로 단어의 문자와 소리 사이에 일목요연하게 정리된 관계가 있다는 의미입니다. 여러 다양한 이유로, 대체로 정복자 윌리엄William the Conqueror●● 같은 사람들과 관

● 티라노사우루스를 모델로 만들어진 영국의 유아용 애니메이션 캐릭터 - 역자 주
●● 윌리엄 1세, 노르만 왕조의 시조인 11세기 잉글랜드 국왕 - 역자 주

련 있는, 이 같은 영어의 조직적 연관성은 전혀 깔끔하지 않습니다. 영어는 대수학처럼 딱 맞아떨어지지 않습니다. 다양한 변화와 예외가 존재합니다. '원'One으로 발음하는 단어가 있습니다. 여기서 도대체 어떻게 '우'Wuh 소리를 찾아내는 걸까요? 또 '스루'Through, '바우'Bough, '도우'Though, '커프'Cough, '러프'Rough 등에 있는 '-ough' 소리와 비교해 보세요. 여기서는 '-ough'가 각각 '우'oo, '아우'ow, '오우'oh, '오프'off, '어프'uff 소리로 나타납니다. 지금 우리 앞에 아주 기막힌 언어가 놓여 있습니다.

통문자 접근법 지지자들은, 모든 글자 소리를 가르치려 하면 아이들이 어리둥절해하며 지루해할 거라는 증거로 이런 음성학적 애매함을 지적해 왔습니다. 그러나 이런 온갖 애매함에도 아이들이 기본 음성학적 소리를 기억하고, 왼쪽에서 오른쪽까지 모든 단어를 해독하는 법을 배우고, 이미 구두 형태로 알고 있는 무수한 기록된 단어에 즉각 접근하는 것이 얼마든지 가능할 뿐 아니라, 그게 비교적 더 쉽습니다. 다른 식으로 이야기하면, 음성학적 접근법으로 가르치는 학교에서는 다른 데서 1학년부터 부지기수로 쏟아져 나오는 문맹이 전혀 없습니다.

공립학교에서는 자기 졸업장조차 제대로 읽지 못하는 고등학교 졸업생이 넘쳐납니다. 완전 문맹까지는 아니지만, 아이들이 제대로 배우지 못하고 있다는 사실을 가르쳐주는 몇 가지 다른 공통 지표가 있습니다. 그 가운데 하나는 상당히 많이 오용되는 '난독증'Dyslexia이라는 말에서 찾아볼 수 있습니다. 비슷하게 생긴 글자들, 말하자면 'b'와 'd', 또는 'p'와 'q' 사이의 차이점을 자동으로 구분하도록 주의 깊게 훈련하지 않으면, 아이들은 전혀 그렇게 할 수 없습니다.

상급 학년에서도 계속해서 그런 글자들을 혼란스러워한다면, 아이들은 머지않아 난독증이라는 꼬리표를 달고, (자금 지원을 충분히 받는) 특별 프로그램으로 내몰리게 됩니다. 그런 학생들에게는 특별 프로그램이 아니라 읽기를 잘 가르치는 선생님이 배치된, 모든 것이 제대로 운영되는 1학년 교실이 필요할 뿐입니다.[6]

그러나 이렇게 큰 실패를 했다고 해서 정부의 교육 담당 부서에 의미심장한 회개(?)가 일어난 적은 없습니다. 이 모든 것 뒤에 숨어 있던 범죄자(일견해독법 Look-Say Method)[*]는 이제 주일 예배 때 입는 깔끔한 복장을 하고, '살아있는 책'Real Book이라는 더 커다란 맥락 속에서 통문자 접근법이라고 불리고 있습니다. 그래서 사람들은 교묘하게 속고 있습니다. "우리 학교가 (초보 독자들과 반대로) 좋은 책을 읽도록 강조하기 때문에, 감독관은 주기적으로 통문자 접근법을 사용하지 않는다"라고 말해야 합니다. 이에 관해 실수하지 말아야 합니다. 통문자 접근법은 끔찍한 교수 방식일 뿐 아니라, 교묘하게 기만하는 경향도 있습니다. 아이의 뇌를 혼란에 빠뜨릴 수 있게 허락해달라고 노골적으로 부모에게 요청하는 사람은 없을 것입니다. 하지만 실제로는 그런 일이 매우 교묘하고 빈번하게 벌어지고 있습니다.

주립대학교에서 교육을 전공한 그리스도인 청년이 우리 학교 교사로 지원한 적이 있습니다. 면접 시간에 저는, 그가 지금까지 배워온 통문자 접근법을 어떻게 이해하고 있는지 점검하고 싶어서 이렇

---

[*] 음과 철자를 결부시키기보다는 낱말 전체를 시각적으로 인식하도록 하는 독법에 관한 교수법 – 역자 주

게 질문했습니다.

"학생 중 하나에게 'H-o-r-s-e'(말)라는 단어를 보여준다고 해봅시다. 그런데 그 학생이 'Pony'(조랑말) 같은 단어를 큰소리로 읽는 거예요. 당신이 선생님이라면, 그 학생에게 뭐라고 말씀하시겠어요?"

그는 잘했다고 칭찬할 거라고 대답했습니다. 다른 무엇보다, 개별 철자와 단어를 일일이 들춰내는 것은 통문자를 강조하는 방식과 일치하지 않을 것입니다. 이 청년은—매우 똑똑한 그리스도인일 수는 있겠지만—그동안 배운 어리석은 가르침으로부터 자신을 제대로 지켜내지 못했습니다.

본질적으로 통문자 접근법은 우리의 반항 문화가 객관적 의미에 지속적으로 맞서는 또 다른 면에 불과합니다. 반항적인 이들은 절대성을 암시하고 절대적인 것이 하나님으로부터 비롯된다는 이유만으로, 객관적 의미를 싫어합니다. 우리의 공립학교는 계속해서 하나님(기독교 신앙)과 학교의 분리를 요구해 왔습니다. 이 과정의 종착지는 객관적 의미와 학교의 분리이며, 달리 표현하면, 교육과 학교의 분리입니다. 아직 그 길의 종착지에 도달한 것은 아니지만, 여러분이 있는 자리에서도 그로 인한 결과를 충분히 만날 수 있습니다.[7]

그다음은 무엇인가?

통문자 접근법을 철저히 거부하면, 얼마든지 글을 읽을 수 있는 학생들을 길러낼 수 있습니다. 그러나 글을 읽고 쓰는 능력은, 본질상 저절로 주어지는 복이 아닙니다. 이 능력은 TV 가이드나 닌텐도

게임 설명서, 〈내셔널 인콰이어러*National Enquirer*〉●같은 잡지를 숙지하는 데에도 활용할 수 있습니다. 일단 학생들이 읽는 능력을 갖춘 뒤에는, 사랑할 만한 것들을 사랑하는 법도 가르쳐야 합니다.

> 형제 여러분, 하나만 더 말하겠습니다. 여러분이 신을 믿고 하나님께 인정받는 것에 가치를 둔다면, 무엇이든 참되고 고결한 일, 의롭고 순전한 일, 훌륭하고 칭찬할 만한 일에 마음을 쏟기 바랍니다빌 4:8.

루이스는 이런 식으로 설명합니다.

> "문학은 유용한 것을 가르치고, 기릴 만한 것을 기리고, 기뻐할 만한 것을 감상하기 위해 존재한다. 유용하고 기릴 만하고, 기뻐할 만한 것들은 문학보다 상위에 있으며, 문학은 이런 것들을 위해 존재하며, 문학 자체의 유용성과 영예, 기쁨은 그런 것들에서 파생된다."[8]

적절한 가르침을 받은 학생이라면 훌륭한 문학 작품을 사랑하는 마음도 키워야 한다는 의미입니다. 이것은 문학을 가르치는 교사에게도 동일하게 해당합니다. 선생님이 책을 사랑하고 감상해야 학생들에게 그렇게 하도록 가르칠 수 있다는 것입니다. 사랑은 전염성이 큽니다.

더구나, 우리가 가르칠 책들은 세월이라는 시험을 이겨내야 합니다. 여기에는 두 가지 이유가 있는데요. 첫 번째는, 여러 세대에 걸쳐

● 1926년 창간된 미국의 가십 주간지 – 역자 주

작품의 위대성을 인정받았는데도 반대 상황을 주장하기 원한다면, 반드시 그것을 증명해 내고야 말겠다는 겸손함이 필요합니다. 위대한 문학 작품을 읽는 모든 독자는 세월의 시험을 통과하지 않아야 한다고 생각하는 사례들을 만나겠지만, 겸손은 자기 취향이 아니라고, 자기보다 나은 사람들의 취향에 맞지 않는다고 여겨지는 것이라도 한번 읽어보라고 지시할 것입니다. 아마도 그 외의 수많은 작품은 우리의 보조를 흩뜨리지 않을 것입니다. 이것은 문학 영역에 관한 조상들의 판단이 절대 무오하다는 의미가 아닙니다.

지금 우리가 옳을 수도 있지만, 과거 조상들의 판단에도 적절한 경의를 표해야 합니다. 예를 들어, 《실락원*Paradise Lost*》은 훌륭한 작품이기는 하나—정확하게 말하자면—오늘날 우리가 접근하기는 쉽지 않은 작품입니다. 우리가 부족해서 그런 면이 크지만, 훌륭한 문학 작품인데도 '아주 빈약한 작품'이라고 간단히 결론 내리기가—굉장히 위험할 만큼—쉽기 때문이기도 합니다. 동시에 우리는 동시대의 쓰레기들을 거부하기만 해서는 안 됩니다. 특정 작품이 우리를 도덕적으로 타락시킨다면, 그것이 언제 저술되었든 간에, 그로부터 단호하고 철저하게 돌아서야 합니다.

우리 시대는 윤리적 파산 상태에 처해 있어서, 상당히 많은 학자가 고대에도 '인간이 사악했다'라는 증거를 찾기 위해 고대 문학의 '쓰레기 더미'를 발굴해 왔습니다. 고대 로마의 서정시인 카툴루스 Gaius Valerius Catullus가 쓴 시 중 일부는 지금까지 여러 시대를 거치면서도 정확히 개선되지 않았습니다. 더구나, 실제로는 동시대의 문학을 가르치는 것이 꼭 필요하지도 않습니다.

"동시대 문학 작품들을 읽으며 개인 교사의 도움을 바라는 학생은, 자기 코를 풀 때도 간호사의 도움을 요청할지 모른다."[9]

무엇보다 동시대 문학 작품들은 동시대 독자들을 위해 저술된 것입니다. 그런데 현대 문학은 이를 뛰어넘어 현대 상대주의나 이리저리 휩쓸려 다니는 변덕스러움, 과대광고를 일삼는 출판계의 극도의 뻔뻔함에 잔뜩 물들어 있습니다. 예를 들어, 아주 점잖은 영국 소설가 패트릭 오브라이언Patrick O'Brian의 역사물 표지에는 다음과 같은 과대광고 문구가 버젓이 인쇄되어 있습니다.

"지금까지 저술된 중 최고의 역사 소설!"
"당신은 어떤 문학 장르에서도 오브라이언 같은 작가를 만날 수 없을 것이다!"

와우! 정말 그런지 알아보려면 좀 더 기다려야 할 것 같습니다.

또한 모든 책이 문화적으로 서로 연결되어 있다는 사실을 꼼꼼히 따져보아야 합니다. 특정 화폐 단위를 공유할 때, 이것은 그 사람들이 훨씬 더 쉽게 사고팔고 거래하게 해줍니다. 마찬가지로, 특정 문학 규범은 문학 이해와 과정에서 아주 중요한 요소입니다. 동시대 문화와 동떨어진 책을 읽을 때, 거기서 얻는 유익은 자기만족입니다. 《일리아드》가 읽히고 사랑받을 때, 헤아릴 수 없이 많은 책에 등장하는, 헤아릴 수 없이 많은 자료가 독자에게 열리게 됩니다. 그들은 도처에서 이런 자료를 만나게 될 것입니다. 올바른 책을 읽게 될 때, 그

책을 읽는 순간마다 열리는 수많은 문을 통해 온갖 다채로운 방으로 들어가게 됩니다. 서구 문학 가운데 이 같이 규범적인 작가들은 가히 놓치기 아까울 정도입니다. 이를테면, 호머, 오비디우스Ovidius●, 이사야, 아이네이아스, 호라티우스Horace●●, 예레미야, 아이스킬로스Aescylus●●●, 솔로몬, 소포클레스Sophocles, 초서Geoffrey Chaucer, 셰익스피어, 스펜서Edmund Spenser, 단테Alighieri Dante, 세르반테스Miguel de Cervantes, 밀턴John Milton, 괴테, 존 번연, 제인 오스틴, 휘트먼Walt Whitman을 비롯해서, 다 언급하기 어려울 정도로 많습니다.[10]

이 목록에는 구약성경의 선지자와 별난 괴짜들도 포함되어 있으며, 존 번연 같은 성도나 휘트먼 같은 건달도 포함되어 있습니다. 그런데도 하나님의 섭리로, 이 작가들은 인류의 문학 지평에 신기원을 열어왔습니다. 이것이 우리가 날마다 살아가는 정원이라면, 우리는 거기 정착하여 쉬엄쉬엄 잔디를 깎으며 살아갈 수 있을 것입니다. 그러면서 학생들은 문학에 관해 서로 밀접하게 연결된 몸통을 공부하게 될 것입니다.

그리고 이렇게 할수록, 학생들 스스로 문학 영역에서 우리 문화에 관해 강한 자의식을 가진 상속자로 자라가게 될 것입니다.

"그런데 위대한 문학 작품을 읽으면서, 나는 수천 명 중 하나이면서도 여전히 자신의 모습을 잃지 않고 있다. 그리스 시에 등장하는 밤하늘처럼, 무수한 사람의 눈으로 보기도 하지만, 여전히 똑바로 주목하고

● 로마 시대 시인 - 역자 주
●● 고대 로마 시인 - 역자 주
●●● 고대 그리스 비극 작가 - 역자 주

있는 당사자는 바로 나다. 여기서, 예배하거나, 사랑하거나, 도덕적 행위를 하거나, 점차 무언가를 알아가는 과정에서, 나는 나 자신을 초월하게 된다. 그럴 때보다 더 나 자신에 충실할 수는 없다."[11]

14강

+

수사학 교육의 목적과 방법

더글라스 윌슨

수사학은 명확하고 효과적으로 말하는 기술이자, 아리스토텔레스가 언급한 대로, 가능한 설득의 수단들을 이해하고 활용하는 것입니다. 물론, 명확하고 효과적으로 말하려면 먼저 명확하고 효과적으로 생각할 수 있어야 하지요. 자기가 무슨 말을 하고 있는지 모른다면, 다른 사람의 말도 제대로 이해하지 못할 가능성이 아주 큽니다.

카토Cato●는 이렇게 말했습니다.

"주제를 정하라. 그러면 할 말이 줄줄 흘러나올 것이다."[1]

● 고대 로마의 장군이자 정치가 – 역자 주

그래서 교육의 기초 원리와 논리성에 통달하도록 가르치는 것이 수사학을 가르치는 것보다 선행되어야 합니다.

이것은 분명 모든 사람에게 엄청난 일입니다. 그렇지 않습니까? 현대 통계 교육자들은 비평적 사고 기술 가르치는 것을 아주 중요하게 생각합니다. 질문을 던지고, 서로 다른 의견을 말하고, 진상을 규명하고, 말다툼을 일삼는 상대주의적 풍조는 현대에 대중적이고 보편적인 자세로 자리 잡았습니다. 늘 어떤 해답이 있는지 의구심을 품고 있기 때문에, 제시된 답변에 대해서도 자동으로 비판하게 됩니다. 간단히 말해서, 이것은 '스스로 회의하는' 자신만 신뢰하고, 그 외 모든 것을 회의하는 자세입니다. 유일하게 존중받는 권위는 '자기 자신'이며, 이것은 철저히 주관적인 접근 방식입니다.

왜 질문하는 권위자에게 올바른 질문을 하기 위해, 그의 말을 올바로 경청해야 할까요? 자기 모순적 질문을 사전에 인식하고 적절히 수정해서, 정답에 도달하는 훈련을 받은 사람은 논리적 질문을 할 수 있습니다. 물론 정답 같은 구절을 사용하는 것은, 비판적 사고 훈련을 지지하는 이들을 분노하게 만듭니다. '정답'은 전횡적이고 권위적으로 보이고, 학생의 자존감을 함부로 건드리는 것처럼 보이기 때문입니다. 상당 부분 옳은 주장입니다. 불분명하고 모호한 사고에 기대는 집단에서, 논리는 단연코 포악한 존재로 기능합니다. 그러나 정의로 다스리시는 하나님의 권위에 순복하지 않는 사람들은, 결과적으로 한낱 자기 모순적 권위에 자신을 내어주는 것으로 끝날 뿐입니다.

억지로라도 '비판적 사고 기술'을 심어주려 애쓰는 사람들은 질문자의 권위를 전제로 삼습니다. 그들은 자신에게 가장 유익한 것이 무엇인지 결정하기 전에, 꼼꼼히 따지고 철저히 탐구하고 질문하는 등의 과정을 거칩니다. 이런 접근 방식은 회의하는 사람의 주관적 권위에 기초한 질문이 가장 중요하다고 전제합니다.

그러나 논리적 분석 방식은 논증의 객관적 권위를 전제로 삼습니다. 이런 접근 방식은 타당성 있게 추론한 해답이 가장 중요하다고 전제합니다. 추론하는 사람은 그것이 자신에게 얼마나 유익한지에 아무런 관심을 두지 않습니다. 오히려 그는 자신이 태어나지 않아 그것에 전혀 개입하지 않았다면 어땠을지에 관심을 둡니다. 다른 말로 하면, 건전한 논증 과정에서 추론한 객관적 진리에 관심을 두는 것입니다. 겉으로 드러나는 모양새로는 얼마든지 속일 수 있습니다. '비판적 사고 기술'을 지지하는 사람들의 궤변은 교육자들이 상대주의적으로 순환논법을 맴돌며 '지적으로 들리는 소음'을 일으키게 할 수 있습니다. 그리스도인 교육자가 그것에 휘둘려서는 안 됩니다. 그것은 허공의 가장자리에서 약아빠지고 익살맞은 수다를 늘어놓는 것에 불과합니다. 그런 수다는 고전적이고 기독교적인 학교에서 가르쳐야 할 수사학과 전혀 거리가 먼 이야기입니다.

성경의 맥락에서, 명확하고 효과적으로 이야기하는 것을 명확하고 효과적으로 생각하는 기초와 분리할 수 없어서, 수사학에 관한 강의를 시작하며 이처럼 논리에 관한 이야기를 먼저 꺼낸 것입니다. 불행히도 현대 세계에서 수사학이라는 말이 명확한 사고의 정반대 개념과 깊은 관련을 맺고 있기 때문에, 이런 요점을 분명히 제기하고 강조해야 합니다. 또한 오늘날 수사학이라는 말은 흐리멍덩하고 기만적인 사고와도 밀접하게 관련되어 있습니다.

그럴 때 "온갖 수사만 가득해"라는 말보다 쉽게 반대 논증을 물리치는 방법은 없는 것 같습니다.[2] 이 문제는 여기서 다루려고 하는 주제의 서론으로, 명확하게 정돈된 사고에 호소해야 하는 이유를 구체적으로 설명합니다. 수사학은 불명예의 나락으로 떨어진 학문입니다. 결과적으로, 학생들이 어떤 주제를 다루든지 명확하게 생각해야 한다고 주장하기 전에, 우리는 먼저 이 주제에 관해 명확하게 생각해야 합니다.

수사학의 목적과 방법

대중적 관점에서 수사학은 '과도한 허풍'이요, '의미 없는 이야기' 방식입니다. 수사학이란 용어를 이런 식으로 사용하면서, 정치인들은 스스로 곤경에 빠져들지 않으려고 각종 개념을 대체하는 말장난으로 그 자리를 채웁니다. 간단히 말해서, 대중적 관점에서 수사학은 온통 허무맹랑한 것일 뿐입니다. 이것은 특정 용어가 원래 의미하는 것과 정반대 의미를 얻게 된 매우 주목할 만한 사례 중 하나입니다. 수사학에 관한 이 같은 대중적 정의는, (그에 관한 대중의 혐오를 반영하는데) 미국의 29대 대통령인 고(故) 워런 하딩Warren Harding의 말과 글에서 아주 잘 드러납니다. 관계자 중 한 사람이 이런 말을 했습니다.

"하딩의 연설은 특정 개념을 찾아 온 땅을 두루 헤매고 다니는, 거대한 무리의 웅장한 구절들을 바라보는 것 같은 인상을 남기지요! 때때로 이렇게 두서없이 내뱉고 정처 없이 헤매고 다니는 말들은, 실제로 아무렇게나 헝클어져 있는 사고를 사로잡아, 강제 노동과 과로로 목숨

을 거둘 때까지, 붙잡힌 포로에게 하듯 의기양양하게 그것을 견디게
만듭니다."

20세기 미국의 평론가 멘켄H. L. Mencken은 이에 관해 좀 더 퉁명
스럽게 말했습니다.

"하딩은 지금까지 내가 겪은 사람 중에서 가장 악필이었어요. 그의 글
은 축축하고 맥 빠져서 잔뜩 물을 머금은 스펀지를 기억나게 해요. 또
한 누더기 옷을 한꺼번에 빨아치우는 것 같이 힘겨운 모습을 떠올리게
해요! 그리고, 곰팡내 나는 팥죽, 크게 외치는 야유, 기나긴 밤마다 계
속해서 바보스럽게 짖어대는 개를 생각하게 만들어요. 거기에 무슨 웅
장한 것을 슬며시 끼워 넣는 건 정말 나쁜 짓이에요!"[3]

이런 장광설을 늘어놓는 호언장담은, 그 분야에서 하딩이 단연 탁
월하기는 하지만, 모든 사람에게 공격적이며, 거의 모든 사람이 이것
이 수사학의 훌륭한 모델이라고 생각합니다. 하지만 실제는 전혀 그
렇지 않습니다.

웅변가나 수사학자를 '일반 대중에게 영향을 미치기 위해 연설하
며 능숙하게 말하는 사람'이라고 바르게 정의할 수 있습니다.[4] 그런
대중 연설에 필요한 언어는, 대체로 일반적 강론에서보다 더 고상하
지만, 아무리 효과적이라 해도 그 자체로 별로 관심을 끌지 못하는
경우가 많습니다. 이것은 말하는 사람이 자기 일에 능숙하기 때문이
고, 청중에 대한 적대감을 격렬하게 드러낸다고 해서 특정 기술을 보

여주는 증거가 될 수는 없습니다. 대중 연설의 요점이 청중을 움직이는 것이기는 하지만, 억지로 그들을 물가로 끌고 가려고 해서는 안 됩니다.

물론 우리는 반드시 청중을 고려해야 합니다. 아무리 오랫동안 수사학을 배웠다고 해도, 사람은 태엽 장치를 단 인형이 아닙니다. 청중의 다양한 기호와 가정을 고려하지 않고 계속해서 떠들어서는 안 된다는 뜻입니다. 수사학을 올바로 활용하면, 연설자 바로 앞에 있는 청중은 그 결과를 거의 의식하지 못할 것입니다. 빅토리아 시대 사람들은 지금보다 훨씬 더 화려한 미사여구를 많이 사용했고, 따라서 당시 웅변가나 수사학자는 당연히 오늘날 우리가 원하는 것보다 더 화려하게 말할 수 있었을 것입니다. 그들의 연설문을 읽는다면, 우리는 당시 청중은 눈길조차 주지 않았을 특정 요소들이 유독 우리에게만 두드러지게 눈에 띈다고 생각할 것입니다.

수사학에서 이 같은 빅토리아 시대의 윤색이 본질적인 부분은 아닙니다. 물론, 특정 부류의 청중에게 연설하는 경우에는 그것들도 본질적일 수 있습니다.

수사학은 좀 더 공식적일 때를 대비하여 설계됩니다. 누군가가 명확하게 생각하며 자기 자신에게 혼잣말로 이야기할 수 있습니다. 거실에 둘러앉아 친구들과 수다를 떠는 상황일 수도 있겠지요. 이런 상황에서는 아무리 명확한 사고와 멋진 대화술을 사용한다 해도, 그가 수사학을 활용한다고 생각하지 않을 것입니다. 그러나 적절한 수사학이란, 공식적 상황에서 활용하는 것입니다. 원래 법정이나 공개 토론회에서 활용하는 것이었으니 말입니다.

또한 수사학은 고전 커리큘럼 통합을 위해서도 중요한 논점입니다. 저는 논리적 분석의 중요성을 강조하면서 이 강의를 시작했습니다. 논리적 정확성은 수사학의 본질 자체이며, 커리큘럼에 (그리고 좀 더 일찍부터) 형식 논리 공부가 포함되는 것은 수사학의 커다란 자산이자 본질입니다. 마찬가지로 학교의 여러 다양한 문학 수업 과정에서 시와 함께 위대한 문학 작품을 공부하는 것은, 수사학과 밀접한 관련이 있습니다. 시를 비롯한 여러 훌륭한 글은 연설에서 필요한 표현 방식과 등장인물의 처신을 드러내어, 학생에게 수사학과 관련해서 큰 유익을 누리게 할 것입니다. 수사학은 변증학과도 매우 밀접한 관계를 맺고 있습니다. 성경적 세계관의 빛 가운데 변증학이 온갖 다양한 주제를 함께 엮는 것처럼, 수사학도 학생들 눈에 아주 매력적으로 보이게 할 수 있습니다.

성품도 중요합니다. (소크라테스에 반대한 이들을 필두로) 수사학이 본질적으로 부정직하다고 말하는 많은 사람의 반대에도, 수사학자들이 취하는 전통적 자세는 '웅변가는 반드시 훌륭한 사람이어야 한다'라는 것입니다. 수사학에 관한 고전적 이해에 따르면, 연설자의 성품은 매우 중요합니다. 수사학 훈련 과정에서 연설자의 성품을 포함한 수많은 주제가 서로 함께 엮입니다. 악한 사람은 훌륭한 수사학자나 웅변가가 아니라, 대중 선동가가 될 가능성이 큽니다. 게다가 그는 부르심에 필요한 선천적 재능을 가지고 있어야 합니다.

"훌륭한 연사는 자신의 기술 영역에서 천부적 천재성을 지닌 타고난 연사여야 한다. 그는 이론을 공부하면서, 법정이나 공개 토론회에서 끊임없는 훈련을 통해, 그리고 지속적으로 모방하는 습관을 통해, 그것에 정통해야 한다."[5]

어떤 학교, 어떤 수사학 교사도 하나님이 내려놓으신 것을 억지로 집어넣을 수 없습니다. 동시에 이 같은 것이 별다른 노력 없이 이뤄질 거라고 믿는 천재는, 하나님이 허락하신 재능들을 탕진해버릴지도 모릅니다.

고전 수사학 개관

앞에서 제시한 논증을 제대로 따라왔다면, 수사학이 만병통치약이 아니라는 것을 분명하게 인식했을 것입니다. 웅변가는 획일적인 틀에 맞춘 연설 준비나 모든 사람이 그렇게 틀에 박힌 연설을 듣고 싶어 할 거라는 기대에서 출발해서는 안 됩니다. 이것을 이해하는 것도 수사학 기술의 일부분입니다. 또한 연회를 인도하는 사회나 일반 연설 수업에서 습득한 종류의 얄팍한 연설 기술과 수사학을 연관 지어도 안 됩니다. 그런 긍정적 기술도 분명 수사학의 일부이기는 하지만(예를 들어, 혼자서 웅얼거리지 말라는 것 같은), 올바른 수사학의 개념은 이 같은 단순하고도 평범한 접근 방식을 훨씬 뛰어넘는 것입니다.

키케로는 웅변술을 세 가지 형태로 구분했습니다. 첫 번째는 웅장한 형태의 웅변술로, 거대하고 인상적인 용어로 구성하며 상당히 많은 장식을 배치합니다. 이것이 많은 현대인에게 하딩의 축축하고 맥 빠진 스펀지 같은 연설을 떠올려 짜증나게 할 수도 있지만, 실제로는 전쟁 중인 영국인들에게 행한 처칠의 연설을 생각나게 해야 합니다.

'피와 땀과 눈물' 외에 아무것도 제시하지 않았지만, 처칠의 수사는 수사학의 본질을 통해 영국 국민들을 감동하게 했습니다. 이 같은 고차원적 웅변술은 사람들을 움직이기 위해 설계됩니다.

두 번째는 상당히 덜 고양된 중간 형태의 웅변술입니다. 이 웅변술은 좀 더 편안하지만, 절대 저속한 용어를 내뱉는 쪽으로 퇴보하지 않을 것입니다. 이 형태의 목적은 청중을 기쁘게 하거나 즐겁게 하는 것입니다.

마지막 세 번째 웅변술은 간단하고 평범한 형태라고 할 수 있는데요. 이 형태는 대화 방식을 사용하며, 동시대의 대화법에서 차용한 관용구들을 포함합니다. 이 형태의 목적은 청중을 가르치거나 그들에게 특정 논점을 증명하는 것입니다. 물론, 수사학을 훈련한 학생은 이 세 가지 중 각 경우에 가장 잘 어울리는 연설 방식을 선택할 것입니다.

연설의 '생명'Life은 다음의 방식으로 구분하는데, 그 첫 번째는 착상Inventio입니다. 화자는 먼저 말하려는 바를 정해야 합니다. 두 번째는 배열Dispositio입니다. 말할 내용들을 효과적으로 배열하고 구성해야 합니다. 세 번째는 표현Elocutio입니다. 말하려는 바를 전달할 형식을 정하는 것입니다.

이 세 가지 요소와 함께 강조해야 할 네 번째 요소는 기억Memory입니다. 말할 내용을 기억하기 위해 노력하는 과정이지요. 마지막 다섯 번째는 발표 또는 전달Delivery입니다. 고전 수사학의 다양한 규칙과 구분은 이렇게 정리할 수 있습니다.

이번에는 연설의 구조에 관해 살펴보려고 합니다. 청중에게 가장 먼저 제시해야 할 것은 서론 단계Exordium, 곧 도입 부분입니다. 무언가를 생각하려고 애쓰기 전에 청중은 먼저 연설가의 목소리와 친해져야 합니다. 연사는 올바른 사고 틀로 들어가게 하는 것이 아닌 다른 개념으로 청중을 흔들지 말아야 합니다. 그리고 고전 수사학자나 웅변가는 전달 내용을 크게 구분한 다음에, 다시 세부적으로 구분하는 것을 좋아하기 때문에, 계속해서 서두 형태를 직접적인 것과 간접적인 것 두 가지로 구분했습니다. 예를 들어, 청중이 적대적이고 그들의 저항을 극복해야 하는 경우에는, 간접적인 서두를 활용했습니다.

연설의 두 번째 부분은 사실의 진술 단계Narratio로 해당 사안에 관한 사실을 간략하게 설명하는 것입니다.

"이것이 바로 우리가 이야기하고 있는 바입니다."

그런 다음, 세 번째로 연사는 청중에게 명제Propositio, 즉 연설의 주요 관심사를 제시합니다. 이와 관련된 것이 바로 분류Divisio인데요. 여기서 화자는 해당 주제를 여러 특정 주요 표제로 나눠 제시합니다. 연설이 열일곱 가지 주요 요점으로 구성되었다면, 청중은 아주 혼란스러워 할 것입니다. 그래서 고전 수사학자들은 요점의 최적 숫자를 세 개 정도로 생각했습니다. 이것이 바로 널리 알려진 '세 가지 요점 설교 개요'의 원형입니다.

네 번째, 확증 단계Confirmatio에서는 해당 경우를 지지하는 다양한 논증이 제시됩니다. 18세기 무렵까지 학자와 연사들은 가장 강력한 논증을 맨 마지막에 제시하는 것이 최선이라고 여겼습니다. 그런 다음, 그때까지도 확신을 갖지 못하는 어리숙한 청중이 있다면, 흔히 예상되는 특정 반대를 잠재우거나 그것에 대답하기 위한 논박 단계 Refutatio를 시도하게 됩니다.

당연히 마지막에 등장하는 결론Peroration은 다시 세 부분으로 구성됩니다. 화자는 먼저 지금까지 말한 것을 일목요연하게 요약하고 Enumeratio, 자기 입장을 거듭 되풀이하여 주장한Amplificatio 뒤, 마지막으로 청중의 감정과 감성에 호소합니다Commiseratio.

피터 딕슨Peter Dixon은 이런 구조가, 질서정연하게 제시하고 싶어서 열정적으로 달려드는 고전 수사학자들과 중세 수사학자들이 만들어낸 결과가 절대 아니라는 점에 주목합니다.

"이처럼 정교한 구조적 체계는 상당히 많은 이론 수립 과정과 구체적 경험에 따른 결과물이었다."[6]

여기에서 아주 유용한 유추가 하나 있습니다. 최소한 이것을 지나치게 인위적이거나 부자연스럽게 느끼는 독자에게는 그럴 것입니다. 이 흐름에 따른 연설 개요나 배치가 기본 골격처럼 생각될 수 있습니다. 골격이 훤히 눈에 띈다면, 그 모양새가 아주 이상하게 여겨질지 모르겠습니다. 그러나 이 골격이 이야기에 튼튼한 구조를 제공하면서도 청중에게 보이지 않은 채 존재한다면, 분명 청중에게 커다란 즐거움을 주게 될 것입니다.

수사학 공부에 필요한 수많은 다른 측면들을 여기서 모두 언급하지는 못했습니다. 무엇보다 학생들은 여러 과목을 공부하는 다년간의 과정을 마무리하는 과목으로 수사학을 배우게 될 것입니다. 이번 강의의 핵심은 수사학이 '과도한 허풍'이라는 개념을 거부하고, 수사학이라는 과목의 중요한 몇 가지 요소에 관한 간단한 서론을 제시하는 것입니다. 수사학 공부가 연설에 관한 것이라면, 여기서 언급한 것은 그저 서론Exordium에 지나지 않으며, 이제부터 겨우 현관으로 들어가는 첫걸음을 떼었을 뿐입니다.

15강

+

변증학 교육의 목적과 방법

더글라스 윌슨

강경한 불가지론자와 무신론자 중 일부는 상당 기간 기독교 교육에 몸담았던 사람들입니다. 그중 많은 사람이 수준 높은 기독교 학교에 다녔지만, 그곳에서는 비기독교 사상에 관해 상당히 빈약한 분석을 제시했습니다. 그리고 학생들은 '엄청나게 빠른 속도로 회전하는 칼날 같은' 비기독교 대학에 잽싸게 뛰어들었습니다. 그렇게 되면, 얼마 지나지 않아 교수진의 교묘하고 피상적인 궤변이 '학구적인 이요르'Eeyore● 같은 부모와 목회자, 기독 교사 등을 착착 양산합니다. 물론, 이처럼 반항적 모습이 나타나는 일차적 책임은, 받아들이기 고통

● A. A. 밀른Milne의 동화 《곰돌이 푸Winnie-the-Pooh》(1926)에 등장하는 늘 우울해 하는 늙은 당나귀 – 역자 주

스럽다 해도, 궁극적으로 오랜 세월 일상적인 가정생활에서 그리스도의 아름다움을 드러내지 못한 부모들에게 돌려야 합니다잠 22:6, 29:17. 깊이 있고 참되며, 영향력 있는 그리스도인의 삶이야말로 유일하게 우리 곁에 있는 사람들에게 설득력을 갖는 변증입니다.

그렇지만 우리는 그리스도인의 소망에 관한 대답인 변증학 훈련을 게을리할 수 없습니다벧전 3:15, 고후 10:5. 성령님은 이런 논증 과정을 사용해서 하나님의 백성을 인도하고 빚으십니다. 그러나 수많은 변증학 과정들은 오히려 너무 근시안적이고, 단지 여기저기에 난 구멍들을 임시로 덮으려고 애쓸 뿐입니다. 그저 소수의 평범한 공세를 슬쩍 피하려는 시도에 불과합니다. 하지만 그것은 우리가 성경에서 찾아낸 그리스도인의 마음을 올바로 반영하지 않습니다. 성경은 우리와 학생들을 불러 제 모습을 온전히 갖춘 기독교적 회의주의로 나아가게 하십니다. 그런데, 기독교적 회의주의란 도대체 무엇일까요?

기독교적 회의주의

기독교(적). 회의주의. 둘 다 매우 중요한 용어입니다. 먼저 후자부터 살펴보겠습니다. 흔히 기독교를 조롱하는 자들, 곧 무신론자나 불가지론자, 이와 비슷한 부류를 언급할 때 '회의주의자'라는 말을 자주 사용합니다. 하지만 이것은 끔찍할 정도로 그릇된 인상을 주면서도 정당하지 않은 표현입니다.[1] 이런 일상적 용법에서, 회의주의자는 특정 표준 증거를 기초로 창조와 타락, 구속에 관한 기독교적 가르침을 포함해서, 수많은 종류의 초자연적 주장을 거부하는 사람을 의미합니다. 그들은 삼위일체 하나님의 존재, 예언, 그리스도의 동정녀 탄생과 부활은 물론, 역사적 그리스도의 존재마저 철저히 부정합니다.

그러나 우리는 그들이 올바른 지식에 기초해서 모든 주장을 꼼꼼히 살펴보는 회의주의자가 아니라는 사실을 주목해야 합니다. 그들은 이런 여러 초자연적 주장을 거부하는 수단으로 (과학적, 논리적, 구체적인 …) 지식에 관한 몇 가지 기준만 굳게 붙잡고 있을 뿐입니다. 그러므로 이런 사람들은 지금까지 '포괄적 회의주의자'Global Skeptics라는 용어로 규정되었던 부류가 아닙니다. 포괄적 회의주의자란, 인간을 부정하면 무엇이든 다 알 수 있다고 주장하는 사람들입니다. 세상에 그런 동물은 존재하지 않을 것입니다. 그런데 그들은 어떻게 그런 주장을 할 수 있을까요? 지금까지 회의주의는 지엽적 회의주의자를 지칭할 때 지배적으로 사용되었습니다. 즉 윤리와 초자연적인 것 같은 특정 주제의 지식은 부정하지만, 과학과 수학, 논리학 지식은 부정하지 않는 관점을 말합니다.

이 같은 이해를 기초로, 우리는 초자연적인 것을 조롱하는 비기독교적 비판자들에게 회의주의자라는 딱지를 붙이는 것이 왜 그토록 오용되고 아무 근거 없이 사용되는지 알 수 있습니다. 우리는 지식에 관한 온갖 다양한 주장에 잔뜩 의심의 눈길을 보내면서 합법적 기준에 의지하는 모든 사람을 회의주의자로 불러야 합니다. 회의주의란 용어는 어떤 경우에도 비기독교적 기준에만 사용하도록 제한받지 않습니다. 사실상, 가장 빈번하게 회의주의의 깃발을 흔드는 비그리스도인들은 '극도로 미심쩍으면서도 신비한' 자연이라는 과학과 논리학의 기준을 항상 들먹거립니다. 마치 자신들이 세상의 모든 책임을 감당해야 하는 것처럼 말이지요. 이들은 전적인 신뢰를 받고 싶어하면서도, 정작 지식에 관한 자기들의 기준이 얼마나 적합한지는 거의 성찰하지 않습니다. 지엽적 회의주의가 보여주는 멋진 모습은, 의심과 검증 없이 그냥 특정 개념을 통과시키지 않는다는 점입니다. 지엽적 회의주의는 아주 많은 질문을 던집니다. 이 회의주의는 '임금님은 벌거숭이' 같은 식의 단순하면서도 파괴적인 질문을 수없이 던집니다.

이런 기독교적 관점으로 회의주의 개념에 접근할 때, 결과적으로 등장하는 기독교적 회의주의는 신선한 설득력을 얻게 됩니다. 이는 어떤 비기독교적 주장도 아무 이의를 제기하지 않고 그냥 넘기지 않겠다는 의미입니다. 의심을 면제받을 만큼 가치 있는 것은 없습니다.

결백을 증명할 때까지는 모든 것이 유죄입니다. 비그리스도인들이 논리학과 과학 등에 관해 자기주장을 뒷받침할 이유를 제시할 수 없다면, 우리는 온갖 비기독교적 주장을 공허한 허구와 순전한 신화, 맹목적 믿음으로 치부해야 합니다.

기독교적 회의주의는 우리에게 '지식의 최종 기준은 기독교의 하나님'이라는 사고에 맞지 않는 모든 것에 도전하라고 제안합니다. 기독교가 진실하다면, 이것이야말로 유일하게 합리적인 행동 방침입니다. 하나님 그분이야말로 가능한 모든 진리 중에서 가장 높은 기준이기 때문입니다. 하나님을 뛰어넘는 초월자는 존재하지 않습니다. 그분은 합리성의 대법정이십니다. 상식, 논리, 과학, 교회 같은 다른 모든 진리의 기준이 유용하고 중요한 권위이지만, 모두 성경의 하나님과 그분의 계시를 섬기는 신하일 뿐입니다. 비그리스도인 회의주의자가 진리에 관한 우리의 기준에 난색을 보일 때 우리도 합법적으로 그들의 궁극적 기준에 난감해 할 수 있으며, 그들의 기준이 훨씬 더 의심스럽다는 것을 얼마든지 보여줄 수 있습니다.

기독교 사상과 비기독교 사상 간의 깊은 적대감과 철학적 대조를 이해하지 못하면, 이 같은 총체적 토론을 제대로 이해할 수 없습니다. 우리는 진실하게 살고 살아가기 위해 노력하며 손을 맞잡고 뛰어다니는 두 중립적 당사자가 아닙니다. 성경은 비그리스도인들의 마음과 생각이 하나님에게 적대적이어서, 하나님의 영광을 넘어서려고 애쓰며 그분의 진리를 이기적 야망으로 왜곡하려 한다는 사실을 반복해서 가르쳐줍니다. 진리를 향한 이 같은 적대감 탓에, 그리스도인들은 비그리스도인들의 주장을 의심해야 할 추가적 이유를 갖게 되었습니다. 반역자들이 활개 치며 마음대로 주장하도록 내버려 두는 것은, 매우 어리석은 짓입니다.

그러므로 기독교적 회의주의자와 비기독교적인 회의주의자는, 각종 믿음과 증거를 평가할 때 거의 같은 방식으로 기능하는 진리의 궁극적 기준에 상반된 입장을 고수하게 됩니다. 상대 진영에서 지식에 관해 무언가를 주장한다면, 당연히 양쪽 모두 의심하게 됩니다. 그러나 기독교적 회의주의자는 상대 비기독교인보다 더 급진적 회의주의를 견지합니다. 앞에서 살펴본 대로, 비그리스도인 회의주의자는 지식에 관한 깊이 있고 근본적인 주제들을 거론하지 않을 것입니다. 그리스도인 회의주의자가 특정 비기독교적 체계를 압박하며 파헤치기 시작할 때, 각종 주장이 아주 빠르게 이리저리 흩어질 것입니다. 서로 강하게 응집되어 있지 않기 때문에, 더 정직한 비그리스도인 철학자들은 그런 현실을 잘 알고 있습니다. 그래서 이들은 그런 질문을 그냥 덮어두거나 비켜 가려고 합니다.

그렇다고 그리스도인들이 비그리스도인 사상가들로부터 배울 것이 하나도 없다는 말은 아닙니다. 역사적으로 현대 비그리스도인 사상가들은 수많은 주제 분석에서 그리스도인 사상가들을 완벽하게 따돌렸습니다. 건강한 기독교적 회의주의는 모든 비기독교적 주장을 거부하는 것이 아니라, 그 주장이 성경적 검증을 통과할 수 있는지 정하기 위해 끊임없이 의심하고 도전할 것입니다. 하나님의 일반 은총으로 여전히 남아 있는 진실한 통찰들은 세상에 관한 기독교적 이해를 확립하는 데 상당히 유용할 수 있습니다.

성경 자체가 이처럼 기독교적 회의주의를 더욱 폭넓게 이해할 기초를 제공하고 있습니다. 성경은 비그리스도인이 하나님에 대해 품고 있는 깊은 적대감을 이미 언급했을 뿐 아니라, 지혜에 관한 비기독교적 주장들을 향해 올바른 회의적 태도를 가지라고 권고합니다. 구약 성경에서, 예레미야 선지자는 하나님에게 대항하는 소위 지혜로운 사람들의 회의주의에 관해 이렇게 가르치고 있습니다.

이 땅이 왜 망하였는지, 왜 사막처럼 황폐해졌는지, 왜 행인마저 끊어졌는지, 이것을 알아낼 만큼 지혜 있는 사람이 누구인가? 이 까닭을 말할 수 있도록, 주님의 입에서 직접 말씀을 받은 사람이 누구인가? … "나 주가 말한다. 지혜 있는 사람은 자기의 지혜를 자랑하지 말아라. 용사는 자기의 힘을 자랑하지 말아라. 부자는 자기의 재산을 자랑하지 말아라. 오직 자랑하고 싶은 사람은, 이것을 자랑하여라. 나를 아는 것과, 나 주가 긍휼과 공평과 공의를 세상에 실현하는 하나님인 것과, 내가 이런 일 하기를 좋아한다는 것을, 깨달아 알 만한 지혜를 가지게 되었음을, 자랑하여라. 나 주의 말이다"렘 9:12, 23-24.

마찬가지로 신약에서 사도 바울은 이사야의 예언을 인용하며 아주 회의적인 메시지를 선포합니다.

이런 기록이 있습니다. "내가 지혜로운 자의 지혜를 무너뜨리고 슬기로운 자의 슬기를 물리칠 것이다." 생각해 보십시오. 이 세상의 철학자와 저술가, 비평가들이 보여주는 지혜라는 것이 무엇입니까? 하나님은 이 세상의 지혜를 우스워 보이게 만들지 않으셨습니까?고전 1:19-20.

또한 사도 바울은 통일한 투로 이렇게 말하기도 합니다.

하나님의 싸움에서 우리가 사용하는 무기는 원수의 요새를 파괴하는 강한 힘이 있는 것으로, 인간적인 수준의 무기가 아닙니다. 우리는 모든 거짓된 주장과 사람들이 하나님에 관한 참된 지식에 맞서 내세우는 모든 강력한 변명을 허물며 싸웁니다. 우리는 모든 이가 그리스도의 권위를 시인하게 될 때까지 그 생각을 사로잡으려고 싸웁니다고후 10:4-5.

아무도 우월한 지식이나 사상, 과장된 헛소리로 여러분의 믿음을 망쳐놓지 못하게 주의하십시오. 그런 말은 기껏해야 이 세상의 본질에 관한 사람들의 생각에 근거한 것으로, 그리스도를 무시하는 주장입니다!골 2:8-9.

사도 바울은 비기독교적 사상을 헛된 속임수로, 세상의 유치한 원리를 따르는 것으로, 인간을 척도로 삼는 철학으로 묘사합니다. 비기독교적 신화는 그리스도의 원리와 일치하는 철학과 명확하게 대조를 이루고 있습니다. 바로 그 그리스도 안에 하나님 마음이 깃들어 있고, 진리와 정의의 궁극적 기준이 자리 잡고 있습니다.

요컨대, 기독교적 회의주의자가 된다는 것은 전혀 새로운 것이 아닙니다. 오래되었지만, 그것은 원래부터 기독교 신앙의 일부였습니다. 비기독교적 사상의 적대감과 공허함을 잘 알고 있으며, 그래서 비기독교적 신앙과 그에 따른 궁극적 기준들이 실패한다는 점도 잘 알고 있습니다. 비기독교적 신앙은 궁극적으로 지식을 파괴합니다. 여기에는 그리스도인들이 견지하는 철저하고 급진적인 회의주의가 꼭 필요합니다. 그러나 열매 맺는 기독교적 회의주의자가 되려면, 단편적 방식 대신, 기독교 신앙의 온갖 심오하고 부요한 것에 관해, 변증학을 단단히 훈련받아야 합니다. 지름길이나 우회로는 어디에도 없습니다.

기독교적 회의주의로 나아가는 길

기독교적 회의주의가 내놓는 모든 선포는, 열심히 연구하고 조심스럽게 경청하지 않으면 공허하게 들리기 쉽습니다. 그렇다면 그리스도인 부모와 교사는 변증학을 가르치기 위해 무엇을 어떻게 준비해야 할까요? '신학·철학·변증학 이론·변증학 실천'의 네 가지 영역에서 기초 훈련을 철저히 받아야 합니다.

신학

합당하게 회의하려면, 인간의 자리에서 하나님 마음을 최대한 이해해야 합니다. 물론 그것은 원래부터 끝없는 과제이지만 또 다른 의미에서, 성경에 따르면 우리는 아주 가까운 곳에서 하나님의 '총체적 조언'을 받을 수 있습니다. 부지런히 성경을 공부하는 가운데 삼위일체하나님의 성품과 속성을 점점 더 깊이 이해하게 되는 것이지요. 진리를 제대로 이해하지 못하면, 진리와 거짓을 효과적으로 분별할 수 없습니다. 교회사는 하나님의 백성이 기독교와 비기독교 간 이분법을, 너무나 자주 오해하며 살았다는 사실을 보여줍니다. 그들은 주변 이방 나라들이 섬기던 우상으로부터 마음Mind(생각)을 지키는 대신, 여호와 하나님과 앗시리아, 바빌론, 그리스, '계몽주의'의 온갖 신 간의 근원적 적대감을 올바로 인식하지 못한 채 무작정 그 둘을 혼합하려 했습니다.

그리스도의 교회보다 신학을 배우기 좋은 곳이 도대체 어디란 말입니까? 하나님 나라의 열쇠를 부여받은 뒤로, 교회는 각종 신조와 교리문답으로 기독교 진리를 요약하려고 성실하게 노력해 왔습니다. 신학에 관한 새로운 책을 구하기 전에, 교회에 가십시오. 초창기 에큐메니컬 공의회Ecumenical Counsels와 그 내용이 종교개혁 시대에 더 무르익고 확장된 것을 생각해보십시오. 벨직 신앙고백Belgic Confession과 하이델베르그 교리문답Heidelbereg Catechism, 웨스트민스터 신앙고백 Westminster Confession 같은 여러 교리문답에서, 그리스도의 교회가 성경 메시지를 명확하게 밝히고, 로마 가톨릭과 동방 정교회가 이방 그리스 사상과 타협하지 않기 위해 얼마나 부지런히 노력했는지 알게 될 것입니다. 여러분이 '삼위일체, 성육신, 창조, 타락, 언약, 칭의, 성화, 율법, 성령의 열매, 종말론' 같은 기본적인 신학 개념을 이해하고 있다고 해도, 변증을 잘하기 위해 그렇게 해야 할 수도 있습니다. 본격적인 싸움에 들어가기 전에 현재 변호하고 있는 내용을 정확히 알 뿐 아니라 깊이 사랑해야 합니다.

철학

철학을 아는 것, 특히 비기독교 사상사의 윤곽을 전반적으로 파악하는 것도 튼실한 기독교적 회의주의를 위한 본질적 부분입니다. 일반 변증학은 주로 방어 자세를 취하지만, 기독교적 회의주의는 비기독교적 철학들의 뿌리를 파헤치려고 노력하면서 계속 공세를 취합니다. 그러므로 지속적 공세를 펼치기 위해서는, 상대편을 잘 알아야 합니다. 가능하다면, 그들 자신이 아는 것보다 훨씬 더 그들의 견해를 충분히 이해하고 있어야 하지요. 상대 주장의 미묘한 차이를 제대로 이해하지 못한다면, 그것을 효과적으로 파헤칠 수 없을 것입니다. 전혀 다른 곳에 초점을 맞췄음이 틀림없어 보일 때, 완전히 엉뚱한 싸움을 싸우고 있는 자신을 발견할지도 모릅니다.

철학사에 관해 실용적 지식을 간직한다는 것은, 그리스도를 반대하는 사람들의 생각을 파헤칠 뿐 아니라, 기독교에 호의적인 것처럼 보이는 친구들이 몰래 그런 생각들을 유입하기 시작할 때, 손쉽게 그것을 분별할 수 있다는 의미이기도 합니다. 지난 수백 년 동안 교회가 직면해온 수많은 문제는 이런저런 이방 사상과 시도했던 내부 타협의 산물이었습니다. 아마도 변증학은 그런 맥락 가운데 성도들을 지키는 것을 최우선 목표로 삼았을 것입니다.

마지막으로, 철학과 신학을 공부하는 것은 건강한 추론 기법을 개발하는 데도 아주 중요합니다. 논리학을 배우는 과정 자체도 중요하지만, 적절히 활용하기만 하면, 그와 관련된 논리학 자료들도 매우 유용합니다. 철학과 신학에서 각종 논쟁이 활발하게 벌어진 지난 세기를 자세히 고찰하면서, 가능한 한 가장 멋진 논증 과정 일부를 샅샅이 조사하는 동시에 그와 씨름해볼 수 있을 것입니다. 요즘에는 도서관에서 철학과 세계 종교의 역사를 소개하는 무수한 책들을 얼마든지, 언제든지 구할 수 있으니까요.

변증학 이론

이 주제들은 각각 선행하는 주제들 위에 세워집니다. 신학과 철학의 배경 지식이 부족한 사람은, 건전한 변증학 이론을 제대로 공부하기 힘들 것입니다. 훌륭한 변증학 이론은 진리의 궁극적 기준과 그에 따른 영속적 내부 갈등 등에 관한 비기독교적 세계관을 살펴보기 위한 몇 가지 주요 사항을 가르쳐줍니다.

모든 세계관과 종교, 철학 체계에는 지식에 관한 궁극적 기준과 부수적 기준이 존재합니다(포스트모더니스트들처럼 제대로 지식을 파헤친다고 고백하는 사람들조차 그렇게 주장합니다). 지식의 궁극적 기준은 진리와 거짓, 지식과 단순한 견해를 구분하는 척도입니다. 기독교에는 이런 궁극적 기준으로 성경에 계시된 하나님의 마음이 있으며, 우리도 상식, 지각 인식, 이성, 과학적 방법론, 교회 등에서 다양한 권위를 갖는 부수적 기준을 갖고 있습니다. 비록 성경의 궁극적 권위에 종속되기는 하지만, 이 모든 것도 진정한 인식론적 권위를 갖고 있습니다. 비기독교적 세계관들은 지각 경험, 이성, 신비적 직관이나 그 외의 것에서 궁극적 항소 대상을 찾을 수 있는데, 그게 바로 변증학자가 초점을 맞추는 우상으로 점차 자리 잡을 것입니다. 그들은 그렇게 맹목적으로 신봉하는 기준을 이제 하나님 자리에 올려놓을 것입니다. 철학사에 관한 훌륭한 지식으로 무장된 사람은 그런 궁극적 우상이 어떤 실패를 거두었는지 증명하기 위해 과거와 현재의 무수한 논증을 얼마든지 활용할 수 있습니다.

이런 궁극적 기준을 파헤치며 나아가는 길에는 특정 비기독교적 세계관에 영속적으로 존재하는 내적 긴장감을 확인하는 것도 일부 포함됩니다. 모든 비기독교적 세계관과 종교는 지식에 관한 그 자신의 주장들과 자체적으로 충돌하게 됩니다. 기독교 회의주의자는 이 같은 긴장을 집어내는 눈을 가져야 합니다. 이런 긴장을 묘사하는 방식 중 하나는 객관성과 주관성이라는 용어를 사용하는 것입니다. 이것들은 그리스도인 회의주의자들이 반드시 숙지해야 하는 가장 중요한 단어 중 두 가지입니다.

여기 사용된 것처럼, 이 두 용어 모두 이 세상에 있는 것들을 묘사합니다. 우리가 무언가를 주관적이라고 말할 때, 그 존재는 감정, 꿈, 생각, 소망, 믿음, 취향 따위처럼, 사람 마음속 무언가에 의존합니다. 이 모든 것은 주관적이기 때문에, 누군가가 그 공간을 떠난다면, 그는 자신과 함께 그 소망과 믿음도 가져갑니다. 생각과 감정이 계속되는 것은 오직 그에게 달려 있습니다. 그것들은 그와 별개로 존재할 수 없습니다. 누군가가 선인장이 주관적 대상이라는 어설픈 주장을 펼친다면, 그는 곧 선인장이 자기 마음에서 비롯된 산물이며, 상상력의 결과물이나 그와 유사한 것이라고 주장하는 셈입니다. 마찬가지로 하나님이 주관적인 분이라고 말한다면, 그것은 그분이 한낱 개념에 지나지 않으며 자신의 바깥에 존재하는 특정 대상이 아니라고 주장하는 셈입니다.

그와 대조적으로, 무언가가 객관적이라는 말은, 자기 존재가 우리에게 의존하지 않는다는 것을 의미합니다. 식탁, 자동차, 행성, 다른 사람들, 비누 같이 객관적인 것은 우리와 별개로 존재합니다. 이 세상의 대다수 존재는 어느 한 사람과 별개로 존재합니다. 주관적인 것들과 달리, 객관적인 것은 사람이 특정 공간을 떠나도 여전히 그대로 남습니다(억지로 옮기지 않는다면 말이지요!). 식탁은 항상 그대로 있지만, 제 소망은 저와 함께 움직입니다. 그러므로 누군가 자동차나 컴퓨터, 숫자 2가 객관적이라고 말한다면, 그것은 마음으로 그것들을 떠받치지 않아도 존재한다는 의미입니다.

이런 구분은 이성과 도덕을 이야기할 때 특히 중요해집니다. 이성과 도덕이 인간에게 의존하는, 그러니까 주관적인 것이라면, 사상이나 행실에 관한 보편적 규범은 존재할 수 없습니다. 한편, 이성과 도덕이 인간과 별개로 존재하는 객관적 기준이라면, 그런 지식과 규범이 가능해집니다.

이런저런 형태로, 비그리스도인은 항상 객관적인 동시에 주관적인 지식의 기준을 원합니다. 여기에는 분명 문제가 있으며, 비기독교 사상의 자멸적 성향을 잘 드러냅니다. 몇 가지 예를 들어보겠습니다. 때때로, 초자연적인 것에 비판적인 과학자나 비평가는 논리적이고 과학적인 기준의 객관성과 보편성을 주장하면서도, 이런 것이 무질서하고 진화론적인 자연의 산물이라고 주장합니다. 그렇다면 이런 주장도 객관적이지 않을 뿐 아니라, 각 사람에게 상대적이라는 의미가 됩니다.

마찬가지로, 포스트모더니스트들은 논리와 도덕의 보편적 가치를 부인하지만, 민주주의를 옹호하며 기독교의 도덕성을 경멸하는 과정에서 객관적 기준에 호소합니다. 뉴에이지 운동가들 역시 (특정 객관적 기준에 따라서) 분열적인 모습을 보인다는 이유로 기독교적 도덕성을 악의적으로 정죄할 수 있고, 동시에 선악 간에 어떤 구분도 인정하지 않으려 할 것입니다. 모든 진리가 직관적이고 주관적이라고 주장하기 때문입니다.

왜 그들은 이런 식으로 행동하는 걸까요? 왜 이런 양상이 비기독교 사상에서 일관되게 나타나는 걸까요? 그에 관한 간단한 답변은, 누군가 하나님을 대신하여 지식의 궁극적 기준으로 자신을 옹립하려고 할 때마다, 이런 종류의 긴장이 생겨난다는 것입니다. 이처럼 여러분은 보편 규범을 정하려고 시도하지만(객관성), 세상은 여러분의 지식과 통제력을 훨씬 벗어나 있습니다(주관성). 이것이 바로 반역의 핵심입니다. 곧 하나님을 부인하고 그분 자리를 차지하는 것입니다.

여기까지가 변증학 이론에 관한 아주 간략한 맛보기입니다. 변증학 이론은 훨씬 더 깊이 나아가며, 각종 문제가 점점 더 버거워지지만, 이것은 단지 출발일 뿐입니다. 곧 신학과 철학의 훌륭한 기반에 너무나 밀접하게 의존하는 시작 말입니다.

변증학 실천

실천 없는 이론은 절름발이에 지나지 않습니다. 비기독교적 반론과 상호작용하는 훈련을 받지 않은 사람이, 학생들에게 변증학을 가르치려 해서는 안 됩니다. 물론 이것을 항상 쉽게 찾아낼 수 있는 것은 아닙니다. 그렇지만 몇 가지 대안을 활용할 수는 있습니다.

첫 번째는, 그리스도인과 비그리스도인 사이에 벌어지는 실제 논쟁 기사를 읽어보는 것입니다. 전 세계 기독교 출판사들은 정기적으로 그런 토론을 출판하고 있습니다. 또한 전 세계에서 활동하는 다양한 변증 사역 단체들이 제공하는, 토론이 녹음된 오디오 테이프를 들어볼 수도 있습니다. 경우에 따라 이런 것들이 책보다 더 풍부하고 유익할 수 있습니다. 흔히 실제로 일어나는 상호 작용이 훨씬 생생하기 때문입니다.

더욱 흥미로운 것은 인터넷에서 접할 수 있는 변증 기회들입니다. 특히 변증학을 시작하기 위해 여러분은 공개 토론회나 토론 집단 등에 참여할 수 있으며, 그 안에서 불신자들과 아주 조심스럽고 사려 깊은 방식으로 상호 작용할 수 있습니다. 오로지 이런 논쟁을 위해 개최되는 토론회도 있습니다. 처음에는 사람들이 공개 토론회에서 나눈 대화 내용을 읽어보고, 나중에는 직접 참여해보십시오. 훌륭한 변증은 게임이 아니라는 점을 명심하세요. 그리고 여러분은 그리스도의 대사이며, 항상 예의 바르게 처신하며 대답하도록 부름 받은 사람들입니다.

마지막으로, 변증학을 배우고 가르치는 과정에서, 비기독교적 정기 간행물을 접할 기회가 많다는 점을 명심하십시오. 특히 세속적이고 자유로운 생각을 펼치는 읽을거리가 많다는 점을 기억하세요. 이런 자료들은 대학 도서관에서 찾아볼 수 있고, 인터넷에서도 점차 늘어나는 추세입니다. 몇몇 반기독교적 글에 초점을 맞춘 다음, 거기에 어떻게 변증학 이론을 적용할 수 있을지 세심하게 검토하십시오. 이런 식으로 대략 50개 정도의 반기독교적 기사들을 가지고 토론해보십시오. 공평한 자세를 취하면서도, 어떻게 그런 논증이 궁극적으로 자신을 위태롭게 하는지 보여주려고 노력하십시오. 반론을 글로 정리할 수 있다면, 비그리스도인들의 반응을 살펴보기 위해 특정 인터넷 토론 공간에 글을 직접 올릴 수도 있을 것입니다.

저는 유력한 반기독교 논증들을 세밀하게 읽고 토론하는 것이 고등학생에게 엄청난 유익을 가져다준다는 사실을 발견했습니다. 그것은 기독교적 모양새 대신 진정한 비기독교적 비판에 주목하게 하며, 실제로 상대가 얼마나 연약하고 시시한지 올바로 깨달을 때, 여러분과 학생들에게 더욱 커다란 확신을 불어넣을 것입니다. 여러 해 동안 이런 분석을 하고 나면, 여러분은 "생각해 보십시오. 이 세상의 철학자와 저술가, 비평가들이 보여주는 지혜라는 것이 무엇입니까? 하나님은 이 세상의 지혜를 우스워 보이게 만들지 않으셨습니까?"라는 성경의 선포를 제대로 인식하기 시작할 것입니다고전 1:20.

끝으로, 하나님에게 영광 돌리기 위한 변증학은 여러분이 상상할 수 있는 어떤 것보다 더 그분을 경배하게 할 것입니다. 이때, 진실로 여러분은 마음과 뜻과 힘을 다해 이렇게 말하게 될 것입니다.

내가 주님과 함께 하니, 하늘로 가더라도, 내게 주님 밖에 누가 더 있겠습니까? 땅에서라도, 내가 무엇을 더 바라겠습니까? 내 몸과 마음이 다 시들어가도, 하나님은 언제나 내 마음에 든든한 반석이시요, 내가 받을 몫의 전부이십니다시 73:25-26.

Repairing the Ruins

3부

이 시대에
효과적으로 적용하기

16강

+

권위의 이해: 정관, 정책, 지침

더글라스 윌슨

성경적 권위의 작동 원리에 관한, 여러 역사적이고 신학적인 이유들은 우리에게 왜곡된 인식을 안겨주었습니다. 특히 교육 과정에서 상당 부분 그러한데요. 이 문제를 제대로 깨닫는 것은 아주 중요합니다. 그래야 교육 과정에서 우리 자녀가 그 문제를 고스란히 물려받지 않도록 막을 수 있습니다. 그리스도인들은 권위의 본질을 제대로 이해하기 위해 애써야 하고, 그 과업이 바로 진정한 성경적 교육을 회복하는 과정의 핵심이라는 점을 똑바로 이해해야 합니다.

권위는 두 가지 방식으로 작동하는데, 불행히도, '올바른 권위'를 회복하려고 노력하는 사람들조차 단지 그 절반만 회복할 뿐입니다. 그 절반은 권위자가 다른 사람에게 명령하게 하는 것과 관련됩니다. 그러나 지시하는 데서 얻는 것만큼 지시받는 데서도 기쁨을 누리지 못한다면, 그 사람은 권위에 대한 성경적 관점을 가지고 있지 않은 것입니다. 순복이란 모든 그리스도인에게 요구됩니다. 순복할 줄 모른다면, 지도자에게 전적으로 자신을 맡길 줄 모르는 것입니다.

그러나 교육이라는 과업을 직접 지탱하는, 몇 가지 추가적인 미묘한 문제들이 있습니다. 대다수 기독교 학교들은 집단 지도 체제, 즉 학교 운영위원회의 권위에 따라 운영됩니다. 그런데 예수님은 두 주인을 섬길 수 있는 사람은 없다고 가르치셨습니다. 그렇다면 도대체 어떻게 이 가르침이 집단 지도 체제와 조화를 이룰 수 있을까요? 집단 공동 지도 체제라는 형태는 분명히 성경적입니다(예를 들면, 교회에는 그것이 필요합니다). 그렇다면 도대체 이처럼 복수의 권위, 즉 모두 동일한 책임을 감당하고 있는 사람들의 권위 아래 있는 관리자, 교사, 교직원, 학생들이 전혀 다른 방향으로 끌려가지 않는 것이 어떻게 가능하단 말입니까? 비극적이지만 수많은 학교에서 이렇게 다른 방향으로 끌려가는 것은 서로 헐뜯고 분리하는 짓입니다.

성경적 권위 체계가 잘 세워졌다면 집단 지도 체제가 한목소리를 낼 것입니다. 몇 가지 예를 들어 살펴보겠습니다.

운영위원회가 교과서를 선정하기 위한 일련의 절차를 밟고 있다고 해봅시다. 여러 차례 모임을 거치면서 다양한 출판사의 가치에 관해 면밀하고도 열띤 격론을 이어왔습니다. 그러나 드디어 결정을 위한 투표일이 다가왔고, 운영위원회는 마침내 결론을 내렸습니다. 이제, 소수 의견을 개진한 운영위원이라도 최종 결정에 순복해야 할 뿐 아니라(어쨌든 분명히 그렇게 해야 합니다), 그 결정을 지지해야 합니다.

이런 생각을 하면 끔찍해집니다. 그래서 사람들은 성경적 방식으로 권위에 접근하면서, '최악의 시나리오'를 성급하게 꺼내 들고 이렇게 주장합니다.

"그러나 문제의 교과서가 '사탄과 자식들'Satan & Sons에서 나왔다고 생각해 보세요. 그렇다면, 우리가 기독교 학교의 입맛에 맞춘 인본주의자들을 양산하고 있다는 뜻이 아니겠어요?"

물론 정답은 이때가 바로 (경건한 그리스도인이라면) 운영위원회에서 반드시 사임해야 할 시점이라는 것입니다. 인간적 권위에 대한 순복이 하나님에게 불순종하는 것이 되는 경우가 있습니다. 어떤 인간적 권위도 절대적이지 않습니다. 어떤 인간적 권위도 합법적으로 절대복종을 명령할 수 없습니다.

그러나 운영위원회에 순복하는 것이 불가능하다면, 그 위원회에 계속해서 머무는 것도 불가능합니다. 합법적으로 그 가운데 머물려면, 반드시 순복해야 합니다. 누구도 중립 지대에 머물 수 없으며, 이것은 소란을 피우고 불순종하도록 내버려 둘 만큼 중대한 쟁점이라거나, 그 자리에 그대로 머물도록 내버려 둘 만큼 사소한 문제라고 할 수 없습니다.

더 나아가, 여러분이 지금 새로운 교과서를 발표하는 회의에 참석하고 있다고 가정해봅시다. 소수 의견을 가진 운영위원이 회의를 주재하고 있고, 뒷자리에 앉은 한 학부모가 반대 의사를 표시하고 있습니다. 그 학부모는 다른 교과서를 골랐어야 하는 일곱 가지 절대 이유를 목청껏 소리높여 열거합니다. 그것은 바로 지난주 열린 운영위원회에서 의장 자신이 제시했던 것들입니다. 지금 그 의장이 나머지 다른 위원들의 선택을 공개적으로 지지한다면, 이제 그는 권위에 대한 성경적 관점을 가진 것입니다.

그것은 다수의 결정이 아니라, 전체 운영위원회의 결정이었습니다. 다수결이란 전체 운영위원회가 특정 결정을 내리기 위해 선택한 수단일 뿐입니다. 안건이 상정되면 전체 운영위원회는 그 투표에서 만장일치든 아니든 간에 결정을 내립니다. 그런 결정에 동참하는 것이 죄라면, 경건한 운영위원은 그 운영위원회를 떠나야만 합니다. 반대로 죄가 아니라면, 그 운영위원은 자존심을 꺾고, 이렇게 말해야 합니다.

"우리는 ~라는 이유로 이 교과서를 선택할 수밖에 없었습니다."

두 번째 본보기는 가정에서 살펴볼 수 있습니다. 아버지와 어머니 모두 자녀에 대한 권위를 갖고 있습니다. 자녀 중 하나가 아버지에게 훈계를 받았다고 해봅시다. 그런데 어머니는 아버지의 훈계 방식에 불만을 갖고 있습니다. 이 같은 우려를 공개적으로 당장 표현해야 할까요? 아닙니다. 부부 둘만 있는 자리에서 개인적으로 해야 합니다.

자녀와 관련된 문제에서 부모는 항상 한목소리를 내야 합니다. 부모가 자녀에게 일종의 집단 지도 체제로 기능하기 때문이지요. 그러지 않으면, 자녀들은 부모 사이에서 줄타기 하는 법을 아주 재빨리 터득하게 됩니다. 마찬가지로 학교의 학부모 집단도 둘로 나뉜 운영위원들 사이에서 줄타기하는 법을 신속하게 터득할 것입니다.

집단 지도 체제에서 한목소리를 낼 수 있는 것은 오로지 이런 방식, 곧 참된 순복을 통해서만 가능합니다. 그 안에 담긴 의미를 고려하면, 참된 순복은 모든 사람에게 매우 유익합니다. 그러므로 기독교 고전 교육 학교의 운영위원회는 처음부터 권위에 관해 잘 이해하고 있어야 합니다. 앞에서 나눈 대로, 운영위원들의 성경적 권위에 관한 지식은 집단 권위에 속한 개별 운영위원 각자가 그 권위 아래에서 어떻게 행동하는가로 측정됩니다. 집단 권위라고 해서 개별 운영위원 숫자만큼 많고 다양한 목소리를 내는 것은 아닙니다. 모든 경건한 집단 지도 체제는 한목소리를 내야 합니다. 이것은 목소리를 낸 후에 전체 결정에 전적으로 순복하겠다는 의미이고, 순복이 도덕적으로 불가능하다면 그 운영위원회에서 분명하게 탈퇴하겠다는 의미입니다.

문제는 다른 방식으로도 얼마든지 불거질 수 있습니다. 어떤 운영위원들은 자기 생각을 큰 소리로 떠들기 좋아합니다. 그래서 한 사람의 운영위원이 제시하는 여러 견해가, 생각보다 훨씬 큰 영향을 발휘하고 훨씬 큰 피해를 미칠지 모릅니다.

"학생들을 세 시가 아니라 세 시 반에 귀가시켜야 한다고 생각해요. 물론 제 생각일 뿐입니다."

운영위원 사이에서 공개적으로 의견 차이를 드러낼 때 여러 다양한 문제가 생겨날 수 있습니다. 문제는 의견 차이 자체가 아니라(건강한 운영위원회라면 이것이 꼭 필요합니다), 그것을 공공연하게 떠벌리고 다니는 것입니다. 토론과 의견 차이는 반드시 운영위원 회의 안에서 해결해야 합니다. 개별 운영위원과 관리자 사이에서는 절대 격론이 벌어져서는 안 됩니다. 의견 차이가 있다면(물론 당연히 있을 것입니다), 그 관리자는 언제나 운영위원회에 자신의 신념을 상세히 피력할 기회를 가져야 합니다. 운영위원회는 관리자의 신념이 무엇인지 제대로 검증할 뿐 아니라, 그 토대가 무엇인지 알아보기 위해 언제든지 자유롭게 질문할 수 있어야 합니다. 어떤 상황에서도 운영위원이 관리자에게 시비를 걸도록 내버려 두어서는 안 됩니다. 이런 견해차가 전체 운영위원회에서 나오는 것이 아니라고 느꼈다면, 무엇보다 한 운영위원이 관리자에게 그런 식으로 이야기하고 있는데 다른 운영위원들이 그렇게 하도록 내버려 두고 있다고 느꼈다면, 그 관리자는 사실상 이상한 사람이 되고 말 것입니다.

먼저 관리자의 이야기를 철저히 듣고, 그런 다음 해당 쟁점을 운영위원회 안에서만 토론하고, 관련 내용이 밖으로 여과 없이 흘러나가게 해서는 안 됩니다. 그런 토론은 건강하고 필수적인 부분입니다. 그것이 바로 운영위원회가 올바로 생각하는 방식입니다.

그러나 이런 식으로 생각을 정리한 뒤에는, 그에 따른 적절한 조처를 해야 합니다. 학교와 관련 있는 모든 사람과 더불어, 운영위원회는 실질적 조치에 포함되는 요소들을 명확하게 이해해야 합니다. 여기에서 말하는 실질적 조치란, 운영위원회에서 논의하는 안건만을 의미하지 않습니다. 로고스학교에서는 그것을 다음과 같이 규정하고 있습니다.

> "정식으로 소집된 회의를 통해, 특정 안건이 제출되어 재청을 받고, 토론과 적절한 투표 절차를 거쳐 통과되고, 곧바로 착수되도록 정식으로 승인될 때, 운영위원회는 공식적으로 실질적 조치가 취해지고 있다고 판단할 것이다."[1]

이 정관은 '계속해서 (운영위원회에서) 검토·합의·토론 과정을 거치고 있는 것은 아직 운영위원회의 공식 조치로 인정하지 않는다'라는 사실에 주목합니다. 이 기준이 충족되지 않는다면, 운영위원회가 아무 조치도 취하지 않은 것입니다.

그러므로 이제부터 정관과 함께 모든 학교 정책은 운영위원회에서 조처한 것으로 여길 수 있지만, 모든 운영위원회 조치가 정관이나 정책의 범주에 있는 것은 아니라는 점이 명확해져야 합니다. 예를 들어, 운영위원회가 누군가를 고용하기 위해 투표하는 것은, 그것이 운영위원회에서 내린 조치이긴 하지만, 정관이나 정책이 아닙니다. 더구나 운영위원회 조처라고 여길 수 있는 사항은 곧바로 확증되어야 합니다. 그렇지 않다면 운영위원회에서 한목소리를 내지 못한 것이고, 운영위원들의 다양한 견해는 단지 개인 의견일 뿐입니다.

학교를 세우는 과정에서 정관과 정책, 지침을 각각 승인하는 것에 최우선순위를 두어야 합니다. 이런 내용을 명확하게 정의하고 공인하지 않은 채 학교를 설립하는 것은, 큰 재앙을 불러들이는 것과 같습니다. 교칙 없이 설립되고 운영되는 학교들은 아마도 관리자나 운영위원회에서 임시방편으로 결정한 것에 따라 그럭저럭 굴러가고 있을 것입니다. 그로 인한 일관성 없는 모습은, 학교 운영 전반에 큰 피해를 줍니다. 흔히 그런 학교들은 탈무드처럼 수많은 조항으로 채워진 두꺼운 정책 교범을 갖고 있는데, 이 교범은 지나치게 세세해서 오히려 임시변통으로 결정하게 만들어 혼란만 초래합니다.

적절한 정관과 정책, 지침을 제정하려면, 운영위원회가 자기 본분과 각자의 권위 수준을 정확하게 파악해야 합니다. 정관은 운영위원회를 포함하여 전체 학교 공동체를 관할합니다. 정책 교범은 학교 내부 조직의 운영을 관장하며, 운영위원회가 관리자들에게 제시하는 방향을 참조할 일차 자료입니다. 지침은 교사와 학생, 그리고 다른 사람들을 지도할 때 학교 관리자들이 초안을 만들어 실행하는 것입니다.

정관By-Laws

정관은 전체 운영, 특히 운영위원회를 관할합니다. 운영위원회가 권위에 대한 성경적 관점을 견지하는지, 기꺼이 스스로 순복할 준비가 되어 있는지를 공개적으로 밝히는 것이 바로 이 지점입니다.

학교가 성경적으로 운영되고 있다면, 당연히 법에 따라 운영될 것이며, 자신의 역량에 따라 운영하는 개인에 의존하지 않을 것입니다. 물론, 특정 유형의 경건한 운영위원이 성공적인 학교 운영에 꼭 필요하긴 하지만, 신뢰할 만한 개인의 가장 중요한 특징 중 하나는 자신을 과신하지 않으며 교칙에 따라 학교에 순복하기 원한다는 점입니다.

정관에서는 다음의 내용을 명확하게 정립하고 규정해야 합니다.

- 학교명과 목적, 신앙 선언문
- 운영위원 구성, 구성원의 자격과 선임 방식
- 운영위원회 내부 조직(의장, 부의장, 간사 등)과 임명 원칙, 운영위원의 제명 절차
- 특정 형태의 사업을 위한 실행위원회를 설치할 수 있는 운영위원회의 권한
- 임시 특별 회의와 운영위원회의 정례회 개최 방식
- 회의 진행 절차, 의결 정족수, 비공개회의 개최 절차 등의 관련 사항
- 운영위원회의 실질적 조치를 구성하는 요건
- 회계 업무와 관련된 책임 영역, 곧 예산, 재정 보고, 재정 결산 관련 사항
- 기금 모금 관련 사항

- 각종 계약, 대여, 청구서, 지불 명령서, 적립금 관련 사항
- 학교의 회계연도

마지막으로, 정관의 개정 절차도 규정해야 합니다. 운영위원회도 정관의 권위 아래 있기 때문에 학교 구성원들에게 변경하려는 내용의 성격이나 개정의 당위성을 충분히 공지하지 않은 채 마음대로 정관을 수정할 수 없습니다. 구성원들에게 반응할 기회를 전적으로 부여하지 않았다면, 어떤 것도 변경하도록 허용해서는 안 됩니다.

다시 말해, 정관을 개정할 권위를 가진 주체이기는 하지만, 운영위원회 역시 정관에 책임을 져야 하므로, 그 일을 은밀하게 진행해서는 안 됩니다. 이것은 공개적으로 책임을 나누기 위한 것이며, 이런 목적을 어떤 식으로든 회피해서는 안 됩니다.

정책 Policies

정책은 운영위원회에서 결정하는 것으로, 운영위원회의 실질적 조치를 규정하고 관리자들에게 방향을 제시하는 가장 중요한 수단이기도 합니다.

헌신적인 운영위원회가 흔히 저지르는 실수는, 지나치게 세부적인 운영에 관여하는 것입니다. 운영위원들은 대부분 학교를 운영하고 관리하는 방식에 상당히 관심이 많은 헌신된 사람들입니다. 분명 나름 바람직한 모습이기는 하지만, 관련된 모든 사람이 경계선을 부주의하게 여긴다면, 운영위원회는 화장실에 휴지를 걸어놓는 방법 같은 사

소한 것에 골몰하게 될 것입니다. 운영위원회는 어떤 식으로든 학교의 일상 운영에 얽매이지 않고 초연해야 합니다. 운영위원회가 너무 깊이 관여하면, 끊임없이 벌어지는 위기관리에 매달리며 계속해서 관리자를 괴롭힐 것입니다. 운영위원회가 펼치려는 사업을 적극적으로 실행하기 위해 고용한 사람이 관리자인데도 말이지요.

운영위원회는 즉흥적으로 움직이지 않아야 합니다. 운영위원회는 초연하고 객관적이며, 당당하고 냉철해야 합니다. 열정적으로 학교의 비전에 헌신해야 하지만, 운영위원회의 임무는 그 비전을 명확하게 전파하며 그것을 모두에게 위임하는 것입니다. 비전을 집행하는 실행위원이 되려고 해서는 안 됩니다. 관리자의 영역을 침범하는 운영위원회는 훌륭한 관리자를 키워낼 수 없으며, 훌륭한 운영위원회도 되지 못합니다.

학교 운영 방식을 바꾸기 원한다면, 운영위원회는 문제(로 여겨지는) 상황을 언급하는 정책을 통과시키고 다른 모든 상황의 지지도 받아야 합니다. 운영위원회가 변화를 꾀하는 또 다른 방법은 정책을 다루는 과정에서 커다란 상위 범주에 관심을 두는 것입니다. 학생이 결핵에 걸렸을 때, 그와 관련된 올바른 반응은 결핵을 넘어 전염병 정책 차원으로 나아가는 것입니다. 그런 정책을 마련함으로써 운영위원회는 특정 상황에서 관리자가 어떤 조처를 해야 하는지 충분히 숙지하도록 도울 수 있습니다.

개별 사안이 운영위원회에 상정되는 경우는 극히 드물어야 하며, 관리자가 먼저 정책을 실행해본 결과를 가지고 논의해야 합니다. 예를 들어, 운영위원회가 퇴학 처분에 관한 특정 정책을 갖고 있다고 가정해봅시다. 그것은 두 학기 연속으로 성적이 일정 기준에 미치지 않는 학생을 해당 프로그램에서 탈락시킨다는 내용을 담고 있습니다. 학교 정책이 그렇다면, 관리자는 자신의 지침이 있어도, 그런 일이 발생할 때 해당 학생을 탈락시킬 것입니다. 그럴 때 학생의 부모가 이의를 제기하려 한다면, 운영위원회에 직접 민원을 제기할 수도 있겠지만, 민원이라는 수단을 통해서만 운영위원회에 접촉할 수 있음을 명확하게 하는 것이 중요합니다. 그러나 운영위원회는 처음부터 상황을 잘 알고 있으므로, 이 일에 직접 개입하지 않을 것입니다.

훌륭한 정책 교범은 정관에서 정한 몇몇 경계선을 반복해서 언급하고, 나아가 학교를 운영하기 위한 조직도 제시할 것입니다. 정책 교범에는 학교의 신앙고백문을 명시해야 하며, 계속해서 학교의 교육 철학을 진술하는 가운데, 학교에서 실현하려고 하는 바를 담은 책이나 논문, 기사 등을 언급해야 합니다. 이것은 교직원 훈련을 위한 기초로, 정책 교범에 명시된 자료의 사용을 정식으로 허가하는 동시에 그것이 꼭 필요하다는 것을 표현하는 것입니다. 예를 들어, 로고스학교의 정책 교범에는 〈잃어버린 배움의 도구〉와 《일곱 가지 교육 법칙》이 언급되어 있습니다.

그밖에 정책 교범에 명시해야 할 것은 다음과 같습니다.

- 부모를 대신하여 부모의 입장에 서는 친권위임론 원리에 대한 학교의 헌신
- 분쟁이 일어날 수 있는 법리 문제를 다루는 방식
- 운영위원회 조직과 운영, 주요 책임(예를 들면, 연간 예산 승인), 연간 일정표, 운영위원 승인, 정책 수립 절차 등(정관을 그대로 반영하

면서도 더 세밀하고 구체적으로 표현)

- 학교 관리 요원, 즉 감독관, 교장단, 발전 담당관, 사무직원 등의 관련 내용
- 학교 운영과 설비, 물품에 관한 정책(시설 유지에서부터 학교 소유의 통학 버스 관리와 주유에 이르기까지 다양한 항목 포함)
- 운영위원회에서 봉급과 수당과 기금 모금에 관한 성경적 지침, 청구서 지불 절차(지불 기한을 넘긴 청구서 포함), 수업료 징수, 자본 지출 등을 결정하는 기준과 절차
- 운영위원회의 교직원 정책(고용, 임명, 보유, 인증, 평가, 해고, 분쟁 등)
- 학습 프로그램에 관한 내용(커리큘럼, 학습 검정, 과외 활동, 징계 절차 등)

이 모든 정책에 관해, 운영위원회는 임의적 특수 상황이 아니라, 오히려 하나의 특정 상황과 더불어 그와 유사한 다른 상황을 두루 다룬다는 것을 명심해야 합니다. 수많은 정책 이면에 하나의 특정한 '이야기'가 숨어있기는 하지만, 일목요연하게 정리한 정책은 하나의 협소한 상황만이 아니라, 여러 상황을 포괄적으로 다룹니다.

지침 Guidelines

지침들은 모두 관리자가 결정하게 합니다(정관이나 정책 교범, 세세한 개별 조치 관련). 운영위원회에서 특정 처분을 내렸을 때, 관리자는 그 결정이 구체적으로 실행되도록 세심하게 살펴야 합니다. 두 학기 연

속 성적 미달을 이유로 운영위원회에서 퇴학 처분을 내리는 경우로 돌아가 봅시다. 그 결정을 실제로 적용하는 감독관은 해당 학생과 가족에 관해 교직원에게 특정 지침을 내릴 수 있습니다. 퇴학 위기에 처한 학생이나 그 가정과 시의적절한 소통을 하도록 말입니다.

이런 지침들은 정책과의 일관성을 유지해야 하며, 정책을 구체적으로 실행하는 수단이면서도 정책보다 세밀하고 구체적이어야 합니다.

결론

학교의 모든 권위, 곧 운영위원회와 관리자, 교직원 수준에서 정관과 정책, 지침 간 차이점을 충분히 이해하기 바랍니다. 정관이 최고 권위를 가지며, 정책과 지침은 각각 두 번째와 세 번째 권위를 갖습니다. 정책과 지침은 모두 상급 권위와의 일관성을 가져야 합니다. 그리고 권위 수준이 점차 낮아지면, 세부 사항에 관한 언급도 줄어듭니다. 하지만 세부 사항 언급을 늘려가며 상급 권위를 교묘하게 회피하려고 해서는 안 됩니다.

17강

+

커리큘럼 계획과 감독

탐 가필드

거대한 주제를 효과적으로 공략하려면, 많은 가정이 필요합니다. 첫 번째 가정은, 그럴 가치가 있는 거의 모든 것과 더불어, 자료를 깊이 탐구하고 나면, 발견하고 적용할 정보가 항상 더 많다는 사실을 즉시 발견하게 된다는 것입니다. 그래서 이 간단한 강의에서는 변명할 여지 없이 유효성을 충분히 증명할 수 있는 신뢰할만한 접근 방식, 곧 "이렇게 하는 것이 바로 축구다"라는 식의 명백한 접근 방식을 취할 것입니다. 다시 말해, 기본 원리들만 충실히 살펴보겠다는 뜻입니다. 이런 기본 원리 대부분이 여러분 각자의 상황에 딱 들어맞으리라는 것은 제 희망 사항일 뿐입니다. 또한 여러분이 이 강의에 기대하는 바를 백 퍼센트 충족시키겠다는 것도 마찬가지입니다.

여기에서 두 번째 가정은 모든 독자가 기독교의 모든 주요 교의를 솔직히 인정한다는 것입니다. 가장 중요한 것은 성경이 관련된 모든 것에 절대 권위를 갖고 있으며, 성경이 모든 것을 다룬다는 두 가지 관점입니다. 기독교 학교의 커리큘럼은 일반적으로 인정하는 '모든 것'의 범주에 해당하며, 그래서 이 가정도 여기 그대로 적용됩니다.

세 번째이자 (현재까지는) 마지막 가정은, 모든 독자(그리고 학교 관계자)가 기꺼이 열심히 탐구하고 생각한다는 것입니다. 특별히 기독교적 맥락이 아니어도, 커리큘럼 개발은 잠재적으로 진저리를 낼 가능성이 큰 짐을 떠안기고, 쉽사리 피할 수 없으며, 시간을 허비하게 하면서 신체적이고 정신적인 피로와 땀까지 요구합니다. 성장해서 회계사나 인구조사원이 된 이들처럼, 커리큘럼 개발에 필요한 여러 다양한 측면 탐구를 정말로 즐기는 사람들이 있으므로, 여기에서도 '잠재적으로'라는 말을 사용할 것입니다.

그러나 여러분과 여러분 학교가 주어진 사명에 진지하게 임하고 있다면, 커리큘럼 개발은 좋든 싫든 절대 선택 사항이 아닙니다. 그것은 반드시, 그리고 훌륭하게 해내야 하는 부분입니다. 이 말은 피땀 흘리며 엄청나게 노력해야 하며, '절대로 (이 임무를) 완전히 끝냈다고 생각하지 않겠다'라는 의지와 결단이 필요하다는 뜻입니다.

정의들

커리큘럼

교육계 밖의 사람들에게 커리큘럼은 정책에 관한 또 다른 용어이거나, 지침만큼이나 자극적인 용어입니다. 교육계에 몸담고 있거나 교육에 관심 많은 사람들조차도 종종 이 용어를 잘못 사용하는데요. 앞으로 학부모가 될지 모르는 사람들과 그냥 로고스학교에 관해 물어보는 사람들이 가장 흔히 던지는 질문 중 하나는, "여러분 학교에서는 무슨 커리큘럼을 사용하나요?"입니다. 더 대화를 나누다 보면, 그들이 정말로 묻고 있는 것이 "어느 출판사에서 교과서를 구매하나요?"임을 분명히 깨닫게 됩니다.

이제 오해를 바로잡아 보겠습니다. 가장 권위 있는 정의에 따르면, 커리큘럼은 특정 학교에서 사용하는 자료가 아니라, 오히려 특정 교육 기관에서 제공하는 각종 공부 과정입니다. 커리큘럼이라는 말 자체는 '달리다'to Run는 의미를 지닌 라틴어 단어 '쿠레레'Currere에서 유래되었습니다. 우리는 이 용어를 '경마용 경주로를 달리는 것 같은' 특정 과정을 지칭할 때 사용합니다. 그러니까 특정 학교의 커리큘럼은 실제로 학생들에게 완수하도록 준비된 전체 과정 또는 계획된 경로로 구성됩니다.

목적Goals

로고스학교에서는 '목적'이라는 용어를, 쉽게 도달할 수 없고 이상적이며—다시 말해, 학교의 철학을 반영하며—독특하고 가치 있는 지향점을 의미할 때 사용합니다. 예를 들어, "모든 학생을 격려해서 배움을 향한 사랑을 발전시키고 각자의 학습 잠재력에 맞게 자라나도록 한다"라는 목적을 세웠다고 해봅시다. 그러면 어떻게 이 목적의 성공이나 성취를 측량할 수 있을까요? 로고스학교 지도자들이 진실로 "우리 학생 전원이 이 목적에 도달했어요!"라고 말할 때가 오기는 할까요?

우리가 오만하게 현실의 특정 문제를 붙잡고 있지 않는다면, 분명 그렇게 되지 않을 겁니다. 그런데도 목적은 커리큘럼에 필요한 방향을 제시하기 위해 꼭 필요한 부분입니다.

과정 목표Objectives

목적과 달리 특정 과정의 목표는 정의상 측정 가능한 것입니다.

과정 목표는 특정 목적을 달성하기 위한 정확한 진술이어야 합니다. 곧 해당 학교의 기록된 총체적 목적과 철학에서 비롯된 것이며, 수준에 따라 각 학년과 과목에 적용되는 것입니다. 그래서 이런 과정 목표는 각 프로그램의 총체적 진보에 관해 해당 부분을 평가할 척도가 됩니다. 예를 들어, "1학년 독서 프로그램을 끝낼 무렵까지, 학생들은 노래, 철자, 읽기, 쓰기에 관한 음성학 훈련에서 1–24 단계를 성공적으로 완수하게 될 것이다"라고 해봅시다. 이것은 정량적으로 측정 가능한 객관적 척도이기 때문에, 얼마나 많은 학생이, 그리고 어떤 학생들이 독서 프로그램에서 그 정도 성과에 도달했는지 판단하는 데 자신 있게 사용할 수 있습니다.

범위Scope와 과정 도표Sequence

학교의 목적과 철학, 과정 목표를 하나의 깔끔한 도표에 집어넣었을 때, 그 같은 구성을 일반적으로 그 학교의 '커리큘럼 지침' 또는 '범위와 과정 도표'라고 부릅니다. 어느 경우든, 이것은 교사와 관리자들이 따라야 하는 기록된 총체적 청사진입니다. 각각의 학년이나 과목마다 학생들을 위한 교육 프로그램의 정확한 단계별 진도를 묘사하고 있기 때문이지요. 부모들도 이런 문서에 관심을 두어야 하며, 흔히 지대한 관심을 나타냅니다.

그러나 '범위와 과정 도표'의 실질적 활용은 학교 직원들에게 얼마나 명확하고 일관성 있게 제시되는가에 달려 있습니다. 예를 들어, 수업 내용을 개별 교사의 변덕스러운 마음에 맡겨놓아서는 안 됩니다. 문서는, 흔히 아무리 좋은 선생이라고 할지라도 교사보다 더 오래 남습니다. 커리큘럼 지침의 실행과 개정에 관해서는 나중에 더 언급하겠습니다.

커리큘럼 계획하기

"좋은 커리큘럼이란, 다른 말로 적합한 커리큘럼일 것이다. 이 적합성에는 '절대적 세계'World of Absolutes와 '변화하는 세계'World of Change라는 두 가지 개념이 필요하다. 하나님의 절대성을 고수하려는 것만으로는 충분하지 않다. 그것들은 변화하는 시대와 늘 새롭고 지속적인 관계를 맺어야 한다(적절하게 적용되어야 한다)."
R. J. 러시두니

"학생들을 성공적으로 가르치고 있다고 해도, 그들에게 생각하는 법을 가르치는 것에서 초라할 만큼 총체적 실패를 거듭하고 있다면, 오늘날 우리 교육에 엄청난 결함이 있는 것은 아닐까? 지금 학생들은 온갖 잡다한 것을 배우지만, 막상 배움의 기술은 터득하지 못하고 있다."
도로시 세이어즈

기독교 학교의 커리큘럼을 계획하는 출발점은, 좋은 자료를 찾는 것이 아닙니다. 먼저 여러분 학교에서 성취하기 원하는 것이 무엇인지부터 정확히 파악하십시오. 다음 질문들이 그 작업에 도움이 될 것입니다.

1.

- 우리 학교 졸업생에게는 어떤 특징이 있는가?
- 우리는 어떻게 졸업생이 세상의 공세에 맞서도록 준비시킬 것인가?
- 졸업생은 자신에게 맞서는 사람들에게 재치 있게 논박하고 대답할 수단을 갖추게 될까?
- 우리 학교의 성공 여부를 판단할 척도는 무엇인가?
- 우리 교육에는 어떤 성경적 원리가 녹아들어 있는가? (하나님이 수학 교재나 과학 교재, 역사 교재로 성경을 다루게 되기 원하신다는 메시지가 성경에 명확하게 표현되어 있지 않다는 점도 기억하십시오. 이 강의를 시작하며 살펴본 세 가지 가정 중 두 번째 것을 참고하십시오)

2.

- (다른 성공적인 학교들과 상관없이) 여러분 학교만의 독특한 목적, 원리, 과정 목표, 커리큘럼 지침은 무엇인가?
- 바로 앞 질문에서 여러분이 답한 내용을 '독특하게' 만드는 요소 (들)는 무엇인가?

3.

- 여러분 학교가 (기독교적이거나 세속적인) 한두 곳의 특정 기관이나 단체의 지식/철학에만 전적으로 의존하고 있는 것은 아닌가?

- 어느 영역에서 그런 경향이 많이 나타나는가? 그렇게 된 이유는 무엇인가?
- 참고 자료의 범위를 확장한다면, 어떻게 어디까지 할 수 있는가?

4.
- 경건하지 못한 사회에서 강요하는 변덕스러운 커리큘럼에 (반발하는 것이 아니라) 대응할 답변을 준비해두었는가? 예를 들어, 성이나 마약에 관한 교육은 어떻게 할 것인가? 환경 문제나 사회 참여에 관해서는 어떤가? (최선의 방어가 최선의 공격이라는 격언을 기억하십시오. 그리고 성경을 깊이 연구하기 바랍니다)

커리큘럼에 포함할 요소들

융통성/유연성

영원하고 절대적인 것에 대한 믿음과 시대를 초월하는 교육 기법들이 훌륭한 커리큘럼의 기본 철학이기는 하나, (앞서 언급한 대로) 세상이 항상 변화하고 있다는 사실도 인정해야 합니다. 다음 방식들이 그런 변화를 올바로 평가하는 데 도움이 될 것입니다.

1. 각종 자료나 교육 기관들과 영원히 변치 않는 '혼인 관계'를 맺지 마십시오. 오직 하나님 중심의 비전에 헌신하기 바랍니다. 명확한 비전은 온갖 새로운 제안을 분별하고, 유용한 도구들을 발견하는 데 도움이 됩니다. 이집트를 탈출할 때 이스라엘 백성이 이집트인 주인

들의 재산을 갖고 나온 것처럼, 세상의 교육 자료와 도구들을 선별하여 취하십시오! 자료 선별에 관한 더 자세한 지침은 다음의 내용을 참고하십시오.

2. 정기적 평가, 개정, 교사 투입을 위해 각종 계획을 통합하십시오. 로고스학교 운영위원회는 커리큘럼 위원회가 5년 주기로 모든 주요 학문 분야를 재검토하게 했습니다. 과학을 중심 주제로 삼은 해라면, 초등과정과 중고등과정으로 분리해서 과학 커리큘럼의 모든 측면을 샅샅이 조사하는 거지요. 그렇게 하려면 우리만의 목적과 철학을 각 수준에 적용하기 위해 많은 시간과 에너지를 쏟아부어야 합니다. 아주 힘든 일이지요. 하지만 덕분에 우리는 머리부터 발끝까지 우리만의 독특함으로 가득한 교육 프로그램을 마련할 수 있었습니다.

3. 학생들의 다양성을 인정하십시오. 그들은 배우는 양상이나 능력에서 전혀 동일하지 않습니다. 과정 목표의 테두리 안에서 높은 기준을 설정하되, 특히 독서와 수학에서 진도를 다르게 나갈 수 있도록 교사에게 어느 정도 권한을 부여하십시오. 다른 학년의 자료를 가져와 교육하는 것도 서로 다른 수준의 학생들을 도울 수 있는 실제적 방법입니다.

기능적 틀Functional Format

구조적 틀과 표현에서 가능한 한 명확하게 커리큘럼 지침을 만드는 것은, 교사가 정기적으로 그것을 사용할 경우, 아주 중요합니다. 이것은 특히 (대개 고전 방법론에 관해) 아직 미숙하고 제대로 교육 받지 못한 신입 교사들에게 중요합니다. 상당한 심사숙고 과정을 거쳤지만, 과도한 부담을 주기 때문에 교실 선반에 그대로 놓여 있는 비현실적 지침이 얼마나 많은지 모릅니다. 어쩌면 아예 관리자 사무실 어딘가에서 먼지만 수북이 쌓인 채 방치되고 있을 수도 있겠지요. 그런 지침들을 유용한 자료로 만들기 위해 다음과 같이 제안해봅니다.

1. 각각의 학년과 수업 시간에 일관성 있는 구조적 틀을 사용하십시오. 예를 들면, 유치원에서 고등학생에 이르기까지, 각 수업 지침에는 적어도 다음 내용이 포함되어야 합니다: 해당 과목에서 사용하는 자료 목록, 해당 학년의 객관적 과정 목표에 관한 목록("학생들은 ~하게 될 것이다"), 해당 과목을 가르치는 데 가장 좋은 수단/방법 (추천한 고전교육 방법을 포함해서), 하루의 수업 시간.

2. 가능하면 간명하게, 실용적으로 기록하십시오. 지침에 철학이 적용되기는 하지만, 그 때문에 반드시 토론을 벌일 필요는 없습니다. 각 부분의 독특한 기독교 고전교육 접근 방식에 관한 요약은, 직접적인 관계자가 아닌 이들을 위한 커리큘럼 지침의 일부가 될 수도 있지만, 일차적으로 교사 훈련을 위해 사용합니다.

3. 관리자들은 지침의 활용을 통합할 방법을 확립해야 합니다. 가령, 교사들에게 오리엔테이션을 위한 지침 부분을 읽게 하는 것처럼 말입니다. 그해 말에 교사들이 해당 학기 목표를 수립하는 데 그 지침을 활용하게 하십시오. 마지막으로, 그 지침(과 과정 목표)은 교사가 진도를 어느 정도 마무리했는지를 평가할 때 활용되어야 합니다.

4. 그것을 잘 제시할 수 있는지 알기 위해, 자주 (해마다) 교사들과 함께 구조적 틀을 재검토하십시오.

커리큘럼 자료 선정

1.

첫 번째로 중요한 질문은 이것입니다.

"교사용 교수 자료와 (기독교 교육 촉진Accelerated Christian Education: ACE 프로그램 같은) 개인 학습 자료 중 어느 것을 사용할 계획입니까?"

분명 양쪽 다 찬반 논란이 있습니다. 이렇게 다양한 의견이 존재한다면, 무엇보다도 먼저, 양쪽의 장단점을 학교 목적과 비교해 봐야 합니다. 양쪽 모두를 활용하는 학교들과 접촉해서, 다양한 평가를 들어 보십시오. 그리고 각 학교의 철학과 목적을 기록한 문서 사본도 꼭 챙겨십시오.

2.

두 번째로 중요한 질문은 이것입니다.

"기독교 자료만 사용할 계획입니까, 아니면 기독교 자료와 세속 자료를 섞어서 사용할 계획입니까?"

여기에서 반드시 기억해야 하는 것은, 수준이 형편없는데도 '기독교' 이름표가 붙어 있다는 이유만으로, 그 출판사나 기관, 단체에서 만든 콘텐츠를 교과서나 교육 자료로 선정해서는 안 된다는 점입니다. 그것은 주님의 일하심에 불명예를 안기는 짓일 뿐 아니라, 학생들에게도 큰 손해를 입힐 선택입니다.

로고스학교를 시작할 때, 우리는 학교에서 사용하는 거의 모든 자료를 유명 기독교 출판사 한 곳에서 구입했습니다. 하지만 교육과 하나님 말씀에 관해 정리한 철학 때문에, 우리는 금방 이 출판사에 환멸을 느끼게 되었습니다. 그들이 기본 내용에 더해, 전후 문맥과 상관없이 특정 주제와 관련해서 성경 단락을 얼마든지 끼워 넣을 수 있다고 가르치는 내용을 펴내고 있었기 때문입니다. 그런 입장은 특정 주제에 접근하는 과정에서 성경 원리의 적용을 방해하고, 사람의 교훈을 진리인 것처럼 다루게 합니다.

그 때문에 우리는 현재 로고스학교의 커리큘럼 전반에서 가르치고 있는 것들을 계속해서 가르쳐야 할 이유를 재검토해야 했습니다. 결국 우리의 철학과 목적에 더해, 어쩔 수 없이 직접 커리큘럼 지침과 과정 목표를 개발하게 되었습니다.

불행히도, 많은 그리스도인 홈스쿨러가 이런 경솔한 생각을 하고 있습니다.

'기독교 출판사/기관/단체니까 괜찮을 거야.'

'기독교'라는 이유만으로 특정 출판사의 세계관과 그들이 제공하는 교과서 수준을 간과하거나 너그럽게 봐주는 경향이 많습니다. 안타깝지만, 도서/자료의 수준은 물론, 내용의 정확성마저 시대에 크게 뒤처지는 기독교 출판사가 많습니다. (이론이나 사실이 아니라) 최신 과학 발견 등에 관해서는 특히 더 그렇습니다. 그러나 이런 출판사들은 가파르게 상승한 학습 곡선을 따라, 처음부터 제대로 된 확실한 지침들을 찾아 나서기에 충분한 가치가 있는 곳이기도 합니다(이 강의 마지막에

수록한, 교과서와 자료를 선별하기 위한 로고스학교의 정책을 참고하십시오).

물론 비기독교 출판사에서 제공하는 자료들도 철학적 문제와 놀라울 만큼 엄청난 비율의 오류들을 포함하고 있습니다. 예를 들어, 〈월스트리트 저널Wall Street Journal〉은 미국에서 아주 폭넓게 사용되는 역사 교과서에 심각한 오류들이, 자그마치 5,200건이나 존재한다는 우려스러운 보도를 했습니다. 거기에는 미국의 32대 대통령 프랭클린 루스벨트가 1944년에 사망했고(1945년 사망), 나폴레옹이 워털루 전투에서 승리했고(패배했음), 미국 33대 대통령 해리 트루먼이 1950년대에 한국을 폭격했다는 것 같은 심각한 오류가 포함되어 있었습니다.

자녀들이 도덕적으로나 학문적으로 잘 성장하고 있는 것처럼 보여서, 별생각 없이 자녀들을 공립학교에 보내고 학교 커리큘럼을 한 번도 제대로 꼼꼼히 살펴보지 않은 그리스도인 학부모들은, 미국 원주민 추장 크레이지 호스Crazy Horse를 추종하는 사람들과 다를 바 없습니다. 1800년대 후반, 상당수의 인디언이 크레이지 호스 추장의 가르침 때문에 '특별한 춤을 추면, 백인들의 총알이 우리를 해치지 못하고, 더 나아가 백인들이 그냥 떠나갈 것이다'라고 굳게 믿었습니다. 이렇게 공립학교에 다니는 학생들은 정신적·영적으로 매우 심각한 상처를 받게 됩니다. 겉으로는 전혀 피를 흘리지 않지만, 그런 상처들은 시간이 흐르면서 학생들의 사고를 (효과적으로) 무력하고 쓸모없게 만들어버립니다. 오늘날 세속적 커리큘럼은 역사적으로 정확한 사실들을 무시하고, 각 나라의 성경적 전통을 철저히 경시하고, 동성애를 충분히 받아들일 만한 생활양식으로 장려하고, 낙태를 찬성하며, 전통적 가족 구조를 과소평가 하는 경우가 많습니다. 세속적 커리큘럼은 표지에 아무런 경고 문구도 싣지 않은 채 이 모든 것을 서슴없이

저지릅니다.[1]

3.

기독교 출판사들을 포함해서, 모두가 자신의 제품과 서비스를 판매하기 위해 열을 올리고 있다는 것을 기억하십시오. 그러므로 각각의 상품을 꼼꼼히 살펴보십시오. 모든 자료를 패키지로 일괄 구매하지 마십시오.

4.

크다고 항상 더 좋은 것은 아닙니다. 오히려 소규모 전문 기관이나 단체, 출판사를 찾으십시오.

5.

다른 학교와 교사들에게 어떤 교재와 자료를, 왜 사용하는지 물어보십시오. 기독교 학교들의 연합기관 협회에도 문의하십시오. 많은 시간을 절약할 수 있고, 자료를 찾는 발품도 줄어들 것입니다. 물론 각 학교에서 검토하는 자료들을 직접 일일이 평가할 필요가 없다는 것은 아닙니다.

6.

매번 따라야 할 선별 과정과 주문 절차를 확립하십시오. 관련된 관리자와 함께, 커리큘럼 선별 위원회에서 활동 중인 선임교사를 활용하십시오. 전문 자문을 할 수 있는 학부모들은, 자신들에게 기대되는 바를 정확히 알고 있는 한, 아주 큰 도움을 줄 수 있습니다. 그렇게 하면 경비를 크게 절약하고 어떤 이유에서든 편파적 태도를 지양하며, 특정 교과서를 평가하는 과정에서 맛볼 수 있는 좌절감을 피할 수 있습니다.

교사 자료 등을 소량 구매하려면, 해당 교사에게 기금을 제공하고 지원하는 것만으로도 학생들에게 상당히 높은 수준의 교수 상황을 제공할 수 있습니다. 예를 들어, 로고스학교는 연간 구매에서 부분적으로 교사가 재량권을 가지고 지출할 수 있게 정해놓았습니다. 그렇게 하지 않을 경우, 교사들은 관리자(와 예산)를 크게 괴롭히지 않는 선에서 수준 높은 자료들을 구매하느라 많은 시간을 투자해야 합니다.

7.

관리자를 구두쇠로 만들지 마십시오. 해당 자료와 교재가 정해진 과정 목표를 완수하려는 교사의 임무에 큰 도움을 주는 동시에 상당히 높은 수준을 갖췄다면, 주저 없이 구입할 계획을 세우십시오. 이를 통해 자료를 직접 만드는 교사들도 (직접 교재를 집필하는 것을 포함해서) 나름대로 경험을 얻게 될 것입니다(하지만 그런 기대는 적어도 3년 이상 지난 뒤에 해야 합니다).

8.

더 저렴하게 구입하거나 무료로 제공하는 자료를 활용할 방법을 찾아보십시오. 이와 관련해서 해당 출판사나 기관과 소통해보시기 바랍니다. 샘플이나 테스트용 제품이 있는지 문의하고, 무료로 자료를 제공하겠다는 제안은 절대 사양하지 마십시오. 당장은 시시해 보일지 모르지만, 다음에는 그 제안을 했던 사람을 통해 어떤 값비싼 보석을 얻게 될지 누가 알겠습니까?

결론

학교의 커리큘럼 선택은 매우 중요한 문제입니다. 추가 개선 과정을 거쳐야겠지만, 커리큘럼은 그에 따라 '집'(각 학교의 명성과 사명)을 짓게 되는 청사진입니다. 찰스 스펄전도 다음과 같이 말했습니다.

"무엇을 추구할지 주의하라. 당신은 아이들을 가르치고 있다. 지금 하고 있는 일에 유의하라. 조그만 샘에 독을 떨어뜨리면, 온 시내에 퍼져 나갈 것이다. 부디, 추구하는 바에 주의하라! 묘목일 때 나무를 구부리면, 그 나무는 구부러진 채 늙은 떡갈나무가 될 것이다."

잘 계획하십시오. 그러면 '떡갈나무'도 똑바로 크게 자랄 것입니다. 또한 기도로 그 나무가 '생명수 시냇가'에 심기어질 수도 있을 것입니다.

부록
로고스학교의 커리큘럼 선별 정책

날짜 1995년 4월 17일
과정 목표: 로고스학교의 철학적·성경적 목적이 각 핵심 과정을 위

해 선별한 커리큘럼 자료를 통해 적절히 강화되는지 확실

히 보증하도록 돕는 것이다.

범위: 이 정책은 로고스학교의 전 학년에서 가르치는 모든 비 선택적

(핵심) 필수 과정들에 적용된다.

정의: '핵심 필수 과정' – 일반적으로 적절한 교육에 필수 불가결한 것

으로 고려되는 과목 영역들: 성경, 수학, 과학, 역사, 영어, 문학,

외국어.

자료 선별 지침

다음의 모든 조건을 적절히 고려하기 전까지는, 학생들에게 세속적
세계관으로 만들어진 커리큘럼 자료를 사용하게 해서는 안 된다.

1. 철저한 연구를 거친 후에, 세속적 자료와 거의 동일하거나 더 나은
   수준이 아니면서 성경에 기초한 것으로 보이지 않는 자료는 사용하
   지 않는다.
2. 세속적 자료의 기본 문서 형태는 채택한 과정의 과정 목표를 완수
   하기 위해서만 사용해야 한다.
3. 철저한 조사를 거친 후에, 세속적 의도에서 볼 때, 그 자료들이 포
   괄적인 성경적 진리를 손상하지 않고 지지하는지 판단해야 한다(예
   를 들어, 수준 높은 세속적 수학 교재, 시대를 초월하는 수준 높은 문학
   작품).

초등학생을 위한 자료 채택 지침

초등학생을 위한 모든 핵심 자료는 오직 다음 절차에 따라 채택할

수 있다.

1. 교사나 관리자는 학생 교재의 추가 또는 축소를 얼마든지 제안할 수 있다. 이것은 어느 때나 가능하지만, 일반적으로 연간 평가 동안 해당 학년 말에 제출한다.

2. 일반적으로, 교과 학습의 목적과 과정 목표를 크게 바꾸지 않을 거라면, 교재/자료를 교체하는 결정은 그것을 감당할 만한 관리자나 교사, 특정 형태의 자문단에게 맡겨야 하며, 예산상의 여러 사항도 함께 고려해야 한다.

3. 이 같은 모든 교재/자료의 변경은 세속 자료들을 사용하려고 할 때 앞서 언급한 여러 고려 사항들에 적합해야 한다.

4. 학교 구성원(부모, 교사, 운영위원, 관리자)이 특정 교재/자료의 채택/사용에 이의를 제기하거나 제안된 내용이 과거 채택된 과정의 목표와 충돌할 때, 이 사안은 권고 조치를 하기 위해 커리큘럼 위원회에 회부된다. 여기에서도 만족스러운 해결책이 도출되지 않으면, 그 문제는 운영위원회로 이관된다.

중고등학생을 위한 자료 채택 지침

중고등학생을 위한 모든 핵심 자료는 오직 다음 절차에 따라 채택할 수 있다.

1. 교사나 관리자는 학생 교재의 추가 또는 축소를 얼마든지 제안할 수 있다. 이것은 어느 때나 가능하지만, 일반적으로 연간 평가 동안 해당 학년도 말에 제출한다.

2. 학생 자료의 보충/축소 요청은 중고등과정 교장을 통해 커리큘럼 위원회에 제출한다.

3. 이렇게 교재/자료를 변경할 때, 세속적 자료를 사용하기 원한다면, 앞서 언급한 여러 고려 사항에 적합해야 한다.

4. 커리큘럼 위원회는 새롭게 제안한 교재/자료를 검토할 때, 지속성 Durability과 함께 장기적 활용도까지 충분히 고려한다.

5. 학교 구성원(부모, 교사, 운영위원, 관리자)이 특정 교재/자료의 채택/사용에 이의를 제기하거나 제안된 내용이 과거 채택된 과정의 목표와 충돌할 때, 이 사안은 권고 조치를 하기 위해 커리큘럼 위원회에 회부된다. 여기에서도 만족스러운 해결책이 도출되지 않으면, 그 문제는 운영위원회로 이관된다.

모든 학년을 위한 세속 자료 사용 지침

세속적 자료를 학생들에게 제공하기 원한다면, 다음의 지침들을 고수해야 한다.

1. 성경적이고 진리에 기초한 여러 관점에서(예를 들어, 진화론의 여러 요소를 제시하는 것 자체는 바람직하나, 모든 내용은 창조 기사의 여러 요소에 종속되어야 하고, 창조에 대한 관점이 강조되어야 한다), 그리고 해당 과정의 범위를 일관되게 유지하기 위해, 해당 자료의 철학을 엄격하게 조사하고 반론을 제기해 봐야 한다.

2. 각종 그릇된 사상과 비성경적 철학은 항상 그 자체를 검증해야 한다.

3. 해당 과정의 과정 목표와 관련해서 그 가운데 담긴 성경 원리도 학생들에게 제시해야 한다.

18강
+
기독교 학교의 섬김

탐 가필드

"나를 혼란스럽게 만들지 마라. 이래 봬도 나는 전문가다!"

많은 기독교 학교와 고전교육 학교가 저지르는 가장 커다란 실수 중 하나는, 하나님이 세우신 정부와 관련해서 그리스도인 교육자의 역할을 오해하는 것입니다. 교육자로서 우리는 날마다 학생의 삶에 영향을 미친다는 특권을 누리면서도 잘못된 직업의식을 가지기 쉽습니다. 전문 기독교 학교의 관리자와 교사라는 사실이 분명 기쁘고 자랑스러운 일이지만, 하나님이 허락하신 특권의 경계를 넘어서는 경우도 여전히 존재합니다.

우리 시대 교직 종사자 중 많은 사람이 섬김의 정신을 잃어버렸습니다. 고작 150년 정도밖에 되지 않은 공립학교 개념이, 그리스도인이든 아니든 간에 교사에 관한 인식을 크게 바꿔 놓았습니다.

이 강의의 목적은 미국 교육사를 속속들이 규명하는 것이 아닙니다. 대략 100년 전 갓 형성된 서부 개척 도시에서 교사는 존경받는 사람이었습니다. 돈은 많이 벌지 못했지만, 아이들과 함께 많은 일을 하며 귀한 업적을 이뤘기 때문입니다. 하지만 당시 교사의 역할은 대체로 부모에게 종속적인 위치에 있었습니다. 그때는 모든 사람이 가정에서 아이를 교육하는 것이 가족의 책임이라는 사실을 이해하고 있었고, 이를 당연시했습니다.

흔히 도시가 형성될 때 교회를 제일 먼저 세웠는데, 교회를 짓고 나면 학교 건물을 마련하고 교사들을 채용했습니다. 이때 교사는 흔히 해당 도시에 거주하는 가족들과 함께 생활하며, 그들의 집에서 많은 시간을 보냈습니다. 숙식을 제공받았기 때문에, 봉급은 굉장히 낮았는데요. 아주 드물게 기혼 여성이 교사가 되는 경우도 있었지만, 대개 젊은 미혼 남녀가 교사로 일했고, 학생들 가정에서 함께 살아가는 것이 아주 당연하게 여겨졌습니다. 이 역시 교사가 학부모에게 깊이 존경받는다는 것을 보여주는 증거입니다. 오늘날에는 웃음거리가 될지 모르지만, 당시 교사들에게는 올바른 품행에 관한 엄격한 규정이 요구되었습니다. 사람들은 교사가 아이들의 역할 모델이 되어주기를 기대했고, 학교에서 가르치지 않는 때조차 그렇게 해주기를 바랐습니다. 이것은 조그만 지역 사회에서도 흔한 행동 양식이었습니다. 근무 조건이 너무 열악했지만, 교사는 이렇게 큰 존경을 받았습니다.

오늘날에도 교사가 그때처럼 살아야 한다고 주장하려는 것은 아닙니다. 예를 들어, 저희 부부와 네 아이를 언제든 기꺼이 집에 받아들여 줄 만큼 가까운 이웃은 (안타깝지만) 없습니다. 그러나 당시 교사들이 감당하던 역할과 그들에게 주어진 존경만큼은 회복했으면 좋겠습니다.

일반적으로 대부분의 교사는 당연히 자신을 특정 분야의 '전문가'로 여깁니다. 저는 1920년대와 1930년대에 폐업한 공장의 노동자들과 학교 교육자들이 요구한 것처럼, '전문가'에게도 연합과 파업이 필요하다는 사실을 알게 되었습니다. 기본적으로, 파업은 품위 있는 수단으로 성취할 수 없는 요구 조건을 얻어내기 위해 폭력적 수단을 동원하는 것입니다. 그런데 교사들이 폭력적 방식으로 파업을 감행하는 것은, 그 자체만으로도 가르치는 직업에 관한 사람들의 인식을 바꿔놓습니다. 누가 왜 그렇게 하든 간에, 저는 파업이 비열한 짓이라고 생각합니다. 의사와 변호사들이 임금 인상이나 다른 계약상의 협상을 요구하며 거리로 나서는데, 동일한 이슈와 방식으로 피켓을 들고 구호를 외치는 교사들도 전문가로 대우받기 원합니다. 이렇게 우리는 '전문가'라는 단어의 의미에 관한 양식을 잃어버렸습니다.

아이들을 공립학교에 보낸 적은 없지만, 과거에 저는 학생과 교사로 공립학교를 경험했습니다. 제 부모님도 네 자녀 모두 공립학교에 보내 교육하셨습니다. 부모님은 교사들의 태도가 '섬기는 종'에서 '전문가'로 바뀌는 모습을 지켜보셨고, 많은 다른 부모들처럼 두 분도 그런 변화에 아무 말도 할 수 없는 무력감을 느꼈습니다. 다행히도, 부모님의 일차 교육 자료는 늘 주님과 그분의 말씀이었고, 덕분에 저와 제 형제들은 그릇된 영향력에 많이 노출되지 않고 건강하게 학교에 다닐 수 있었습니다.

유감스럽지만, "이래 봬도, 난 전문가예요!"라는 식의 태도는 기독교 교육계에도 널리 퍼져 있습니다. 어떤 의미에서, 이것은 어쩔 수 없는 현상이기도 합니다. 그러므로 우리는 어디에서 합당한 교사들을 구할 수 있을지 곰곰이 생각해봐야 합니다.

대체로 우리는 세속적인 교육 대학에서 교사들을 구합니다. 그리스도인이든 아니든, 가르치는 일에 종사하기 원하는 젊은이들은 거의 동일한 학문적 과정과 수련 과정을 거칩니다. 그들 모두 가장 세속적인 것처럼 보이는 특정 철학을 배우지요. 그래서 예리한 성경적 통찰력을 갖고 있지 않다면, 비진리에 현혹될 가능성이 큽니다.

"일단 현장에서 가르치게 되면, 당신은 자신을 자주적인 전문가로 여겨야 한다."

"부모는 물론 학교 운영위원회조차 당신의 학문적 자유를 방해하지 못하게 하라."

"받을 수 있는 모든 수당을 근로계약서 첫머리에 확실하게 명시하라."

"아이들은 기본적으로 선한 존재이니, 자신의 교육적 필요와 생활양식을 스스로 선택할 수 있어야 한다."

현대 교육 현장에서 끊임없이 계속되는 이야기들입니다. 그러므로 성경적 프로그램으로 교사를 올바로 교육하고 훈련하지 못한다면, 흔히 제대로 검증조차 하지 못한 상태에서, 이런 흐름이 저와 여러분의 학교에 (심지어 기독교 고전교육 학교에도) 곧장 전방위적으로 침투할 것입니다.

기독교 가정에 관한 고찰

심지어 기독교 대학들조차도, 극소수만이 교사 후보생들에게 가정의 성경적 역할에 관해 가르칩니다. 이 시점에서 간단히 돌아보는 것이 도움 되기는 하겠지만, 여러분 학교에서는 성경적 가정 모델을 위해 학교가 어떻게 헌신하고 있는지 소통하는 명확하고 철저한 방식이 필요할 것입니다. 모든 정책과 지침, 심지어 교수 방식들까지 모두 가정에 관한 학교의 관점을 교사들에게 올바로 가르쳐주어야 합니다.

아담과 하와를 창조하신 후에, 분명히 하나님은 아담을 가장으로 삼아 인간을 위한 최초의 기관인 가정을 세우셨습니다창 2:22-25. 가정은 경건한 자녀를 생육하고 번성시키며(더 많은 자녀를 낳고), 온 땅을 (걱정스럽게 지키는 것이 아니라, 지혜롭게 사용함으로) 다스리도록 창조된 기관이었습니다. 이것은 매우 중요한 목적이며, 모두 광범위한 지식과 훈련이 필요한 목표들입니다. 신명기와 잠언, 에베소서, 그리고 다른 성경 구절들을 통해, 우리는 주님 안에서 자녀를 훈련하는 것이 매일 매주 계속해야 하는 일임을 이해하게 됩니다. (보편적으로 여성이 남성보다 강한 모성을 지니고 있지만) 또한 성경은 주님 안에서 자녀를 철저히 훈련해야 할, 다시 말해 올바른 내용으로 확실하게 교육해야 할 일차적 책임이 아버지에게 있다는 사실도 분명하게 보여주고 있습니다.

그리스도인 교육자로서 우리는 그 모든 내용을 잘 알고 있습니다. 앞에서 언급한 내용은 '기독교 교육에서 핵심적이고 기본적인 항목'으로 여겨질 수 있고, 그렇게 여겨져야 합니다. 하지만 문제는 이렇습니다.

"왜 너무나 잘 아는 그것을 학교에 제대로 반영하지 못하는가?"

"왜 부모들은 자기 자녀를 교육해야 하는 성경적 책임을 (기독교) 학교에 쉽게 넘겨준 채 그냥 내버려 둔다는 말인가?"

이것은 엄청나게 무거운 책임입니다. 기독교 학교가 이런 것을 포기하도록 내버려 두고, 그런 일이 벌어지도록 조장하는 여러 다양한 방식이 있습니다. 가장 중요하면서도 논쟁적인 '구원'이라는 이슈를 예로 살펴보겠습니다.

그리스도인 부모가 자녀를 훈련해서, 어릴 때부터 스스로 참된 믿음을 고백하게 하는 것은 지극히 자연스러운 일입니다! 당연히 그렇게 되어야 합니다. 하나님이 성경을 통해 세대 간 영적 훈련과 축복에 관해 말씀하셨기 때문입니다. 부모는 마땅히 자녀를 하나님 은혜로 말미암아 주님을 아는 구원의 지식으로 이끌어야 합니다. 우리 주님도 어린아이가 단순하면서도 놀라운 믿음을 소유하고 있다고 지적하시면서, 이 놀라운 믿음을 어른들도 가져야 한다고 촉구하셨습니다. 왜 그렇게 말씀하셨을까요? 어린이에게는 부모를 모방하고 신뢰하는 것이 너무나 자연스러운 일이기 때문입니다.

부모에 대한 신뢰는 아이들이 하나님 아버지를 신뢰하기 위한 기초이자, 더 나아가 예수 그리스도 안에 있는 그분의 구원을 이루기 위한 기초를 형성합니다. 분명 가정 밖에서도 구원받을 수 있고, 아무리 형편없는 가정에서도 구원받을 수 있지만, 성경은 가정이야말로 아이들이 구원을 배우고 구원에 이르는 첫 번째 장소가 되어야 한다고 주장합니다.

과연 기독교 학교들은 성경 말씀에 합당하게 구원에 관해 가르치고 있습니까? 부모의 암묵적 동의 또는 문서상의 묵인으로 부모 역할을 무작정 떠맡고 있는 것은 아닙니까? 부모가 특정 영역에서 아주 좋은 것을 포기하게 되는 데도 별로 신경 쓰지 않거나, 심지어 (실수로) 그렇게 생각할지도 모른다는 이유만으로, 학교에서 무조건 거기 응해도 좋다는 말은 아닙니다. 기독교 학교에서 구원에 관해 가르치면 안 된다고 말하고 있는 것은 더욱더 아닙니다. 그러나 너무나 많은 학교가 누가 아이들이 하나님 아버지에게 나아가도록 돕는 일차적 교사이자 중재자가 되어야 하는지에 관한 시야를 놓치고 말았습니다. 성경의 가르침과 교훈이 모든 기독교 학교에서 가장 커다란 보증이 되어야 하지만, 그 자체가 아무리 좋다고 해도, 창의적인 노래나 성경 암송, 포스터, 심지어 신조 암기 같은 것이 학생의 구원을 위한 '전적인' 은혜의 수단으로 취급되어서는 안 됩니다.[1]

이상하게 들릴지 모르지만, 저는 기독교 학교 교사들이 (그리스도인 가정의 경우에) 부모보다 먼저 학생과 함께 개인 영접 기도를 하지 않는 것이 좋다고 생각합니다. 부득이하게 그렇게 해야 한다면, (가능하면 불신자 부모도) 부모가 그 자리에 함께해야 합니다. 가정에서는 거듭남과 함께 계속해서 은혜와 믿음의 기초를 닦고, 기독교 학교에서는 잘 계획된 커리큘럼을 통해 건강한 성경적 신앙을 체계적으로 세워가도록 돕기 위해 준비되어야 합니다.

부모의 직무 유기가 용납되거나 장려되고 있을지 모르는, 비교적 덜 심각하나 여전히 중요한 영역에는 다음과 같은 것이 포함됩니다.

1. 참여

학교는 부모가 일상의 일과에 적극적으로 참여하도록 유도하는 엄청나게 많은 방법과 자원을 갖고 있습니까? 부모는 아이와 수업지도를 챙기지 않도록 암묵적으로 조장 받고 있지 않습니까?

2. 평가

학교가 각종 교수 양상이나 커리큘럼의 특정 변화, 존재 목적과 교육 철학 등을 부모에게 전하기 위해 최선을 다하고 있습니까? 부모는 어떻게 학교에서 벌어지는 일을 평가하고 그에 관해 의견을 제시할 수 있습니까?

3. 징계

아이들이 권위를 존중하는 법을 배워야 할 최초의 장소인 가정의 역할을 학교가 감당하려 하거나 이미 감당하고 있지 않습니까? 아버지는 자녀를 훈계할 중요한 접촉점을 갖고 있으며, 자신이 자녀의 성품을 형성하는 사람이라는 것을 인식하고 있습니까? 안타깝지만, 많은 경우에 저는 그런 역할을 감당하는 아버지를 별로 만나보지 못했습니다. 어머니가 자의로 그 역할을 맡을 수도 있겠지만, 안타깝게도 자녀를 가르치는 선생님의 성별이나 이름조차 모르는 아버지가 부지기수입니다.

4. 몇 가지 관련 주제들 : 교육과 약물/알코올 중독자 프로그램

왜 부모에게 이런 교육을 해야 할까요? 기독교 학교의 임무가 도덕을 강화하는 것이기는 하지만, 학교는 이를 통해 도덕을 주입할 수 있다고 생각하기 때문에 그렇게 합니다. 그런 영역들은 일차적으로 도덕적 결정을 포함하고 있습니다. 약물에 중독되어 몽롱한 상태로 '무작정 모든 게 좋다고 말하던' 미국의 60년대 시절, 저는 그런 것들에 대해 무작정 안 된다는 태도를 취했습니다. 부모님이 실망하고 상처받으실 거라고 생각했기 때문이지요. 하지만 학교는, 아무리 좋은 기독교 학교라 해도, 학생들의 도덕적 선택을 억지로 가르칠 수 없습니다. 그렇게 할 수 있는 건 오직 부모뿐입니다.

저는 가정을 지원한다고 말하지 않는 기독교 학교를 본 적이 없습니다. 그러나 학교가 문서로 기록된 정책과 절차를 통해 공식적으로 가정을 지지할 수 있을까요? 학교가 날마다 벌어지는 일과 행위들을 통해 그것을 보여줄 수 있을까요? 우리가 그 경계선이 어디인지 알 수 있을까요?

고전교육 학교와 가이사

여기에서 가장 중요한 것은 국가의 성경적 역할에 관한 존중입니다. 우리는 국가에 관해 무엇을 가르치고 있을까요? 이 맥락에서, '국가'는 확립된 시민 정부를 의미합니다. 여기에는 지방 정부와 주 정부, 특히 중앙 정부 등이 있습니다.

미국 문화에서는, 정부의 유감스러운 상황을 고려할 때, 학생들에게 냉소적 태도를 보이거나 장래에 대한 가망 없는 그림을 제시하기가 쉽습니다. 이것은 빈약한 교수 방식이자 비성경적 방식입니다. 특히, 그리고 유독 미국은 정부와 관련해서 엄청나게 풍부한 성경적 역사로 축복을 받고 있습니다. 예를 들어, 미국 학생들은 자기 자신과 미래 세대를 위해 헌법이 성경 원리들을 따라 제정되었고, 주로 지적인 그리스도인들을 통해 확립되었다는 사실을 알 필요가 있습니다.

우리는 국가에 관해 사회와 문화, 대법원, 또는 언론 매체가 아니라 성경이 말하는 바를 가르쳐야 합니다. 학생들에게 우리 정부가 어디에서 왔고, 그것을 통해 지금까지 무슨 일이 벌어졌는지 가르쳐야 합니다. 또한 오늘날 전 세계의 다른 정부들과 과거 문명에 관해서도 우리와 비교하며 가르쳐야 합니다. 레위기의 각종 율법부터 로마서 13장에 이르기까지, 성경은 특정 통치 기관의 일차적 기능에 관해 명확하게 가르치고 있습니다. 다시 말해, 그것은 시민을 위해 정의를 강화하고 보호를 제공하는 (하나님 성품을 닮은) 도덕 법칙을 전파하는 하나님의 종입니다(이것이 미국 헌법의 전문처럼 들리는 것은, 절대 우연의 일치가 아닙니다).

"가이사에게 바쳐라"라는 예수님의 유명하고도 간단한 명령은, 점잖은 국민 윤리 과목의 상당 부분에 필요한 자료를 충분히 구성할 수 있었습니다마 22:21. 심지어 그리스도 시대의 로마처럼 부패하고 부도덕한 국가에 관해서도, 우리 주님의 판단은 권위, 시민사회의 구조, 경제, 시민의 책임에 관해 무언가를 가르쳐줍니다. 예수님 말씀 중에서 하나의 명백하고 매우 적절한 측면은, (짧은 기간이지만, 하나님 아버지로 말미암아 파견된) 가이사의 권한 아래 있는 영역과 기능들이 존재하는 동시에, 오직 하나님 한 분 아래 있는 영역과 기능도 존재한다는 것입니다. 다른 계시된 지혜를 통해 이 두 가지를 분별하는 것은, 그리스도인 교육자에게 지극히 마땅한 의무일 것입니다. 멋진 출발을 위해, 우리는 가이사의 형상이 그려진 것을 가이사에게 돌릴 수 있습니다. 그러나 하나님의 형상이 있다면(우리 자녀들처럼), 가이사가 아니라 하나님께 돌려야 합니다.

교육자로서 우리는 적절한 영어 문법 가르치는 것을 중단하지 않을 것입니다. 우리 문화의 인기 있는 대중 웅변가들조차 영어를 남용하거나 오용하고 있기 때문입니다. 지금 우리가 상당히 부패한 정부 원리에 따라 살아가고 있음에도, 정확하게 말하자면 바로 그 점 때문에, 우리는 학생들에게 좋은 시민 정부의 기능과 목적을 부지런히 제시해줘야 합니다. 냉소주의와 패배주의는 이방인들이 좋아하는 것입니다. 그리스도인과 기독교 교육자들은 어둠이 저주라는 사실을 깨닫고, 무엇이 참 빛인지 파악할 준비를 해야 합니다. 학생들은 하나님이 현재 위치에 현재 권위자들을 세우셨다는 사실을 인식하며 성장해야 합니다. 또한 그들은, 주님이 원하시면, 경건한 정부들에게 필요한 권한을 얼마든지 주실 수 있다는 사실을 깨달아야 합니다.

국가의 역할을 교육하기 가장 좋은 출발점은 유치원입니다. 유치원에서부터 계속해서 각종 품행에 관한 성경적 기준을 강조하는 것입니다. 학교에서 이루어지는 바람직한 훈계는, 아이들에게 국가의 마땅한 모습을 간접적으로 가르쳐줍니다. 바로 공정한 행정관을 존경하는 시민 됨과 성경을 본받아 만들어진 법을 준수하는 삶입니다. 앞에서 다룬 대로, 옳고 그름에 대한 학생들의 존경과 순종은, 원래 하나님이 설계하신 대로 가정에서 시작되어야 합니다. 그것은 학교에서 시작될 수 없고, 시작되지도 않을 교육입니다. 다섯 살 아이도 그 행위로 자신을 드러냅니다. 하는 행실을 보면, 그가 깨끗한지 더러운지, 올바른지 그른지 알 수 있습니다잠 20:11. 그리고 다섯 살밖에 안 되었어도 제멋대로인 아이는, 학생들로 가득한 학급에서 선생님에게 큰 문제를 안겨줄 수 있습니다.

성경적 정부의 역사와 목적을 이해할 능력이 자랄수록, 학생들은 각 나라에서 무언가 잘못되고 있다는 사실을 점점 분명하게 인식할 것입니다. 그러므로 잘 세워진 역사적·성경적 기초 위에서, 학생들은 여러 가지가 급격하게 잘못되어 왔다는 사실을 제대로 배워야 합니다. 지금까지 각 나라 정부는 자기 영역에서 벗어나 가정과 교회에 대해 하나님이 정하신 영역을 계속해서 침범했습니다. 그것은 도덕적으로 아이들을 교육하려고 노력하면서 가정의 영역으로 노골적으로 침투했습니다. 가난한 사람들을 먹이고 입히려고 노력하고, 범죄자를 구제하려 애쓰면서(단순한 처벌과 비교해 보십시오) 교회의 영역으로 교묘하게 침투했습니다. 그러나 특별히 눈치가 빠르지 않아도, 두 영역으로 침투하려는 정부의 시도가 번번이 초라한 실패로 끝나고 있음을 금세 깨달을 수 있습니다.

국가의 역할은 가정을 교육하는 것이 아닙니다. 교회를 대신하거나 '정교분리'라는 신화를 강화하기 위해 합법성을 내세워 궁지에 빠진 교회를 지키는 것도 아닙니다. 국가는 가정과 교회가 악한 자들의 희롱과 학대, 방해를 두려워하지 않고 하나님이 명하신 임무를 능히 담대하게 수행하도록 보호하는 곳입니다.

우리 목적은 가이사의 학교를
찬양하는 데 있지 않다

교회와 마찬가지로, 기독교 학교는 흔히 '학교는 정식으로 교문을 열었을 때 시작된다'라고 생각합니다. 물론 그것이 논리적으로 합당한 가정이기는 합니다. 좋든 나쁘든, 우리의 생각은 항상 결과를 낳습니다. 기독교 고전교육 학교들은 자신의 역사적 기원뿐 아니라, 현재 공립학교들의 진화 과정까지 이해해야 합니다. 자신의 기원을 잊거나 모른다면, 가야 할 곳에 대한 시야를 잃어버릴 수밖에 없습니다. 그리고 공립학교가 어디에서 왔는지 모르거나 잊어버린다면, 현대 공립학교의 함정에 빠질 가능성이 큽니다.

유감스러운 예를 들어보겠습니다. 언젠가 한 기독교 학교의 운영위원으로부터 전화를 받은 적이 있습니다. 시작한 지 5년밖에 되지 않은 학교였는데, 제게 전화 건 사람은 학교의 창립 이념이 개교하자마자 신속하게 사라져 버렸다고 푸념하면서, 정부의 학교 인가 받는 것을 진지하게 고려하고 있다며 조언을 구했습니다. 그토록 멋지게 시작한 학교가 어떻게 그렇게 빨리 궤도를 이탈한 걸까요?

이 이야기를 읽으면서 '정부 인가 받는 것을 왜 그렇게 싫어하지?'라는 질문이 든다면, 성경과 여러분 학교의 역사 둘 다 충분히 이해하지 못하고 있을 가능성이 큽니다. 국가의 교육 침해에 관해, 제가 반복해서 조언한 것보다 훨씬 더 철저한 개관을 제시한 사람들이 많습니다. 여기에서 제가 할 수 있는 건 간략한 개관이 전부입니다. 이를 통해 '국가는 그저 빈약한 대리 교사일 뿐'이라는 점을 구체적으로 설명할 수 있기를 바랍니다.

카를 마르크스부터 호레이스 만과 존 듀이에 이르기까지, 국가의 현행 교육을 지지하는 세속 교육자 사이에서 흔히 나타나는 특징은, 기본적으로 인간은 선하며 오직 악을 멀리하기 위해 교육받아야 한다는 믿음입니다. 실패한 공산 국가의 설계자인 마르크스는, 공산당 선언의 일부로 국가에 공헌하는 질서정연한 시민을 길러내기 위해 모든 아이에게 무상 공교육을 제공하자고 제안했습니다. (정확하게 이야기하자면, 대다수 공교육 지지자들은 자신들이 이런 방식으로 공산주의 사상과 강하게 연결되어 있다는 사실을 거의 인식하지 못합니다)

그 후 19세기 중반, 유럽에서 비롯된 여러 새로운 사상에 반한 호레이스 만은 모든 아이를 위한 무상 공교육과 함께 의무 교육을 주창했습니다. 그는 부모들이 늘 자녀에게 사회에 필요로 하는 시민을 양성하는 교육을 하려 하지는 않을 것이기에, 어쩔 수 없이 국가가 부모들에게 억지로라도 '올바른' 일을 하도록 요구할 수밖에 없다고 믿었습니다. 그다음 단계는 분명합니다. 갑이 학교에서 무상 교육을 받게 하려고 을에게 세금을 거둬 비용을 충당해야 했을 것입니다.

그러나 호레이스 만은 무상 공교육의 구세주 같은 가능성을 너무나 확고하고도 진지하게 믿고 있었습니다. 그는 학교가 감옥 문을 닫을 비책까지 제공할 수 있다고 생각했습니다. 호레이스 만은 정말로 그렇게 믿었고, "이제 우리는 감옥을 텅 비울 것입니다"라고 역설했습니다. 무상 교육을 제공하는 사회가 이 같은 사회적 악의 감소를 통해 경건한 사회를 만들 거라고 말이지요.

'공교육의 아버지'로 불리는 존 듀이는, 이미 1930년대에 공립학교를 주창하고 많은 생각을 거기에 쏟아부었습니다. 듀이는 호레이스 만과 비슷한 생각을 품고 있었지만, 그렇게 이타적이지는 않았습니다. 적어도 호레이스 만은 '사람들에게 유익한' 것이 더욱 나아지고 개선될 거라고 주장했습니다. 옳고 그름에 관한 올바른 의식을 가지고 있었던 거지요. 하지만 듀이는 기본적으로 우리가 아이들을 빚어가야 하며, 아이들을 국가의 멋진 시민으로 만들어내기 위해 그들의 마음을 형성해야 하는데, 그것은 오직 교실에서 가능하다고 말했습니다. 듀이는 최초의 인본주의 헌장을 기초한 적극적 기고자였습니다. 그는 가정을 심하게 평가절하했고, 교육에서 가정이 감당해야 할 역할도 별로 존중하지 않았습니다.

마침내, 1930년대와 1940년대 루스벨트 행정부 아래에서, 미국 역사상 최초로, 국가가 자비로운 의료 제공자와 시민 양성자로 등장했습니다. 루스벨트 대통령 사후 10년 동안, 대법원장 얼 워런Earl Warren의 주도로 대법원이 사회를 교묘하게 조종한 1950년대에는, 정부가 교육에 더 적극적으로 개입하면서 공립학교가 완전히 달라졌습니다. 인종차별적 학교를 도덕적으로 정화한다는 구실로, 워런의 대법원은 매우 치명적인 조처를 했습니다. 1963년 이후부터 공립학교에서의 성경 읽기와 기도를 아예 불법으로 규정한 것입니다. 비록 그 체제가 제 구실을 못 했다 하더라도, 이런 최종 법안은 학교에서 일관성 있는 배움과 훈계를 하기 위한 기초를 송두리째 제거해 버렸습니다. 수십 년 후에 문맹과 청소년 범죄의 증가를 나타내는 각종 도표는, 역사상 이 시기부터 치솟기 시작했습니다.

이것이 바로 많은 기독교 학교에서 자신들의 (제 생각에는 성경에 기초한) 프로그램을 인정해달라고 애걸복걸하는 대상인 국가 체제의 실상입니다. 그런 학교들은 자기도 모르는 사이에 하나님에게 속한 것을 가이사에게 돌리고 있는 것입니다.

정부 인가와 교육의 우수성

새로운 가정을 면접할 때, 저희는 자주 정부 인가와 관련된 질문을 받습니다. 부모들이 교사 지원자에게 요구하는 증명서 요건을 묻는 것은 아주 흔한 일입니다. 이것은 이해할 만한 질문들입니다. 하나의 문화로서 우리가 내걸었던 조건들을 생각하면 말이지요. 직접적이든 무의식적이든 간에, 우리는 정부 인가와 교육의 관계가 미국 식품의약국FDA의 승인 도장과 식료품 품질의 관계와 같다는 이야기를 수없이 들었습니다. 다시 말해, 정부 인가를, 전문가들의 검증과 보장으로 받아들인다는 것입니다.

그런데 여기에서의 문제는, 식품의약국 도장과 식료품 품질의 상관관계가 정부 인가와 학교 교육 품질의 그것과 같다면, 식중독과 간염이 감기처럼 흔하게 발병하고 우리는 모두 자기 먹거리를 스스로 마련해야 할 것입니다. 많은 사람이 교육 분야에서도 같은 일을 했다는 사실은 그리 놀라운 일이 아닙니다. 결국 그들은 그들 자신의 학교를 세우고 말았습니다!

각 교육 기관과 교육자들에게 책임감을 느끼게 하고, 그들이 높은 기준을 유지하도록 확실히 조치하겠다는 생각은 매우 적절합니다. 그러나 이와 관련해서 최소한 두 가지 사항을 조심스럽게 고려해야 합니다.

1. 어떤 (상부) 기관이 각 교육 기관을 책임질 것인가?
2. 어떤 기준을 각 교육 기관의 평가 척도로 삼을 것인가?

너무 많은 그리스도인이 바로 이 문제에 관해 거의 조현병(라틴어 어원에는 '갈라진 마음'이라는 뜻이 있습니다) 수준의 증세를 나타내는 것을 볼 때마다 너무 실망스럽습니다. 아이들과 자녀 훈련에 관련된 여러 다양한 문제에 관해, 대다수 그리스도인은 즉시 성경을 의지합니다.

거두절미하고 바로 본론으로 들어가자면, 성경은 별 해명 없이 부모가 1차 교육자라고 분명하게 말합니다. 부모야말로 아이를 교육 기관에게 맡기는 책임을 직접 짊어져야 할 당사자입니다. 교육에 관한 한 국가는 어떤 성경적 권위도 부여받은 것이 없습니다. 그러니까 이런 명확한 성경적 지침에 의하면, 각종 기준도 부모에게 달려 있다는 말씀을 국가가 제대로 따르지 않는 것입니다.

제 주장이 별로 설득력 있게 들리지 않을 수 있으니, 다른 논점을 더 고려해 보겠습니다. 정부 인가를 받은 학교가 점점 더 나은 교양 있는 시민을 지속적으로 후세에 남겨주었습니까, 아니면 정반대였습니까? 더구나 실제적 인가 과정은 특정 학교의 학생들이 보여주는 학습 수행에 거의 관심을 두지 않습니다. 정부 인가 과정은 주로 물리적 설비와 교직원 수에만 관심이 있습니다.

그러나 로고스학교는 (학교 운영위원회를 통해 발언권을 행사하고 통로가 되어서) 가족들의 집단적 권위 아래 직접 학교를 운영하고 있다고 믿을 뿐 아니라, 교직원 상당수가 학부모로 구성되어 있습니다. 모든 교직원과 학교 업무 전반에 대한 우리의 기준은, 성경에서 비롯된 것입니다. 그러므로 아이들을 사랑하는 것과 그들에게 그리스도의 삶을 본으로 보여주는 것은 일종의 의무적 기준입니다.

끝으로, 교육의 우수성은 국가에서 인정하는 별 의미 없는 인증서가 아니라, 학생들의 삶에 분명하게 드러나는 자질로 충분히 분별할 수 있습니다.

최종 위험 지대

정부라는 '가이사'는 점점 더 큰 권력과 영향력을 휘두르며 성장하고 있습니다. '가이사' 아우구스투스 황제가 살아서 지켜봤다면, 질투로 얼굴이 벌겋게 달아올랐을지 모르겠습니다. 이제 정부 교육 기관은 공립학교를 규제하고 통제하는 데 만족하지 않습니다. 사적으로 이루어지는 교육은 사실상 전면 포위당한 상태입니다. 그러므로 기독교 학교는 기도하는 마음으로 두려움에 빠지고픈 유혹을 피해가며, 소위 입법자들을 움직이는 세력의 다양한 행동과 계획에 세심한 주의를 기울이며 경계해야 합니다.

최근 10~20년 동안 남극 대륙 같은 곳에서 고립되어 산 사람 외에는, 누구나 소송을 즐기는(?) 이 시대와 사회의 경향을 잘 인식하고 있을 것입니다. 여기에는 기독교 학교 안팎에서 그들을 향해 법정 소송을 제기하는 사람들이 엄청나게 늘어나고 있는 현실도 포함됩니다. 고용 관행에서 퇴학의 근거가 되는 징계 기준들에 이르기까지, 기독교 학교는 문서화 된 정책을 분명하게 두루 갖추고 있어야 하며, 해당 시대의 정신을 적절히 충족시키는 정관들을 갖춰야 합니다. 잠재적 문제들을 잘 이해하고 있는 그리스도인 변호사의 법률 조언도 필요할 경우 동원할 수 있는 유용한 수단입니다. 정부는 기독교 교육자들에게 친숙한 관심사에 별로 공감하지 않으며, 오히려 전과 달리 더 튼튼히 무장한 채 오래되고 엄격한 기준들을 기독교 학교에 혹독하게 적용하고 있습니다.

잠재적인 정부의 교육 침해나 핍박의 또 다른 영역은, 기독교 학교가 정부로부터 재정을 지원받는 과정 가운데 생겨납니다. 더 노골적으로 말하자면, 기독교 학교는 특정인이나 특정 단체로부터 재정 지원을 받아서는 안 됩니다. 그 안에 명확하게 단서 조항이 붙어 있지 않다면 말입니다. 정부 지원금을 포함한 모든 돈은, 단단히 채워져 있어서 배의 운명을 결정짓는 닻처럼 여겨야 합니다. 그렇게 조심하지 않는다면, 타이태닉호가 겪은 것과 같은 끔찍하고 엄청난 사건을 학교도 경험하게 될 것입니다.

마지막으로 건강, 세금, 어린이 보호, 복지, 위생, 교통 등의 영역을 담당하는 다양한 (그리고 합리적인!) 정부 기준에 맞게 학교를 운영해야 한다는 것을 기억하십시오. 그리스도인으로서 우리는 시설 안전과 청결 상태를 잘 관리해서 우리의 소중한 아이들을 돌보고 보호하는 데 최선을 다해야 합니다. 물론 정부는 아이들을 돌보는 문제와 관련해서 우리와 다른 목적과 방식을 추구합니다. 상식과 성경적 지침은 국가가 아이들에게 좋은 것이라고 간주하는 영역에서 아무런 역할을 담당하지 못하고 있습니다. 그러나 정부의 각종 규제 조치가 언제나, 반드시 법적 구속력을 갖는 것은 아님을 기억하기 바랍니다.

기독교 학교 운동의 일부인 고전교육 학교들은 하나님이 세우신 정부 기관을 존중함으로써 성경적으로 올바른 생각과 행동의 모범을 제시하고 이끌어야 합니다. 때로는 기대하지 않았거나 익숙하지 않은 방식으로 가정과 교회, 정부 기관을 대해야 할 필요도 있습니다. 그러므로 경건한 분별력과 하나님 말씀에 관한 연구야말로 그리스도인 교육자들이 반드시 갖춰야 할 선결 조건이자 지속적으로 요구되는 조건일 것입니다.

19강

+

학교와 부모의 소통: 친권위임론 원리

탐 스펜서

책을 보고 풀어도 되는 문제를 하나 내보겠습니다. 아이들을 가르치고 훈련할 권위를 학교에 주었다는 말씀이 성경 어디에 나올까요? 구체적인 장과 절로 답해보십시오. 이 질문이 난처하다면, 심사숙고할 가치가 있는 다른 문제를 내보겠습니다. 학교는 지금과 같은 권위를 어디에서 얻게 되었을까요? 오늘날 사람들 대다수가 교육이 국가 기관의 책임이라고 생각합니다. 우리는 "학교는 국가 기관으로부터 권위를 위임받았다"라고 말합니다. 물론 정부도 교육에 관여하고 싶어하지요. 그런데 성경은 뭐라고 말하고 있을까요?

신명기 6장에는 다음과 같이 기록되어 있습니다.

이스라엘은 들으십시오. 주님은 우리의 하나님이시요, 주님은 오직 한 분뿐이십니다. 당신들은 마음을 다하고 뜻을 다하고 힘을 다하여, 주 당신들의 하나님을 사랑하십시오. 내가 오늘 당신들에게 명하는 이 말씀을 마음에 새기고, 자녀에게 부지런히 가르치며, 집에 앉아 있을 때나 길을 갈 때나, 누워 있을 때나 일어나 있을 때나, 언제든지 가르치십시오. 또 당신들은 그것을 손에 매어 표로 삼고, 이마에 붙여 기호로 삼으십시오. 집 문설주와 대문에도 써서 붙이십시오신 6:4-9.

하나님은 정부나 학교를 전혀 언급하지 않으십니다. 오직 부모만 언급하셨습니다. 아이들을 가르치는 것에 관한 또 다른 성경 말씀을 살펴보겠습니다. 에베소서 6장입니다.

자녀 여러분. 주가 여러분의 인도자로 세우신 부모에게 순종하는 것이 마땅합니다. 약속이 담긴 첫 계명은 이것이었습니다. "너의 부모를 공경하여라. 그러면 네가 잘 되고, 땅에서 장수할 것이다." 아버지 여러분, 자녀를 지나치게 꾸짖거나 그들이 계명에 순종하기 어렵게 만들지 마십시오. 기독교의 가르침과 훈육으로 양육하기 바랍니다엡 6:1-4.

이 두 말씀은 하나님이 부모에게 아이들을 가르칠 권위를 허락하셨다고 분명히 지적합니다. 그렇다면 학교는 아이들을 가르칠 권위를 어디에서 얻었단 말입니까? 학교가 휘두르는 막강한 권위의 원천을 세밀하게 조사하기 전에, 그 권위가 직접 하나님에게서 비롯된 게 아니라는 사실에 주목해야 합니다.

역사적으로, 학교는 부모 대신 교육을 담당한다는 '친권위임론'Loco Parentis 원리라는 법률적 개념을 기초로 운영되었습니다. 이 개념에 의하면, 부모는 일시적으로 낮 동안만 학교 당국에 자기 권위를 위임합니다. 이 개념은 18세기 영국의 법학자 블랙스톤William Blackstone에게까지 거슬러 올라가는 오랜 역사를 갖습니다. 그는 이렇게 썼습니다.

> "(어떤 사람)은 … 일평생 살아가면서 아이의 개인 교사나 교사에게 부모의 권위 일부를 위임한다. 그리하여 이 교사는 부모 대신 아이를 교육하게 되며, 부모의 권한 일부를 자기 책임으로 갖게 된다. 다시 말해, 자신을 고용한 목적을 이루는 데 꼭 필요한 경우, 그 책임에는 제제와 교정이 포함된다."[1]

이 강의의 일차적 초점은 아니지만, '의무 취학법'Compulsory Attendance Laws이 어떻게 이 같은 역사적이고 법률적인 가르침의 흔적을 지워왔는지 주목해보십시오. 일단의 법률가가 비성경적 가정에 기초한 법률을 통과시켰습니다. 부모가 아니라 정부에게 자녀 교육의 책임이 있다는 법 말입니다. 미국 연방대법원은 지금까지도 이 수정안을 지지하고 있습니다. '잉그레이엄 대 라이트' 사건Ingraham v. Wright●은 이런 판결로 끝이 났습니다.

> "학교 권위의 원천으로서 부모 권위의 위임이라는 개념은 의무 교육

● 1977년 플로리다주 공립학교의 징계 체벌 정책을 두고 벌인 재판으로 결국에는 미국 연방대법원이 이를 옹호함 – 역자 주

법과 완전히 조화를 이루지 못하고 있다."[2]

학교 관리자와 운영위원, 교사들은 오늘날 공립학교가 운영되는 철학적 기초를 올바로 인식하고 있어야 합니다. 의무 취학법은 비성 경적 전제에 기초하고 있습니다. 그러나 학교의 적절한 역할에 관한 우리의 가정은 대부분 학교에 관한 개인적 경험에 기초하고 있습니다. 우리는 성경적 기초 위에서 학교의 적절한 역할을 엄격히 재평가해야 합니다.

기독교 학교는 부모들에게 위임된 권위를 부여받습니다. 이 권위는 기독교 학교의 각종 활동을 위한 기초입니다. 학교에서 각종 프로그램을 설계할 때, 모든 부모의 기대를 충족시키려고 애써서는 안 됩니다. 학교는 수많은 각양각색의 부모들과 함께 일해야 합니다. 그들 모두 서로 다른 기준들을 갖고 있기 때문에, 항상 모든 부모를 만족시키는 것은 불가능합니다. 오히려, 학교에서는 학습과 징계, 과외 활동과 관련된 프로그램들에 필요한 원칙을 확립해야 합니다.

이런 원칙들에는 각 학교의 교육 철학이 반영될 것입니다. 일단 학교에서 부모들에게 이런 원칙들을 명확하게 표현하고 나면, 그렇게 수립된 프로그램을 지지할지 말지 결정하는 것은 전적으로 부모들에게 달려 있습니다. 더 구체적으로 말하자면, 어떤 규모의 학교에서도 완전히 독립적으로 수많은 프로그램을 개설할 수 없습니다. 그건 형식적인 교실 환경이 갖는 장점도 아닙니다. 모든 부모가 자기 아이들을 위해 그런 프로그램을 모조리 선택하지는 않을 것입니다. 다만 그렇게 기대할 뿐이지요.

학문적 기준에 관한 밑그림을 그리는 사람들은 정책 구조 속에서 부모의 권위를 인정해야 합니다. 그들은 여러 정책을 수립할 때 부모의 권위를 인정하면서도 오히려 훼손하지 않도록 주의를 기울여야 합니다. 세심한 주의를 기울이지 않는다면, 부모의 책임과 충돌하는지도 모른 채 공립학교에서 흔히 볼 수 있는 정책을 설계할 수도 있습니다. 일선 학교에서 학습 프로그램을 만들려고 할 때, 부딪히는 몇 가지 실제적인 문제를 살펴보겠습니다.

부모의 책임은 입학 허가 절차에도 영향을 미칩니다. 학교에서는 학생을 등록시키기 전에, 먼저 부모들을 만나보아야 합니다. 관리자들은 어떻게 부모가 자기 역할을 바라보고 있는지 판단해야 합니다. 부모들은 이 문제에 관해 대략 두 가지 범주로 나뉘는 것 같습니다.

먼저, 아이들을 훈련하고 교육하라고 하나님이 자신들에게 부여하신 책임을 이해하는 부모들이 있습니다. 그리고 이 개념을 이해하지 못할뿐더러, 자기 책임을 포기하는 부모들도 있지요. 이렇게 자기 책임을 포기하는 부모들의 역할을 학교가 대신하려고 시도하는 것은 엄청난 실수가 될 것입니다. 학교는 그렇게 할 권위가 없습니다.

우리가 어떤 유형의 부모들을 다루고 있는지 어떻게 구분할 수 있을까요? 학교에 무엇을 기대하고 있는지 부모들에게 물어보십시오. 왜 자녀를 여러분 학교에 등록시키기 원하는지 물어보십시오. 그리고 조심스럽게 경청하십시오. 그들의 기대가 무엇인지 찾아보십시오. 그들이 성경적 대답, 성경의 장 절을 또렷하게 표현할 수 없을지도 모릅니다. 그렇다면 부모들의 행동은 그들이 자신에게 맡겨진 책임을 완수하고 있다는 사실을 보여주고 있습니까? 혹시 동반자나 대리 부모를 찾고 있지는 않습니까? 만약 부모가 책임감이라는 망토를 여러분에게 건네려 한다면, 그들의 자녀를 학교로 받아들이지 않는 것이 더 현명한 판단일 것입니다.

새로운 학교 관리자와 교직원들에게 문제의 중요성을 각인하는 것은 쉽지 않은 일입니다. 학교 교육 프로그램의 성공은 대부분 여기에 달려 있을 것입니다. 학교를 통해 가정의 열악한 상황을 이겨낼 수 있을 거라는 어리석은 생각에 빠지지 마십시오. 절대 그렇게 되지 않을 것입니다. 가정에서 아이들의 건실한 생활이야말로 여러분이 계속해서 세워가야 할 기초입니다.

그렇다면 언제 부모의 지원이 필요할까요? 그 대답은 여러분이 상상하는 것보다 훨씬 더 많은 시간이 될지도 모릅니다. 아이가 학급에서 그릇된 행동을 할 때, 부모의 도움이 필요합니다. 아이가 읽는 법을 배우느라 씨름할 때, 부모의 지원이 필요합니다. 부모가 노력하지 않는다면, 상급생들은 고전적 기독교 교육 철학을 받아들이지 않을 것입니다.

저는 캔자스주 토페카Topeka의 캐어 패러블 라틴 학교Cair Paravel Latin School에서 개발한 입학 허가 신청 자료 일부를 살펴볼 기회가 있었습니다. 그 자료에는 학교 관리자들이 이 문제가 얼마나 중요한지 경험을 통해 알고 있다는 사실이 디자인과 구성에서부터 명확하게 드러나 있었습니다. 그 신청서에는 학교 프로그램에 나타난 수많은 특수성과 차별성이 명확하게 드러나 있었습니다. 저는 이 신청서를 요구한 학부모 중 많은 이가 결국 등록을 포기하지 않았을까 생각합니다.

그렇지만, 이것은 좋은 일입니다. 이 학교가 모든 학생을 위해 프로그램을 설계한 것이 아니기 때문입니다. 그러나 캐어 패러블 학교에 자녀를 등록시킨 부모들은 그런 학습 프로그램이 어떤 교육 철학에 기초한 것인지 잘 알고 있을 것입니다. 또한 그 학교에서 자녀 교육에 관해 자신들에게 어떤 역할을 기대하는지도 잘 알고 있을 것입니다.

학교에서 부모를 존중하는지 아닌지 확인하는 가장 확실한 방법 한 가지는, 교사들이 시의적절하게 부모들과 소통하는지 살펴보는 것입니다. 여러분은 학교에서 자녀에 관해 너무 많은 정보를 보낸다고 한탄하는 소리를 들어본 적 있습니까? 아이가 학습 문제로 고군분투하고 있다면, 교사는 부모에게 그 사실을 정확히 알려주어야 합니다. 학생이 부모에게 복음을 제시하도록 요구하거나 선생님과 상담하기를 원하지 않는다면, 학교에서 이 사실을 부모에게 알려야 합니다. 시의적절한 소통은 학교가 누가 권위자인지 알고 인정한다는 사실을 보여줍니다.

로고스학교에서는 학부모가 정기적으로 중요한 정보를 받아볼 수 있게 몇 가지 정책과 지침을 개발했습니다. 초등 과정에서는 각 교사가 매주 가정 통신문을 보냅니다. 부모는 그것을 통해 주중에 학생들의 학습과 활동 관련 정보를 받아봅니다. 또한 교사들은 다가오는 시험이나 숙제에 관해 학부모에게 이렇게 공지합니다. 초등학생과 중고등학생을 둔 학부모들은 해당 학년 동안 적어도 여덟 번의 성적표를 받게 됩니다. 네 번의 중간고사 성적표와 네 번의 기말고사 성적표가 그것이지요. 이 성적표들에는 각각 학부모가 교사나 관리자들과 소통하기 위해 기록할 공간이 있습니다. 저희는 1년에 두 번 학부모 – 교사 컨퍼런스를 열고 있습니다. 또한 아이들이 특정 과목에서 탈락할 위험이 있을 때, 성적을 발표하기 최소 2주 전에 학부모에게 그 사실을 통지합니다. 하지만 이것은 학교에서 학부모에게 할 수 있는 최소 수준의 소통일뿐입니다.

부모의 책임은 학습 프로그램에 여러 방식으로 영향을 미칩니다. 학교에서는 하나님이 부여하신 책임을 부모들이 완수하도록 지원하기 위해 교사들을 고용합니다. 각 학급은 다양한 능력을 지닌 학생들로 구성됩니다. 하나님은 모든 아이를 똑같이 만들지 않으셨지요. 어떤 아이들은 더 총명하고, 어떤 아이들은 다른 아이보다 더 빨리 배웁니다. 각 학급에는 아마도 학습 영역에서 어려움을 겪는 학생들도 분명 있을 것입니다. 흔히 나타나는 이런 모습은 불충분한 공부 습관이나 수업에 집중하지 않는 데서 비롯됩니다. 때때로, 어떤 프로그램은 해당 학생에게 너무 버거울 수 있습니다. 이유가 무엇이든, 결과적으로 교사는 학생에 대한 자신의 관심과 우려를 표현하기 위해 학부모와 접촉해야 합니다. 학교와 학부모가 각자의 책임을 잘 이해하고 있다면, 해당 학생의 필요를 채워주기 위해 함께 노력할 것입니다. 그래서 교사는 학부모의 지원을 받고, 학부모는 해당 아이의 성품과 필요, 능력을 이해하도록 교사를 도울 것입니다. 이것이 바로 학부모-교사 소통이 주는 유익입니다.

교사가 특정 학생을 염려해서 학부모에게 그 상황을 어떻게 다루어야 할지 조언을 구할 수도 있습니다. 그 특별한 상황이 어떤 것이든 간에, 해결책을 찾는 데 중요한 부분은 부모와 접촉하는 것입니다.

학교가 어떻게 학부모를 바라보는지 알려주는 또 다른 지표는 정보를 요구하는 학부모에 대한 반응입니다. 학교와 교사는 정보를 요구하는 학부모들에게 시의적절한 반응을 보여야 합니다.

학생이 그 학교의 학습 진도를 따라갈 수 없다고 느낄 때, 또 다른 학습 관련 상황이 발생합니다. 중고등학생들에게 흔히 일어나는 일인데요. 그것은 조기 교육의 여러 결함에서 비롯된 것일 수 있습니다. 그런 경우, 학생들이 학교의 학습 진도를 따라잡도록 도울 책임은 누구에게 있을까요? 현재 과정에 숙달하도록 학생을 도울 책임은 분명 학교에 있지만, 부모도 학생을 도울 책임을 받아들여야 합니다. 부모는 아이에게 추가 개인 교습을 받게 하거나 개인 교사를 고용해야 할 수도 있습니다. 부모의 역할과 학교의 역할 사이에는 분명한 차이점이 있습니다.

징계는 학교와 부모가 서로 협력해야 하는 또 다른 영역입니다. 로고스학교에서 학생에게 주는 가장 심각한 징계 중 하나는 공식적인 교장실 방문입니다. 교사가 해당 학생을 교장 선생님에게 데려가 부정행위, 욕설, 다툼, 교직원에게 불손한 태도를 보인 것 같은 문제에 관해 이야기하는 것이지요.

교장실 방문 결과에 따라, 학생들은 특정 형태의 징계를 받게 되는데요. 이를테면, 초등학생에게는 적절한 벌칙 활동이, 중고등학생들에게는 손해 배상이 될 수 있습니다. 이 정책에서 가장 필수적인 부분은 교장실 방문 이후 관리자가 학부모와 접촉하는 것입니다. 관리자는 위법 행위와 징계 문제에 관해 학부모에게 알려야 합니다.

학교 운영위원회는 하나의 전제 위에 이 과정을 확립했습니다. 곧, 학부모는 학교에서 제기한 징계 문제를 지지하는 게 당연하다는 가정입니다. 학교와 학부모가 위법행위에 대한 징계에 동의한다면, 그 징계는 매우 효과적이며 해당 학생에게 큰 유익을 끼칠 것입니다. 그러나 학부모가 이를 지지하지 않는다면, 그 과정은 실패하고 말 것입니다.

학교의 징계 절차에 학부모가 동의하지 않으면, 어떻게 될까요? 종종 그런 일이 발생할 것입니다. 그렇다면 관리자는 스스로 옳다고 믿으면서도 자신의 결정을 바꿔야 합니다. 학부모는 자신이 동의하지 않아서 관리자가 결정을 번복했다고 학생에게 말해줄 수 있습니다. 그런 상황에서, 관리자는 학부모가 직접 징계에 관한 결정을 내리도록 요청해야 합니다. 협력 관계는 학부모와 관리자에게 아주 중요합니다.

출석 관련 정책과 지침도 학교 프로그램의 요구와 학부모의 권한이 충돌할 수 있는 영역입니다. 모든 학교 프로그램은 학생의 규칙적인 출석을 기본으로 합니다. 그러나 학부모는 그래야 한다고 생각될 때, 아이들이 하루나 일주일 동안 학교에 가지 않도록 할 권한을 가지고 있어야 합니다. 출석 관련 정책은 학기 중이라는 이유로 학부모가 아이와 함께 휴가 떠나는 것을 금지해서는 안 됩니다. 학교에서 관리자가 결석의 장점을 판단하는, 다시 말해 합당한 이유가 있는 결석과 그렇지 않은 결석을 일방적으로 규정하는 정책을 만들어서는 안 됩니다(학생이 부모 허락 없이 마음대로 수업을 빼먹어도 된다고 말하는 것이 아닙니다).

그러나 학교에서는 학습 프로그램의 통일성을 유지하는 선에서 어디까지 학부모의 희망을 수용하고 협력할지 결정해야 합니다. 이것은 균형 잡기 아주 어려운 조치입니다. 하나님이 부모에게 허락하신 엄청난 책임을 고려한다면, 학생들이 학습이나 품행 면에서 기대에 미치지 못할 때, 마땅히 감당해야 할 몫보다 더 많은 비난을 학교가 떠안아서는 안 됩니다. 아무리 좋은 학교라도 가정에서 취약한 부분을 완전히 극복할 수는 없기 때문이지요. 이런 추론 과정을 따라, 학교에서는 성공적인 학생들에 관해 부모를 대신해서 너무 많은 공로를 가로채서는 안 됩니다. 다시 말하자면, 한편으로 학교에는 성공적인 학생들의 삶에 강력한 기초를 세울 많은 강점이 있습니다. 이런 생각을 바탕으로 학교는 실패와 성공에 관한 평가를 적절히 조화시켜야 합니다. 그래서 교직원은 학교 프로그램을 평가할 때 지나친 자부심과 좌절감을 피해야 합니다. 여러분이 여러분 학교의 표준 평가 시험 점수를 평가할 때나 학생들이 다른 학교로 떠나갈 때, 이 점을 명심하기 바랍니다.

　마지막으로, 여러분이 학교에서 학부모 역할을 얼마나 잘 이해하고 있는지 파악하고 싶다면, 학교가 방문한 학부모들을 어떻게 대하는지 관찰해보십시오. 학부모는 사전에 알리지 않고 방문할 때에도 환영받고 있습니까? 학교에서는 마땅히 그래야 합니다. 학교에서는 학부모가 최고의 'VIP'이기 때문입니다.

　자기 딸이 속해 있는 1학년 교실에 도움을 주려 했던 다른 학교의 학부모 이야기를 들은 적이 있습니다. 담당 교사는 학생들이 산만해진다는 이유로 그 어머니가 교실에 드나드는 것을 허락하지 않았습니다. 끈덕지게 요구한 끝에 교사를 돕도록 허락받았지만, 그 어머니가 할 수 있는 것은 교실이 아닌 복도에서 소수 학생에게 책을 읽어 주는 것뿐이었습니다. 결국 교사는 어머니가 교실 안으로 들어오는 것을 허락하지 않았습니다. 얼마 지나지 않아 그 어머니가 자기 딸을 보낼 다른 학교를 찾아다니게 된 것은 그리 놀라운 일이 아닙니다.

　학부모는 학교를 방문할 때마다 환영받는다고 느껴야 합니다. 우리 학교에는 매주 중고등학생 교실을 방문하는 어머니가 있습니다. 분명 이것은 교사를 신경 쓰게 하는 일이지만, 우리는 자신의 책임을 진지하게 받아들이는 부모를 존중해야 합니다. 다만 자기 아이들이 받는 훈련에 관해 모든 부모가 부지런히 점검하기를 바랄 뿐입니다. 대법원에서는 부모 대신 교육한다는 친권위임론 원리에 관한 가르침이 재고할 여지 없는 케케묵은 것이라고 여길지 모르지만, 여러분 학교에서는 그에 관해 깨어 경계해야 합니다.

20강

+

학교 설립의 시작 단계들

탐 가필드

시중에 나와 있는 기독교 학교 설립에 관한 책이나 자료는 상당히 많습니다. 기독교 고전교육 학교를 시작한다는 중요한 문제와 관련해서 모든 주요 영역을 세심하게 살펴보려고 한다면, 웬만한 분량으로는 절대 모든 것을 다룰 수 없을 것입니다. 예를 들어, 각종 복잡한 일이 수반되기 때문에, 커리큘럼 선정에 관해서는 아주 간략하게 언급하고 넘어가야 할 것입니다. 그러나 본질적 한계들을 이해하고 있다면, 이제부터 나눌 내용을 통해 여러분의 고민을 어느 정도 덜 수 있을 것입니다.

왜 이 일을 시작하고 싶은가?

기독교 학교 설립 계획을 진지하게 고려하는 것에 관한 자신의 동기를 꼼꼼히 살펴보는 것은, 가장 중요하고도 일차적인 관심사입니다. 아주 진지하게 말해서, 학교 세우는 일에 과감히 뛰어들어 헌신하겠다면, 여러분(과 초기 단계에 관련된 모든 사람)은 이 질문에 답해야 합니다.

"도대체 왜 학교를 시작하려고 하는가?"

연애할 때처럼 상기된 얼굴빛이 신속하게 사라지기 전에, 그런 감정 아래 있는 실체 속으로 얼른 뛰어 들어가는 편이 더 낫습니다. 그 아래에는 꼭 필요한 실질적 기초를 탐색하는 여러 질문이 자리 잡고 있습니다.

고전교육 학교를 세우려는 일차 동기 중에서 어디까지가 반사적 충동이고, 어디까지가 이성적 추론일까요? 공립학교를 떠나는 이유는 불을 보듯 분명하고 뻔할지 모릅니다. 거기에는 명시적 문제와 암시적 문제가 수없이 존재합니다. 로고스학교에 자녀를 보내려는 학부모들을 여러 해 동안 만나면서, 저는 그런 동기를 갖게 되는 두 가지 원인이 있다는 것을 알게 되었습니다. 하나는 반사적 충동이라고 부르는 범주로, 여기 해당하는 부모들은 "~라는 이유로 저는 도저히 공립학교를 견딜 수 없어요. 그래서 다른 걸 시도하기 원한답니다"라고 이야기합니다. 반면 또 다른 범주인 이성적 추론을 하는 부모들은 다음과 같이 이야기합니다.

"오랜 시간에 걸쳐 우리는 아이들을 성경적으로 교육해야 한다는 결론에 도달했어요. 그래서 그렇게 할 최선의 방법을 찾는 중이지요."

물론 두 가지 동기가 뒤섞인 경우도 있습니다. 교육에 관한 성경적 확신을 가진 동시에, 공립학교에 환멸을 느낀 부모들이 그런 경우인데요. 어쩌면 이것이 여러분의 상황을 대변할 수 있을지 모르겠습니다.

여러분을 움직이는 동기 중에서 실제로 그 일을 계속 밀고 나가게 하는 것이 무엇인지 세심하게 판단해 봐야 할 더 많은 이유가 있습니다. 온갖 다양한 반사적 충동들이 시들해지면서, 이집트로 돌아가려 했던 이스라엘 백성과 같은 상황이 벌어질 것입니다.

"생각해보면 이집트에서의 노예 생활도 나쁘지만은 않았어. 그렇지?"

"정말 어려운 일이기는 하지만, 이집트 왕 바로(여기에서는 '미국 교육협의회')가 마음을 바꾼다면, 돌아가는 것도 한번 고려해볼 만해. 그렇지?"

오직 모세와 같은 확신이 있어야만 광야를 지나 계속 전진할 수 있습니다.

여러분은 정말 아이들을 위해 학교를 세우려고 하는 건가요? 아니면, 추상적인 목표 때문인가요? 제 말이 다소 이상하게 들릴지 모르겠습니다. 또한 이 질문은 단지 등록 학생 숫자만 언급하는 것이 아닙니다. 분명 여러분은 장래에 가르치게 될 수많은 학생을 염두에 두고 학교를 세워야 합니다. 그것은 아주 멋진 계획일 수 있지만, 그렇지 않을 수도 있습니다. 저는 지금 전체 인구 중 작은 부분을 차지하는 어린이들의 본성, 관심사, 죄악, 특징, 나이, 성별 차이, 능력 등에 관해 여러분이 얼마나 이해하고 있는지를 묻고 있는 것입니다. 여러분은 어떤 아이들을, 얼마나 알고 있습니까? 여러분은 장차 (여러분 학교에서) 가르치게 될 미래의 교사 후보들을 몇 명이나 알고 있습니까? 다시 묻습니다. 정말 잘 알고 있습니까?

그렇지 않다면, 학생들에 관한 다음과 같은 그릇된 가정들을 품고 학교를 시작하려는 유혹이나 경향이 여러분 안에 도사리고 있을 가능성이 큽니다.

1. 타당성이 충분히 증명되어 신뢰할 만한 고전 방법론을 그냥 적용하면 되니, 몇 년 후에는 학생들 대부분을 천재로 만들 수 있다.
2. 그리스도인 가정의 아이들, 특히 우리 학교에 등록한 아이들은 거의 징계할 필요가 없을 것이고, 징계가 필요한 상황은 아주 드물게 일어날 것이다.
3. 우리 학부모들은 학교와 교사를 충실하게 끊임없이 지지할 것이다.
4. 아이들은 학교를 사랑하고 자연스럽게 서로를 친절하게 대할 것이다. 운동장에서조차 그럴 것이다.
5. 유치원에서 상급반으로 올라간 아이들은 라틴어와 헬라어, 미적분 방정식을 충분히 자기 것으로 흡수하며 자연스럽게 실력을 키울 것이다.
6. 우리 학생들은 열정적으로 배우고 싶어 할 것이다. 특히 우리 학교 같은 이상적 환경에서는 더 그럴 것이다.

또한 여러분을 정말 크게 실망하게 할 다른 가정이 있습니다. 다시 말해, 자랑스럽게만 생각하며 이런 가정들을 꼼꼼히 현실에 비춰 보지 않는다면, 여러분은 그것 때문에 크게 실망하게 될 것입니다.

각종 개념이 충분하지 않다면, 아이들에 관해 더 많이 공부하고, 그로 인해 얻은 폭넓은 이해를 바탕으로 학교와 프로그램을 계획해야 합니다.

여러분은 어떤 포괄적이고 장기적인 비전을 갖고 있습니까? 성경은 "계시(비전)가 없으면 백성이 방자해진다"라고 경고합니다잠 29:18. 비전은 단지 특정 반사 행동이 아니라, 무언가를 이미 성취된 것으로 바라보고 싶어 하는 미래 개념이나 그림입니다. 그렇다면 학교를 향한 여러분의 비전에는 훨씬 더 많은 실제 내용이 필요할 것입니다. 자기 아이를 돌봐달라고 여러분 학교에 맡기기 전에, 그 시점부터 계속해서, 학부모들은 여러분(과 여러분 학교)의 비전에 관해 기본적인 것들을 알아보고 점검하기 원할 것입니다.

1. 우리 학교는 공립학교와 어떤 차별점을 갖고 있는가? (사실 더 중요한 질문은 이것입니다) 우리 학교는 다른 기독교 학교와 어떤 차별점을 갖고 있는가?
2. 도대체 이 '고전교육'은 교육과 무슨 관련이 있는가?
3. 우리 학교 졸업생들이 장차 어떤 모습의 사람이 되기 바라는가?
4. 교사와 교직원에게 어떤 자격을 요구할 것인가?
5. 도대체 어떤 계획을 통해 이 같이 고상하고 이상적인 목표들을 달성할 것인가?

이것은 여러 잠재적 질문을 극단적으로 축약한 것일 뿐입니다. 처음 교문을 열기 전부터, 여러분은 수백 번도 더 이런 질문을 받게 될 것입니다. 언젠가 C. S. 루이스가 이런 말을 했습니다.

"우편엽서 뒷면에 한마디로 요약할 수 없다면, 어떤 개념이든 진정으
로 훌륭한 것이 아니다."

누구나 개념을 분명하고 간결하며 의미심장하게, 그리고 반복해
서 표현할 수 있어야 합니다. 사실상, 학교 설립 과정에 참여한 거의
모든 사람이 이렇게 그 비전을 또렷이 설명할 수 있어야 합니다. 많
은 학교가 (로고스학교가 그런 것처럼) 처음에는 한 사람의 뚜렷한 비전
으로 시작되지만, 그 비전을 다른 사람들이 이해하고 붙잡지 않는다
면, 오래도록 유지하기 어려울 것입니다. 단순히 그 일을 반복할 뿐
아니라, 훌륭하게 해내기 위해서는 상당히 많은 사람이 필요합니다.

그러므로 여러분의 비전을 정확하게 알기 위한 두 번째 부분은 다
음 질문을 깊이 생각해보는 것입니다.
"당신의 비전을 공유하고 있거나 공유하게 될 사람은 누구인가?"
종종 그런 유혹을 받겠지만, 혼자 모든 것을 추진하는 것보다, 같
은 생각을 하는 사람을 최대한 많이 찾아내서 함께해야 합니다. 어떻
게 해야 그럴 수 있을까요?
가까운 곳부터 살펴보십시오. 동역자를 찾기 위해 먼 곳을 헤매거
나 바라보지 마십시오. 먼 곳에 있으면 학교에 모여 함께 무언가를
계획하기 어렵습니다. 담대하시기 바랍니다. 여러분이 출석하는 교
회 또는 그 지역의 다른 건강한 성경 중심적 교회들에서, 기독교 고
전교육 학교의 여러 모습과 그에 관한 여러분의 비전을 함께 토론하

기 위해 같은 마음을 품은 그리스도인들을 만나고 싶다고 적극적으로 광고하십시오.

일단 그런 이들과 정기적으로 모여 대화하기 시작하면, 여러분은 두 개의 기본 집단(보통 성별에 따라 나뉘지만, 꼭 그런 것은 아닙니다)이 형성되는 것을 금세 알게 될 것입니다. 한쪽은 "잠깐만요! 제게 좋은 생각이 있어요!"라고 반응하는, 타고난 비전의 사람Visionary으로 구성된 집단인데, 그들은 대부분 남성이며 신체 노동을 별로 하지 않는 이들일 것입니다. 다른 쪽은 "책상은 어디서 구해야 할까?"라며 관리·행정과 관련된 걱정을 많이 하는 집단으로, 대부분 여성이거나 자신의 작업대를 꾸미기 좋아하는 남성일 것입니다. 두 집단 모두 이 중대한 계획 단계에 꼭 필요한 사람들입니다. 이상적 비전을 제시하는 사람이 없었다면 대륙 횡단 철도는 절대 꿈도 꾸지 못했을 것이고, 미국은 (남북이 아니라) 동서로 분리된 나라가 되었을 것입니다. 또한 관리와 행정에 관심 많은 사람이 없었다면, 그 철도는 아마 노선 중간쯤 어디선가 멈추고 말았을 것입니다.

무엇을 기초로 활용해야 하는가?

여러분은 모든 것을 포괄하는 최우선순위로 기독교 교육에 관한 자기만의 철학을 갖고 있어야 합니다. 비전과 마찬가지로, 이것은 여러분이 하는 모든 일에 영향을 미칠 것입니다. 달리 표현하면, 여러분이 하는 모든 것에 그런 교육 철학이 반영될 것입니다. 길과 목적지가 다른 것처럼, 철학과 비전은 서로 다릅니다. 그 철학이 잘 발전

되면, 신뢰할 수 있는 '길'이 되고, (비유를 더 확장하면) 시간이 지나면서 정의가 확장되고 보강되어, 학생들이 그들을 위한 여러분의 비전을 향해 달려가게 해줄, 튼튼하고 평탄한 '4차선 고속도로'가 될 것입니다. 멋지지 않습니까?

여러 강의를 엮은 이 책 내용에 비추어볼 때, 우리는 여러 차례 되풀이해서 여러분에게 고전적이고 기독교적인 바탕에 깊이 뿌리를 둔 교육 철학이 존재한다고 가정할 것입니다. 그러니 여기서 다시 이 철학을 심층적으로 살펴보는 것은 필요 없고, 나아가 적절하지 않은 일입니다. 이 철학의 본질을 더 상세히 살펴보기 원한다면, 다른 자료들을 참고할 수 있습니다.[1]

그러나 여러분의 철학에 관한 기본적이고 성경적인 적용 방안으로 적합한 여러 총체적 고려 사항들이 있습니다. 여기에서 우리는 학교에 성경적 권위를 적용하는 문제와 더불어, 관련된 기본 질문들을 심사숙고해보려 합니다.

1

교회가 학교 운영을 맡게 된다면, 운영위원회는 어떤 사람들로 구성하고, 가정의 성경적 권위는 어떤 방식으로 검토·적용하려고 하십니까? 완벽하게 통제하지는 못한다 해도, 교회는 보통 기본적으로 두 가지 이유로 학교와 밀접하게 관련되어 있습니다. 첫 번째, 같은 마음을 품은 교회 가족들 사이에는 강한 공감대가 형성되어 있어서, 결과적으로 학교 환경과 관리, 방향성에서도 훨씬 더 큰 동질성을 띠게 됩니다. 두 번째, 교회는 이미 완벽하게 학교 친화적 시설을 갖추고 있고, 재정 측면에서 공동으로 자원을 충당하고 통합하게 됩니다.

이 두 가지 이유에는 심각한 함정이 도사리고 있는데요. 같은 교회에 출석하고 있다 해도, 사람들은 실제 자녀와 학교에 대해 아주 다양한 교육 목표를 갖고 있습니다. 바로 이 점이 언젠가 매우 명확하게 드러날 수 있는 함정입니다. 물론 교회에서 운영하는 학교가 이론적으로 잘 될 수 있습니다. 중요한 열쇠는 가정의 권위와 역할을 어떻게 인식하고, 실제로도 이를 기능적으로 인정하는지 점검하는 것입니다.

2

경영 구조에 관한 또 다른 대안은 가정들이 학교 운영에 함께 참여하는 체제입니다. 이것이 이상적이거나 막연한 성경 메시지처럼 들리는 것은, 그 체제가 대체로 다음과 같은 방식으로 운영되기 때문입니다. 곧, 학교와 관련된 모든 가정은 공동 목적 진술에 서약해야 하며, 학교와 관련된 대다수 또는 거의 모든 결정에 전적으로 참여해야 합니다. 이것은 직접 민주주의 형태이며 그런 형태의 정부에서와 마찬가지로, 오늘날 거의 활용되지 않습니다. 왜 그럴까요? 너무 덩치가 커져서 함께 운영하는 것이 어렵기 때문입니다.

그러나 다시 말하지만, 이것은 얼마든지 가능한 방식입니다. 상당수 기독교 학교가 지금도 그렇게 운영되고 있기 때문입니다.

3.

일반적으로 선택하는 경영 구조는 '위원회 운영 방식'입니다. 학부모가 학교를 경영하고 방향을 제시하는 위치에서 적극적으로 섬기게 하는 이 구조는, 공화정이나 대의 제도 형태와 더 비슷합니다. 그러나 다양하고 변덕스러운 학부모들의 압력에 상관없이, 운영위원회가 설립자의 본래 비전을 충실하게 고수하는 것이 매우 중요합니다.

4.

중앙 정부 기관들, 지방 자치 단체, 지방 공교육 담당 기관, 여러 다양한 교육 단체와 운영상 제휴 관계를 맺는 것은 어떨까요? 그런 관계에서는 신중한 관계 형성과 유지가 필수적입니다. 이렇게 조심스럽게 접근하려면, 어떤 관계에서든 본질상 유익한 점들과 우려 사항에 관해 철저히 조사해야 합니다.[2]

이 영역과 관련된 수많은 질문에 관해, 다시 말해, 자문 기관과 관련해서, 가장 중요한 사항은 이것입니다. 여러분은 이런 철학적 질문들의 답을 어디서 구하시겠습니까? 분명 성경이 온갖 지혜의 일차 자료이기는 하지만, 그 외에 적용 가능한 실제적 지혜는 어디서 얻을 수 있습니까? 머지않아 다른 이차 자료도 매우 유용하다는 것이 입증될 것입니다.

다음 단계를 적절히 대비하면, 누가 친구인지를 정하는 과정에서 매우 큰 도움이 될 것입니다. 여러분의 교육 철학에 기초한 사명 선언문과 학교의 목적은 매우 구체적인 방식으로 전체 교육 프로그램의 방향을 결정할 것입니다. 관리자들이 학교를 올바른 방향으로 가게 하기 위해 바라볼 것이 바로 이런 목적들입니다. 여기에서 각종 정책과 지침이 나오고, 이 문서들로 커리큘럼 목표를 결정하고 평가할 수 있습니다. 목적 진술과 사명 선언문은 여러 해 동안의 업무 처리 기준을 설정하기에 충분할 만큼 포괄적이어야 하지만, 교육에 관한 각 학교의 독특한 접근 방식을 명확하게 표현할 만큼 구체적이기도 해야 합니다.

예를 들어, "우리는 학생들이 훌륭한 시민으로 자라나도록 훈련하려고 한다"라는, 아주 근사하고 건전한 목적이 있다고 해봅시다. 그런데 이 목적은 여러분의 독특한 교육 철학을 반영하면서도, 집행부와 교사들이 프로그램을 수립하는데 필요한 지침을 제공하고 있습니까? 전성기의 구소련에서도 학생들을 '훌륭한 시민'으로 훈련했습니다!

로고스학교는 자기 이익만 도모한다고 비난받을 위험을 무릅쓰고, 포괄적 기준을 제공하면서도 지난 15년 동안 교직원들에게 방향을 제시할 만큼 충분히 구체적인 목표들을 발전시켜왔습니다. 이런 목표들은 얼마든지 잘 설정할 수 있습니다.

또 다른 고려 사항은 여러분의 비전이 학교 프로그램 구조로 자리잡도록 구체적으로 실행하려고 할 때 실제로 활용할 수단들입니다. 시설에 관한 이야기는 아니지만, 이것은 커리큘럼 관련 결정뿐 아니라 학교 시설에도 중대한 영향을 미칠 것입니다. (여러분은 아직 시설에 관한 사항을 구체적으로 언급하지 않았다는 사실에 주목할 것입니다. 우리가 우선순위에 따라 주제를 다루고 있으며, 그것이 다른 항목들만큼 중요하지 않기 때문이지요)

교육 프로그램의 구조와 범위를 결정하는 과정에서, 여러분의 선택은 자신의 비전을 지원하거나 방해하게 될 것입니다. 다시 말해, 구체적으로 진술한 철학이 있다면 가장 좋은 안내자가 될 것입니다. 예를 들어, 일반적으로 학교에서는 재원 조달에 도움이 되기 때문에 주간 보육 프로그램을 진행합니다. 하지만 이것은 프로그램 실행을 결정하기에 너무 빈약한 동기입니다. 오히려, 그것이 정말로 여러분의 비전 성취에 도움이 되는지 판단해서 결정해야 합니다. 여러분 학교가 다른 훌륭한 기독교 학교들의 기존 네트워크와 소통하는 환경을 만들지 못하고 있다면, P-12●나 K-12●● 프로그램만 개설할 것을 강력히 추천합니다. 고전교육의 목적과 장점을 고려할 때, 모든 과정을 마무리하지 않고 도중에 종결하는 것은 매우 불합리한 일입니다. 그러나 여러분 학교에서 고등학교 프로그램을 시도할 거라는 소식이 널리 알려지면, 열과 성을 다해 이를 막으려는 수많은 반대자가 나타날 것입니다. 이쯤 되면 방어 장비와 공격 무기를 모두 곁에 두어야 합니다. 고등학교가 비용이 아주 많이 들고 운영하기 버겁지만, 노력을 쏟아부을 가치는 충분히 있습니다.

프로그램 구조와 범위에 관련된 그다음 문제는 교실 구조를 선택하는 것입니다.

1. 여러분이 생각하는 이상적인 '학생 대 교사' 비율은 무엇입니까? 여러분은 그 문제를 어떻게 처리할 생각이며, 여러분이 생각하는 비율에 도달한 뒤에는 어떻게 그 상태를 유지할 계획입니까?

2. (다양한 수준의 학생들을 섞어놓는) 통합 반을 운영할 계획입니까? 교직원과 재정을 최대한 효과적으로 활용하기 위해, 적어도 당분간은 그렇게 할 필요가 있을지 모르겠습니다. 몇 개 정도의 (수준별) 집단을 한 반으로 묶을 생각입니까? 이를 효과적으로 풀어낼 방법

● 유치원부터 고등학교까지의 교육 과정 - 역자 주
●● 초등학교부터 고등학교까지의 교육 과정 - 역자 주

과 함께, 찬성과 반대에 관해서도 세밀하게 점검하십시오.

3. 같은 나이의 아이들끼리 학년을 형성하는 방식을 고수할 생각입니까? 아니면 학습 수준과 능력에 따라 학년을 구분할 생각입니까? 후자의 방식도 교실에서 적용 가능하며, 흔히 좀 더 운영하기 쉬운 방법일 수 있습니다.

교직원과 관련된 문제들

여러분은 누구를 '최전선'에 배치할 생각입니까? 첫 교직원(가장 바람직하게는 관리자)을 고용하기 전에, 먼저 교직원과 중요사항부터 정해야 합니다.

첫 번째, 권위 계통을 확립해야 합니다. 누가 지휘하고 누가 따를 것인지 정해야 합니다. 지휘 계통을 명확하게 설명하고 지지하기 위해 반드시 정리해야 할 문서 자료는 무엇일까요? 예를 들면, 특정 종류의 문서화된 계약서가 필요할 것입니다. 마음에서 우러난 악수로 충분하던 시절은 지나간 지 오래니까요.

두 번째, 상호 책임 관계를 심사숙고해야 합니다. 모든 교직원이 제 역할을 잘 감당하고 있는지 어떻게 판단할 수 있을까요? 제안 드리자면, 하나의 문서에 업무 분담 지침과 평가 수단을 모두 명시해놓으십시오. 그런 다음, 여러 자격 조건을 고려해보십시오. 교사에게 어떤 자격이 필요하다고 생각하십니까? 업무 분담 지침과 함께 영적, 전문적, 철학적, 실제적, 인격적 기준을 명시한 서류들을 마련할 필요가 있습니다(필요에 따라 이것저것 차용하여 채택할 수도 있습니다).

그밖에도 수많은 실질적 문제들이 있습니다. 교직원을 모으기 전에 형태를 갖춰야 할 다른 주요 정책 중에는 다음과 같은 것들이 있습니다: 선발, 면접, 각종 점검 자료, 고용, 봉급, 훈련, 유급, 퇴학/해고.

여러분 학교의 관리자는 중요한 역할들을 감당하도록 교사들을 지도하고 감독하고 인도하며, 온 마음으로 지지하는 사람이어야 합니다. 학교 전체에서 유일한 핵심 인물이기 때문에, 그렇게 중요한 사람을 고용할 때는 엄청나게 많은 숙고와 기도가 뒷받침되어야 합니다. 여러분은 첫해부터 최고 관리자를 고용할 계획입니까, 아니면 관리자 없이 운영해볼 생각입니까? (저는 재정 압박을 무릅쓰고라도 어떻게든 관리자를 고용하시기를 강력하게 추천합니다. 교사들이 어마어마한 혜택을 누리게 될 것입니다!) 남성과 여성 중 어느 쪽이 더 학교에 적합할까요? 여러분에게 관리자의 성별이 중요한가요? (분명히 그럴 수 있습니다) 풀타임과 파트타임 중 어떤 형태로 근무하게 하는 것이 좋을까요? 풀타임 교사가 파트타임으로 관리자 업무를 감당하면서 학교를 시작하는 것도 현실적 대안이 될 수 있을 것입니다. 그것이 아무도 임용하지 않는 것보다 훨씬 더 바람직합니다. 또한 파트타임 관리자를 세우는 것이, 그가 어느 정도 역량을 갖춘 사람이라면, 아무도 없는 것보다 훨씬 낫습니다.

관리자의 업무 분담 규정과 평가 방법은 아주 중요합니다. 그러므로 누군가를 고용하기 전에, 반드시 제대로 된 문서 양식을 갖춰야 합니다. 교사를 징계하거나 해고할 경우, 학교 분위기가 흐트러질 수 있습니다. 하지만 관리자를 징계하거나 해고하면, 그것만으로도 학교에 부정적이고 파괴적인 영향을 미칠 수 있습니다. 이 자리가 그만큼 중요하다는 방증이겠지요.

그렇다면 여러분 학교에서 가르치며 그 일을 감당할 훌륭하고 사랑 많고 희생적이고 헌신적인 이들을 어디서 찾을 수 있을까요? 저 역시 로고스학교에서 이 질문을 가장 자주 받았습니다. 다행스럽게도 여러분이 무엇을 추구하고 있으며 교직원들에게 무엇을 원하는지 잘 알리고, 그에 합당한 사람을 찾을 가능성이 큰 접촉점들이 있습니다.

- 학부모 지지자들(교직원 후보자를 찾기에 가장 좋은 집단입니다)
- 신뢰할 만한 지역 교회들
- 기독교 학교 연합 기관
- 기독 교사 연합 단체

몇 가지 최종 고려 사항

학생 선발 과정도 신중하게 연구하고 준비해야 합니다. 앞에서 이에 관해 많은 이야기를 들었을 테니, 이 강의에서는 간략히 다루도록 하겠습니다.

학교를 알리는 수단으로 흔히 광고 매체를 떠올릴 것입니다. 하지만 광고 자체가 학생들을 데려오지는 않습니다. 아마도 여러분(과 여러분 학교)을 신뢰하는 학부모의 말을 듣고 믿음직하다고 여기게 된 또 다른 학부모가 자녀를 데려오는 경우가 대부분일 것입니다. 이른바 '입소문'이라는 것인데요. 입소문은 직접 활용할 수는 없지만, 확실히 가장 좋은 학생 선발 도구입니다. 여러분이 올바로 모든 것을 진행하고 있다면, 학생들은 분명히 찾아올 것입니다. 여러분이 세운 입학 승인 정책과 관례들은, 주위 평판은 말할 것도 없고, 학교 분위기와 운영과 교육에 지대한 영향을 미칠 것입니다. 그러니 현명하게 선택하십시오!

여러분에게 많은 학생이 있다고 가정해보십시오. 여러분은 학생들과 무엇을 어떻게 할 계획입니까? 이런 관점에서 확실하게 결정하고 전달해야 하는 다양하고 잡다한 고려사항 목록이 있습니다. 가령, 징계는 단순 체벌보다 훨씬 더 많은 의미를 갖습니다. 교칙을 확실히 세워야 하지만, 그것은 하나님의 법과 동등하지 않습니다. 학급 운영 규칙은 간단하고 많지 않아야 하며, 비슷해야 합니다. 절차와 부모 참여, 성경적 기초를 명확히 언급하는 징계 정책도 사전에 갖춰야 합니다. 복장 규정도 고려해야 합니다. 교복을 입을지 말지. 교복을 입는다면 어떻게 시행할 것인지 정해야 합니다. 교복을 입는 것이 좋다고 생각되면, 아예 처음부터 시행하는 것이 좋습니다.

교육 프로그램은 지혜롭게 선택하고 수립하십시오. 처음 한 것들이—원하든 원하지 않든—금세 전통으로 자리 잡기 때문입니다. 특히 방과 후 과외 프로그램은 여러분이 잘할 수 있는 것만 시도하시기 바랍니다. 학습 프로그램은 여러분의 철학에 기초해서 정해야 합니다. 주변에서 본받을 만한 모델들을 골라 적용해보십시오. 하지만 한 곳만 따라 하거나 한 곳에서 모든 프로그램을 구하지는 마십시오. 여러분 입맛에 따라 원하는 재료를 선택하고 적절하게 조리하십시오. 일단 초기 프로그램 지침을 마련했다면, 그다음에는 소규모일지라도 '전문' 자료 제공자(교육기관이나 출판사, 선교단체 등)와 접촉해보십시오. 학력 평가, 숙제, 진급/유급 기준, 수업 계획, 시험(수업이나 표준 학력 평가를 위해), 보고서 등에 관한 기준도 갖춰야 합니다.

시설과 재정

드디어, 세속적(!)으로 여겨질 수도 있지만, 아주 중요하고 필수적인 재정과 시설 문제가 남았습니다. 먼저, 재정 문제에 관한 '손쉬운 해결책'은 존재하지 않는다고 생각하십시오. 무엇을 먼저 할지 결정하고 나서 어떻게 하기 원하는지 결정하고, 그런 다음 두 가지 영역에 필요한 예산을 세우십시오. 그렇게 하면, 수입이 생길 때 어디에 지출할지 결정하게 될 것입니다.

급료 지출 장부는 가장 중요한 항목이며, 반드시 그렇게 취급해야 합니다. 가능한 한 급여를 많이 주고, 거기서부터 계속 인상하려고 노력하십시오(그 지역의 생활 수준을 고려해야 합니다). 그다음으로 중요한 항목은 커리큘럼에 필요한 자료들이고, 시설을 비롯한 모든 경비를 포함한 총비용이 그 뒤를 이어야 합니다. 자료는 가능한 한 최선을 다해 구입하십시오. 싸구려 교재와 자료를 학생들에게 제공하지 마십시오. 어디선가 지출을 줄여야 한다면, 시설 부문에서 그렇게 하십시오.

재정 관련 정책을 수립해야 합니다. 여기에는 수업료를 결정하고(이것으로 총비용을 감당할지, 아니면 후원 그룹을 일으킬지 결정해야 합니다), 수입을 모으고, 예산을 세우고, 청구서를 지불하고, 각종 보고서를 작성하고, 운영 체계를 수립하는 것이 전부 포함됩니다. 또한 학교

홍보와 장학금, 모금에 관한 언급, 그리고 학교 발전을 위한 여러분의 역할도 명확하게 문서로 작성하십시오.

시설은, 최대한 비용을 아끼되, 최대한 보기 좋게 갖추는 것이 좋습니다. 학교를 둘러싸고 이해 관계자들 간에 '정치적' 갈등이나 분쟁을 벌이지 않도록 주의하십시오. 모든 시설을 깔끔하고 청결하고 안전하게 유지하십시오. 이것은 꼭 필요한 일이며, 학교의 효율성과 사기, 평판에 지대한 영향을 미칩니다. 조금이라도 가능성이 있다면, 통학 버스 운행은 피하기를 권합니다. 그러나 해야 한다면, 필요한 모든 비용을 지출하십시오. 정부가 학교에 개입해서 통제하지 못하도록 주의하십시오. 시설 관리 계획을 수립하고 그대로 실천하십시오. 이 모든 것을 진행하는 가운데, 후원자들과 계속해서 충분히 소통하십시오.

여러분이 지금 고려하고 있거나 진행하고 있는 학교 설립과 운영 프로젝트는, 인류에게 주어진 가장 힘겨운 과제 중 하나인 '다음 세대를 효과적으로 훈련하는 과업'입니다. 그러나 우리에게 이것을 명령하신 주님이, 그렇게 하는 데 필요한 은혜와 힘도 공급하실 것입니다. 잘 감당하기 위해 꼼꼼하게 계획을 세우고, 자신과 타인의 실수를 통해 배우십시오. 말씀과 기도로 충만한 상태로 모든 것을 결정하며, 우리를 인도하시는 하나님의 걸음에 보조를 맞추십시오. 우리 주님은 신실한 분이십니다!

나가며

공교육의 흥망성쇠

더글라스 윌슨

호레이스 만은 미국 공립학교의 아버지 같은 인물입니다. 안타깝게도 역사적 기독교 신앙에 매우 적대적이었던 그는, 더 예의 바르고 온건한 믿음, 곧 인간에 대한 믿음으로 그것을 대체하려 했습니다. 역사적 기독교가 죄인들이 스스로 상처를 입힐 수 있을 만큼 예리한 칼날을 너무 많이 지닌 것 같았기 때문인데요. 이런 인본주의적 믿음을 전파하기 위해 그가 선택한 '엔진'이 바로 공립학교였습니다. 그러나 진실한 믿음의 사람이었음에도, 호레이스 만은 자신이 믿는 신으로부터 초래되는 문제들을 전혀 예상하지 못했습니다. 그는 이렇게 말했습니다.

"공립학교가 역량을 키워나가도록 하자. 공립학교가 받아들여질 여지가 있는 곳에서 효과적으로 진행되도록 하자. 그러면 형법전에 등장하는 범죄의 90퍼센트가 없어질 것이다. 사람들은 낮 동안 훨씬 더 안전하게 돌아다닐 수 있을 것이다. 이제 더는 밤마다 모든 베개가 더럽혀지지 않게 될 것이다. 각자에게 더욱 강한 소유권을 보장함으로써 사람들의 재산과 생명, 성품이 매우 굳건히 지켜질 것이다. 찬란하게 빛나는 미래에 관한 모든 합리적 소망을 넉넉히 마음에 품게 될 것이다."[1]

그러나 지금 우리는 그가 말한 것과 정반대되는 침울한 광경과 마주하고 있습니다. 지난 세기에 인본주의 선각자와 선지자들이 제시한, 공교육을 향한 열렬한 메시아적 비전과 전혀 비교할 수 없는 광경 말입니다. 놀라울 만큼 엄청난 재정을 투입했지만, 학력 기준은 급격히 낮아졌고, 부모들은 아이들의 신체적 안전마저 걱정해야 할 상황에 처했습니다. 수많은 학교 관리자들이 의자 밑에 붙여놓은 껌 대신 의자 밑에 숨겨둔 총을 염려하고 있으며, 출입문에 금속 탐지기를 설치하는 것을 진지하게 고려하고 있습니다.

사실 이런 보잘것없는 결과는 그리 놀라운 것이 아닙니다. 이미 19세기에 진지하게 사고하던 신실한 그리스도인 몇 사람이 그런 사탕발림에 속지 않은 덕분입니다. 앞에서 언급한 대로, 미국 남북 전쟁 때 남부 연합 소속이었던 '스톤월' 잭슨'Stonewall' Jackson● 장군의 참모 장교 대브니R. L. Dabney는, '중립적인' 양질의 교육을 제공하겠다는 정부의 시도가 어디로 자신들을 이끌고 갈지 분명하게 예언했습니다. 그는 이런 공립학교에서 무슨 일이 벌어질지 진작부터 잘 알고

● 'Stonewal'은 '고집 센'이란 의미를 가진 단어 - 역자 주

있었던 것입니다.

"우리는 지금까지 그런 학교들의 전적인 세속화가 논리적으로 피할 수 없는 결과임을 주목해 왔습니다. 그러니까 그리스도인들은 다음과 같은 결과들에 대비하여 스스로 준비해야 합니다. 공립학교는 곧 모든 기도와 교리문답, 성경 공부를 궁극적으로 교정에서 몰아낼 것입니다."

프린스턴대학의 위대한 신학자 핫지는, 공립학교가 세워진다면, 그것들은 지금까지 이 세상에 나타난 무신론의 엔진 중에서 가장 강력한 것임이 입증될 거라고 말했습니다. 불행하게도, 당시에는 대브니와 핫지처럼 통찰력을 가진 그리스도인이 그리 많지 않았습니다.

공립학교 이면에서 작용하는 지적 원동력이 불신앙에서 나왔고 명백하게 인본주의적이었다 해도, 학교들이 여전히 해당 지역에서 그리스도인들에게 통제받고 있었기 때문에, 당시에는 그런 상황을 심각하게 받아들이지 않았습니다. 오히려 청교도적 복음주의 그리스도인들은 공립학교를 자신들이 세운 학교처럼 우호적으로 대했습니다. 로마가톨릭도 공공연히 이에 동조했고, 복음주의 공립학교에 대응하기 위해 교구 학교 체제를 시작하기도 했습니다. 오직 소수의 그리스도인만이 중립성이라는 '누룩'을 올바로 감지했고, 그것이 우리를 어디로 이끌어갈지 정확하게 인식하고 있었습니다. 당시 진짜 문제를 올바로 파악한 그리스도인이 거의 없었다는 것과 지금도 그런 문제를 깨닫지 못하는 그리스도인들이 부지기수라는 현실 중에서, 어떤 것이 더 놀라운 일인지 파악하기 어렵습니다.

공립학교는 미국에서 기독교가 압도적으로 공공연하게 문화를 주도하던 시절에 형성되었습니다. 이것이 바로 오늘날 일부 그리스도인이 향수에 젖어 당시를 회상하는 이유입니다. 그들은 그 시대 공립학교를 회상하고, 《McGuffey's Readers》(맥거피의 독자들)●를 읽던 시절을 그리워하면서, 기도가 금지되기 이전의 어린 시절 학교를 회상하곤 합니다. 하지만 이렇게 향수에 젖는 것은 한 가지 사실을 완전히 무시하는 접근 방식입니다.

무엇보다 공립학교는 처음부터 기독교 신앙에 반하는 사고에서 나온 것입니다. 인본주의자들이 우리에게 세금을 거둬서, 우리가 거부하는 세계관에 따라, 우리 자녀를 교육하라고 강요하는 현실이 정상적인 걸까요? 그렇지 않다면 왜 우리는 그들이 그렇게 하도록 내버려 두고 있는 걸까요?

자녀 교육은 부모가 책임져야 하며, 누구도 다른 사람의 자녀를 교육하기 위해 국가의 강제력을 사용해서는 안 됩니다. 교육과 관련해서, 부모는 자녀 교육의 본질을 규정하고, 비용을 지불하고, 방향을 설정하고, 그 과정에서 해야 할 것들을 통해, 마지막 날에 자녀를 하나님 아버지 앞에 드려야 합니다. 이것이 하나님의 법이며, 그분의 존재가 교육상 무관심의 대상인 것처럼 행세하는 시민 행정관을 통해서는 절대 따를 수 없는 법입니다.

우리에게 교육은 가장 종교적인 일 중 하나입니다. '세속적으로'

● 19세기 중반부터 20세기 초반까지 미국 학교에서 교과서로 사용했고, 지금도 홈스쿨러들이 읽고 있는 문학 시리즈 - 역자 주

유리한 지점에서 실행할 수 있을 거라 생각하는 것은 우스꽝스러운 짓입니다. 중립을 가장한 태도를 한동안 보일 수 있겠지만, 그것은 과도기적 사기 전술에 지나지 않습니다. 특정 문화에서 떠받드는 신들을 점진적으로 다른 것으로 바꿔 갈 때, 그 문화는 일반적으로 한꺼번에 전부 내버리는 것을 용인하지 않습니다. 그 문화는 점진적으로 그렇게 하도록 설득되어야 하며, 중립을 추구하는 척하는 것은 대부분 충분한 시간이 있어야 그런 변화가 이루어진다는 사실조차 전혀 눈치채지 못하도록 교묘히 은폐합니다.

그리스도인 가운데 대중적으로 받아들여지는 가정들과 달리, 공립학교의 붕괴는 1960년대에 '그릇된 방향으로 돌아선' 결과가 아닙니다. 그들은 "학교에서 하나님을 몰아냈는데, 결과적으로 무슨 일이 벌어졌는지 한번 보라"라고 말합니다. 그러나 60년대 이전에도 공립학교를 지배한 신은 우상이었습니다. 그로 인해 참 신앙을 제대로 이해하지 못한 사람들이 거짓 신에게 기도하는 것을 좋아하게 되었지만, 이것은 그 우상이 무슨 천상의 양식이나 되는 것처럼 신적 특성과 속성을 갖고 있었기 때문에 벌어진 결과입니다.

그리스도인들이 어린아이 수준의 이해력에 머물러서는 안 됩니다. 우리는 성숙한 마음 자세를 가져야 하며, '자신의' 공립학교를 구하려는 인간적 시도들에 관해 회개해야 합니다. 스스로 복음주의 그리스도인이라고 고백하는 사람들이 공립학교에서 직접 자기 아이들을 과감하게 데리고 나온다면, 머지않아 그 뒤에서 철저하게 무너지는 거짓 신의 커다란 울부짖음을 생생하게 듣게 될 것입니다. 이런 그리스도인들이 공립학교를 떠나지 않는다면, 그렇다고 해도 아주 느린 속도로 무너지기는 하겠지만, 그 안에 있는 우리 아이들 역시 깡그리 무너지게 될 것입니다.

소타 기독 아카데미 Sorta Christian Academy

그러나 공교육을 떠나는 것만으로는 충분하지 않습니다. 기독교 학교 중에도 그에 못지않게 잘못된 곳이 많습니다. 하지만 이런 비판적 시각에서는 어떤 학교도 눈에 차지 않을 것입니다. 그래서 비평가들은 '혼합주의 학교'Composite School라는 용어를 사용하는데, 여기에서 저는 그것을 '소타 기독교 아카데미'Sorta Christian Academy라고 부르겠습니다.

소타 기독교 아카데미는 우리가 겪고 있는 문화적 위기 상황의 심각성을 제대로 인식하지 못합니다. 세속 문화와 학교들이 점차 갈라서고 있다는 인식 가운데 세워졌지만, 이 아카데미는 복음주의 문화권에도 같은 질병이 퍼져 있다는 사실을 모르고 있습니다. 그래서 현대 교회도 의식 있는 '인식론 센터'로 제대로 자리 잡지 못했습니다.

전체 기독 교회는 성경에 따라 신속하게 개혁되어야 하며, 그런 개혁이 이루어질 때까지, 소타 기독교 아카데미를 포함한 대다수 기독교 학교는 계속해서 현대 복음주의 종교의 피상적이고 부분적인 성격만 반영할 것입니다. 기독교 학교는 특정 기독교 하위문화의 문화적 발현이라고 할 수 있는데요. 이 하위문화가 신앙에 관한 인식론 위기에 처했다면, 학교들은 이 상황을 고스란히 반영할 것입니다. 소타 기독교 아카데미가 바로 그런 경우인데, 거기에서 사람들은 전체 교회의 위기 상황을 제대로 바라보거나 올바로 이해하지 못하고 있습니다.

소타 기독교 아카데미에서는 부모의 교육 책임을 근본적으로 인정하지 않습니다. 성공하는 기독교 학교는 항상 성공하는 그리스도인 부모를 섬기는 청지기여야 합니다. 학교가 부모를 대신해서는 안 됩니다. 그러나 소타 기독교 아카데미에서 성공하는 학생에게 분명히 나타나는 경향은, 그의 인생에서 학교가 핵심 추동력이었다고 주장한다는 것입니다. 이런 일이 노골적으로 벌어지는 상황에서, 그것은 가장 유감스럽게 여겨져야 합니다. 그러므로 소타 기독교 아카데미는 겸손하게 청지기 역할을 감당하는 학교답게 처신해야 합니다. 기독교 학교는 가정과 유사한 집단이 아니라, 경건한 부모를 섬기는 보조 기관입니다.

소타 기독교 아카데미에서는 기독교 학교와 기독 교회 간의 중요한 차이점도 정확히 인식하지 못합니다. 기독교 학교는 교회에서처럼 공식 예배를 드리거나, 선교 기관처럼 활동하거나, 열심 있는 어린 학생들에게 멘토링과 제자 훈련 프로그램을 제공하는 곳이 아닙니다. 기독교 학교는 교회나 선교 단체가 아닙니다.

소타 기독교 아카데미에서는 기독교 문화와 불신 문화 간의 근본적인 대조를 충분히 이해하지 못합니다. 결과적으로, 그들은 대부분의 수업 시간에서 공립학교의 교육 방식을 그대로 사용합니다. 기독교적 요소는 성경 수업이나 채플 같은 맛보기 요소로 추가할 뿐이지요. 하나님의 진리를 공립학교 학생들이 먹는 음식에 추가하는 조미료처럼 여기는 것입니다. 그러니까 대부분의 수업에서, 빛과 어둠의 대조가 뒤섞여 불분명해집니다.

"하나님이 존재하든 아니든, '2 더하기 2'는 '4'입니다. 맞습니까?"

이 질문에 올바로 대답할 그리스도인이 많지 않다는 것은, 엄청난 비극입니다. 그리고 기독교 학교에서 교사가 학생에게 그 질문에 관한 답을 말해주지 않는 것은, 도저히 용서할 수 없는 일입니다.

소타 기독교 아카데미에서는 국가에 충성하는 것과 그리스도에게 신실한 것의 차이를 적절히 구분하지 못합니다. 교회사 시간에 오순절 사건이 1776년 (미국에서) 독립선언을 발표할 때 일어난 것처럼 가르치고, 가룟 유다의 역할을 맡았을지 모르는 토머스 페인Thomas Paine●을 프랭클린이나 제퍼슨, 워싱턴 같은 사람들과 함께 사도 Apostle로 거론합니다. 그러나 기독교적 관점으로 역사를 바라보는 것과 기독교적 색깔로 역사를 꾸미는 것은, 전혀 다른 접근 방식입니다.

소타 기독교 아카데미는 지금까지 일부 사람들이 자기네를 '마지막 기회를 주는' 기독교 학교로 생각하도록 내버려 두었습니다. 또한 그곳을 다니고 싶어 하지 않거나 적대적 태도를 보이는 학생까지 무조건 받아들이기 때문에, 그 부모들은 기독교 교육에서 부모의 권위를 강조하는 목적과 기능을 전혀 이해하지 못합니다. 불행히도 소타 기독교 아카데미 역시 이 점을 명확히 이해하지 못하고 있습니다. 그것이 바로 이 학교가 사회 하층민의 교육 대안으로 부각되었다가 정상 궤도를 벗어나 '지역 119 구조대'로 전락해버린 이유입니다. 부모를 돕는 청지기가 되어야 한다는 가장 중요한 성경적 책임을 잊어버

● 미국의 건국 선조 중 하나 - 역자 주

렸기 때문에, 소타 기독교 아카데미는 스스로 표류할 수밖에 없습니다. 교사는 좌절하고 부모는 갈 바 몰라 방황하고, 학생은 뿌루퉁해 있습니다. 사려 깊고 순종적인 부모로 구성된 핵심 집단이 없다면, 소타 기독교 아카데미는 그리 효과적이지 않은 권리 침해를 일삼는 다는 비난에 직면할 것입니다.

소타 기독교 아카데미는 자신을, 아직 충분히 자라지 않은, 공립 학교의 꼬마 동생쯤으로 여깁니다. 이 학교는 공손히 모자를 손에 든 채, 방문 허락을 받고 정부 기관에 찾아가, 자기들의 프로그램을 인 정해 달라고 나지막이 요청해 왔습니다. 하지만 정부의 승인이 그렇 게 중요했다면, 애당초 사립 기독교 학교들은 존재하지 못했을 것입 니다.

그런데도 소타 기독교 아카데미는 성경적 비전이 전혀 없기 때문 에, '참교육'이라는 관점에서 볼 때 전혀 본질적이지 않은 돈, 등록 인원, 건물, 농구 프로그램을 비롯한 갖가지 다른 외적 요소들로 성 공 여부를 평가받습니다. 그들은 결국 '인가 학교는 원칙적으로 통제 받는 학교'라는 사실을 발견하게 되는 쪽으로 서슴없이 내달리고 있 습니다. 응석받이처럼 정부의 무릎에 올라앉아, 잘 포장된 통조림 가 공식품이나 받아먹으면서 말입니다.

(자신들이 그렇게 살고 있지 않기 때문에) 이런 학교는 아이들에게 그리 스도인답게 생각하며 살아가도록 가르칠 방법을 전혀 갖고 있지 않 습니다. 이것이 바로 소타 기독교 아카데미를 지배하는 가정 가운데 나타나는 핵심 결함입니다. 합당한 그리스도인들이 모여서 함께 학 교를 시작했다면, 자기들 방식대로 그럭저럭 밀고 나갈 수 있었을 거

라고 생각할 수 있습니다. 하지만 그들은 지금 전혀 그렇게 하지 못하고 있습니다. 우리 주 예수 그리스도가 그들의 머리가 아니시기 때문입니다.

회복에 관한 비전

지금까지 상당히 많은 것을 내버렸기 때문에, 우리는 상당히 많은 것을 회복해야 합니다. C. S. 루이스가 이렇게 말한 적이 있습니다.

"우리는 고대 학습법의 두 번째 죽음을 목격하면서 살아왔다. 한때 우리 시대에 모든 교양인들의 소유물이었던 것이 몇몇 전문가의 기술적 성취로 움츠러들고 말았다. … 베르길리우스의 작품을 아버지는 읽을 수 있고 아들은 읽을 수 없는 경우를 찾아본다면, 5세기보다 20세기에서 그런 사람들을 훨씬 더 쉽게, 그리고 많이 찾아낼 수 있을 것이다."[2]

고전 청교도 문화의 맥락에서 고전교육을 회복하자고 진지하게 이야기하고 싶은 사람은 여러 어려움을 겪게 됩니다. 사실 이것은 그다지 놀랄 일이 아닙니다. 기존 토대에서 무언가를 재건하는 것이, 아무것도 없는 데서 시작하는 것보다 더 어렵기 때문입니다.

첫 번째 문제는 너무 명확하다는 것입니다. 우리가 재건해야 하는 이유는, 우리가 자신의 유산을 제대로 이해하지 못하고 있기 때문입니다. 지금까지 잃어버린 것들 때문에 재건이 필요하지만, 너무 많은 것을 잃었기 때문에 어떻게 재건해야 하는지 제대로 알지 못합니다. 그 결과, 교육 개혁을 추구하는 모든 사람에게 끊임없는 겸손이 요구됩니다. 우리는 어떻게 해야 청교도적 서부 개척 시대의 문화로 돌아갈 수 있을지 전혀 모릅니다. 전혀 다른 범주이기는 하지만, 하나님 은혜로 말미암아 어떻게 시작해야 할지 발견할 수 있을 것입니다.

두 번째 어려움은 다른 모든 사람뿐 아니라, 주변을 맴돌면서 끊임없이 교육 개혁가들을 괴롭히는 아주 높은 수준의 문화 문맹률에서 나옵니다. 맹인들의 땅에서, 자신이 맹인이라는 사실을 아는 것은 분명 유익합니다. 극소수만이 고전교육을 제대로 이해하기 때문에, 올바른 방향으로 아주 적은 노력만 기울이더라도 머지않아 개인마다 '전문가'라는 외투를 보상으로 받게 될 것입니다. 자신이 맹인임을 아는 사람은 자신이 보고 있다는 것을 알게 될 때, 오히려 혼란스러워할 수 있습니다. 모든 것이 엉망인 상황에서, 이런 유혹을 피하기란 쉽지 않습니다.

우리는 우리 사회에서 바이올린 연주나 스포츠, 고속도로 건설 분야에서 탁월한 실력을 나타내는 사람이 누구인지 알고 있지만, 순수 문학 분야에서 탁월한 사람이 누구이며 그의 탁월성을 뒷받침해 주는 고전교육이 무엇인지는 모릅니다. 심지어 오늘날의 '교양 있고 유식한' 출판사들조차 각종 쓰레기를 대량으로 생산하고 있을 뿐입니다. 옥스퍼드 출판사의 도서 목록을 읽는 것은, 런던 심포니 오케스트라가 비지스Bee Gees●의 히트곡들을 연주하는 모습을 지켜보는 것

● 1960~1970년대에 전 세계적으로 인기를 얻은 영국의 팝 음악 밴드 – 역자 주

과 똑같습니다.

이 같은 공허함과 만연해 있는 무지를 생각하면, 담배 파이프를 물면서도 라틴어나 헬라어는 배우지 않고, 점잖은 모자를 쓰면서도 집에서 애완동물을 키우지 않고, 모든 것을 과장과 허풍으로 채우는 대신 점잖은 은유는 잃어버린, 허울뿐인 얄팍한 '고전주의자'Classist 를 위한 점포를 열어서 장사나 하고 싶다는 충동이 솟아오릅니다. 그러나 이런 문화재건 과업에 동참하는 모든 사람은, 자신이 강하지만 무지한 야만족Visigoths••이라는 사실을 인정해야 합니다. 그들은 거대한 수로 밑바닥을 서성이면서, 어떻게 그들이 우리에게 침입했는지 의아해할 것입니다. 어쩌다 우리가 그 비밀을 찾아낼 수도 있지만, 당장 그럴 수는 없을 것입니다.

자녀 양육과 후손 교육을 통해 새로운 문화를 재건하기 원하는 현대 그리스도인들은, 현대 교회에 문화 자산이 전혀 없고, 지금 상황이 절망적이라는 고백으로부터 시작해야 합니다. 복음주의 청교도들인 우리는 지난 150년 동안 자신의 문화 자본과 유산을 탕진하고 낭비했습니다. 우리는 우리가 던져버린 엄청난 재산을 절대 그대로 되찾을 수는 없을 것입니다. 우리는 그것을 엉뚱한 곳에 버려둔 것이 아니라, 짙게 화장한 술집 여인들에게 모두 내주고 말았습니다. 이제는 전부 사라지고 없습니다. 되찾기 원한다면, 비싼 대가를 치르고 모두 새로 사야 합니다. 결론적으로, 문화 자산을 온전히 회복하는 것은 그리 수월하게 이루어지지 않을 것입니다.

● 4세기 때 로마에 침입한 서고트족 – 역자 주

회복된 것처럼 연기하거나 비용을 치르고 '고전교육 커리큘럼'을 구매하는 것은 쉽게 할 수 있습니다. 하지만 그것은 무가치한 일입니다. 우리는 문화 회복이 여러 세대에 걸친 탄탄한 언약에 기초한 신실함의 결과라는 사실을 올바로 깨달아야 합니다. 가식적 태도를 보이거나 일단 사 놓고 보겠다는 생각은 이런 엄청난 노력에 우스꽝스러운 위안만 제공할 뿐입니다.

세 번째 문제는 우리 대적인 '평등주의'Egalitarianism입니다. 이것은 자신의 무지를 쉽사리 인정하지 않으려는 만연한 시기심이며, 큰소리로 경각심을 일깨우는 사람도 없이 무작정 교육을 회복하는 과업을 시작하려는 태도입니다.

"도대체 이 사람들은 자신을 누구라고 생각하는가?"

기독교 고전교육 학교들이 전국적으로 늘어나고 있는 상황에서, 가장 흔히 제기하는 질문 중 하나는 이것입니다.

"여러분은 엘리트를 만들려고 애쓰고 있는 것은 아닙니까?"

이렇게 생각하는 사람이 많은 경우, 그 모든 질문에 내놓을 수 있는 모범 답안은 이것입니다.

"아니요. 우리는 단지 다른 아이들과 똑같은 사람을 만들고 싶을 뿐이에요."

무언가 다르게 하고 싶거나 더 나은 사람을 만들고 싶다면, 여러분과 여러분 학교는 허풍을 치고 있는 것입니다.

이런 평등주의 기제는, 아주 효과적이기 때문에, 이런 주제에 관한 분별 있는 토론이 사실상 불가능합니다. 물론 성경적 교육 양상에서는 오만이나 교만, 거만함을 비롯한 것이 전부 배제됩니다. 그리고 물론, 이런 거부는 문화 자산, 고전 학습, 그리스도인다운 성품, 고결한 지성을 회복하려는 시도가 제기한 부득이한 중상모략 때문에 꼭 필요했습니다. 불행하게도, 그 같은 숱한 중상모략들이 교회로부터 제기되었습니다.

하지만, 그것을 좋아하든 좋아하지 않든, 결과적으로 모든 시대에 걸쳐 참된 성경적 교육은, 늘 성경적 기초 위에서 문화적 노력을 아끼지 않으면서 하나님의 문화적 축복 아래 형통하게 되는 그리스도인과, 현대 기독교 잡화점으로 정형화된 문화 고립 지역에 그대로 머물러 있는 그리스도인을 명확하게 구분하며 나타납니다. 한때 우리는 기꺼이 그에 관한 엄청난 대가를 치르면서 거대한 성당까지 지었습니다. 그러나 이제 그곳에서는 귀찮다는 듯 복음을 내팽개치고 있습니다.

그런데도 우리는 지금 굉장한 기회와 변화의 시대에 살고 있습니다. 몇 세대 전, 보편적 공립 교육에 관한 생각이 사실상 거의 모든 사람에게 받아들여졌습니다. 이제, 한때 사회주의자들의 자랑거리였던 교육 체계가 무너지는 바람에, 우리는 자유 시장 경제에 기반을 둔 학교 체제가 시작된다는 시끌벅적한 반응을 모든 곳에서 접하고 있습니다. 사교육은 더는 소수만을 위한 대안이 아닙니다. 다가오는 시대에는 분명히 자유 시장 경제 체제의 교육이 공교육의 실패한 실험을 대체하는 모습을 보게 될 것입니다. 자유 시장에 기초한 대안은 중앙에서 통제하는 것이 아니기에, 아주 다양한 형태와 방식으로 나타날 수 있습니다. 노골적으로 말하자면, 그중 어떤 것들은 정말 나쁜 사상을 대표하기도 하겠지만, 우리는 여전히 시장의 자유를 통해 보호받을 것입니다. 결국, 자유 시장에서 빈약한 생각은 그다지 효력을 발휘하지 못할 것입니다. 학부모는 소비자로서 자기 자녀가 읽거나 쓰거나 올바로 사고하지 못한다는 사실을 깨닫고, 등록금으로 자신의 의사를 표현합니다. 민간 부문의 교육 대안 중에도 좋은 내용이 많이 있지만, 여전히 서로 다른 형태를 취하고 있습니다.

특정 교육이 기독교적이지 않다고 말하는 것은, 본질적 존경심이 결핍되어 있다는 사실을 스스로 드러내는 것입니다. 하나님의 존재와 본성, 속성은 누구도 마음 편히 무시할 수 없는 영역에 속한 것입니다. 존 외콜람파디우스John Oecolampadius●에 관해 들어본 적이 없다 해도, 학생들은 건전한 교육을 받고 있을 수 있습니다. 그러나 하나님이 어떤 분인지 들어본 적 없다면, 그들이 교육받고 있다고 이야기할 수 없을 것입니다. 그리스도인으로서 우리는 기독교 교육이 모든 사람을 위한 것이어야 한다고 강하고 분명하게 주장해야 합니다.

다른 무엇보다, 그리스도는 그분의 복음과 계명이라는 빛 가운데 온 나라와 족속을 제자 삼으라고(교육하라고) 명령하셨습니다. 지상대명령의 요구사항과 교육 과정, 곧 하나님 말씀이라는 빛 가운데 모든 민족을 가르치는 과정을 분리하는 일은 불가능합니다. 이것은 고전교육의 경우에도 마찬가지입니다.

고전교육을 모든 학생에게 일일이 적용해서 보편화하는 것도 바람직하지는 않습니다. 동시에, 또 다른 의미로, 고전교육은 모든 사람을 위한 것입니다. 모든 가정이 반드시 자녀에게 고전 기독교 교육을 할 필요는 없지만, 미국 문화는 서부 개척 시대의 유산에서 철저

● 16세기 독일의 종교개혁가 – 역자 주

히 교육받은 수많은 미래 지도자를 키워내야 합니다. 그러므로 기독교 고전교육 학교의 목표는, 서부 개척 시대의 역사와 교양 가운데 자녀들을 그 같은 지도자와 사상가로 길러내기 원하는 부모들을 지원하는 것이어야 합니다. 이런 일이 이루어질 때, 모든 사람이 엄청난 혜택을 누리게 될 것입니다.

우리는 고전 기독교 교육이 아직 시대를 앞선 개념이라고 생각합니다. 이런 이상을 추구하는 소수 학교는 수평선에 떠 있는 구름 조각처럼 한 줌밖에 되지 않습니다. 주님이 자비를 베푸신다면, 훨씬 더 많은 오늘날의 아합 왕들이 우리처럼 그것에 젖어 들 것입니다.

부모들을 향한 부르심

작금의 교육 위기에 대한 해답은 오로지 하나님 말씀에 따라 부모가 주님 앞에서 자신의 역할을 제대로 회복하는 것뿐입니다. 그 성경적 해답은, 하나님이 자신에게만 부여하신 자녀 교육과 양육의 책임을 생각하는 부모에게서 찾을 수 있을 것입니다. 학교나 주간 보육 시설을 통해서는 이 과업을 이룰 수 없습니다.

여기에는 세 가지 주요한 고려 사항이 포함됩니다. 첫 번째, 그리스도인 부모는 기도하는 가운데 하나님이 자신에게 자녀들에 대한 책임을 부여하셨다고 인정하고 고백해야 합니다. 두 번째, 이 같은 회개와 일맥상통하는 모든 적절한 조치를 취해야 합니다. 이것은 우리 아이들을 공립학교뿐 아니라, 공립학교와 별반 다르지 않은 사립학교에서 빼내는 것을 의미합니다. 또한 이것은 어제로부터 아이들을 빼내는 것도 의미합니다. 공립학교는 하나님에게 맞서 전면적 반역을 일삼고 있으며, 그리스도인들도 거기 동참하면서 끈질기게 연명하고 있습니다. 세 번째, 날마다 하나님 말씀을 아이들에게 가르침으로써 그들 삶에 부모가 끊임없이 동참해야 합니다. 가정과 교회와 사립 기독교 학교에서, 부모는 아이들이 성경의 방식대로 교육받고 있는지 세심하고 부지런히 살펴야 합니다.

학교 교육의 실패에 대한 책임을 부모가 감당할 때까지, 교육계의 참다운 개혁을 기대하기 힘들 것입니다. 그런 성경적 책임을 감당할 때, 우리는 부모가 자기 아이를 팔아넘기게 만드는 국가의 오래된 시도가 완전히 몰락하는 광경을 머지않아 목도하는 특권을 누리게 될 것입니다.

기독교 고전교육을 더 깊이 연구하는 데
도움이 되는 추천 도서

이 목록은 기독교 고전교육이라는 보편적 주제에 관한 독서를 시작하려는 이들을 위한 것이다. 필요한 책을 전부 모아놓은 완벽한 버전은 아니지만, 이 목록은 진지하게 고전교육을 연구하려는 이들을 매우 유익한 독서 과정으로 인도하며, 심화 읽기와 병행 읽기로 이끌기 충분할 것이다. 물론 기독교 고전학교 연합과 이 책에 참여한 강사들이 여기 소개한 책들의 내용 전부에 동의하고 지지하는 것은 아니다. 하지만 이 자료들은 여러분이 기독교 고전교육 학교를 설립하려고 할 때 어마어마한 진가를 발휘할 것이다.

성경

어거스틴(Augustine)__ 《On Christian Doctrine》, Great Books of the Western World Series, vol. Chcago: William Benton, 1952, 621-698.

《City of God》 New York: Image Books, 1958. (하나님의 도성, CH북스, 2016)

John Milton__ 《Areopagitica and Of Education》, Northbrook: AHM Publishing, 1951.

R. L. Dabney__ 《On Secular Education》, Moscow: Canon Press, 1989.

Douglas Wilson__ 《Recovering the Lost Tools of Learning》, Wheaton: Crossway Books, 1991.

Dorothy Sayers__ 〈The Lost Tools of Learning〉, 위의 책 《Recovering the Lost Tools of Learning》 부록에 포함되어 있다.

존 밀턴 그레고리(John Milton Gregory)__ 《The Seven Laws of Teaching》, Grand Rapids: Baker, 1979. (가르침의 절대법칙 7가지, 진흥, 2005)

Rudolph Flesch__ 《Why Johnny Can't Read》, New York: Harper & Row, 1955.

C. S. 루이스(C. S. Lewis)__ 《The Abolition of Man》, New York: Macmillan, 1955. (인간 폐지, 홍성사, 2019)

John Gresham Machen__ 《Education, Christianity and the State》, Jefferson: The Trinity Foundation, 1987.

Rousas Rushdoony__ 《The Messianic Character of American Education》, Nutley: The Craig Press, 1963.

Stephen Perks__ 《The Christian Philosophy of Education Explained》, Whitby: Avant Books, 1992.

Charles Cochrane__ 《Christianity & Classical Culture》, Oxford: Oxford University Press.

Douglas Jones and Douglas Wilson__ 《Angels in the Architecture: A Protestant Vision of Middle Earth》, Moscow: Canon Press, 1998.

Christopher Dawson__ 《Religion and the Rise of Western Culture》, New York: Image Books, 1957.

존 칼빈(John Calvin)__ 《Institutes of the Christian Religion》, Grand Rapids: Eerdmands, 1989. (기독교 강요, CH북스, 2015)

Richard Weaver__ 《Ideas Have Consequences》, Chicago: University of Chicago Press, 1995.

웨슬리 캘러헌(Wesley Callihan)__ 《Classical Education and the Home School》. Moscow: Canon Press, 1995. (고전교육으로 홈스쿨하기, 꿈을이루는사람들, 2012)

J. C. 라일(J. C. Ryle)__ 《Holiness》, Durham: Evangelical Press, 1995〔1879〕. (거룩, 복있는사람, 2009)

닐 포스트먼(Neil Postman)__ 《Amusing Ourselves to Death》. New York: Penguin Books, 1985. (죽도록 즐기기, 굿인포메이션, 2009)

Herbert Schlossberg__ 《Ideas for Destruction》, Wheaton: Crossway, 1990.

데이비드 웰스(David Wells)__ 《No Place for Truth》. Grand Rapids: Eerdmands, 1989. (신학실종, 부흥과개혁사, 2006)

어빙 코피(Irving Copi)__ 《Introduction to Logic》, New York: Macmillan, 1978. (논리학 입문, 이

론과실천, 1997)

David Kelly__ 《The Art of Reasoning with Symbolic Logic》, New York : W.W. Norton &Co., 1990.

Patrick Hurley__ 《A Concise Introduction to Logic》, Belmont : Wadsworth Pub. Co., 1991.

Bergmann, Moor, Nelson__ 《The Logic Book》, New York : McGraw-Hill Pub. Co., 1990.

Douglas Wilson and James Nance__ 《Introductory Logic》, Moscow : Canon Press, 1990.

James Nance__ 《Intermediate Logic》, Moscow : Canon Press, 1990.

존 프레임(John Frame)__ 《The Doctrine of the Knowledge of God》, Phillipsburg : Presbyterian and Reformed Publishing Co., 1987. (신지식론, P&R, 2020)

《Apologetics to the Glory of God》, Phillipsburg : Presbyterian and Reformed Publishing Co., 1994.

모티어 아들러(Mortimer Adler)__ 《How to Read a Book》, New York : Simon & Schuster, 1940. (독서의 기술, 범우사, 2010)

호메로스(Homer)__ 《일리아드》(Iliad)와 《오디세이》(Odyssey). 다양한 번역본을 만나볼 수 있다.

베르길리우스(Virgil)__ 《The Aeneas》. (아이네이스, 숲, 2007)

셰익스피어(Shakespeare)__ 《햄릿》(Hamlet), 《맥베스》(Macbeth), 《헛소동》(Much Ado About Nothing). 다양한 번역본을 만나볼 수 있다.

피터 J. 라잇하르트(Peter J. Leithart)__ 《Brightest Heaven of Invention : A Christian Guide to Six Shakespeare's Play》, Moscow : Canon Press, 1996. (기독교 세계관으로 본 셰익스피어, 꿈을 이루는사람들, 2016)

Gene Edward Veith__ 《Reading Between the Lines》, Wheaton : Crossway, 1990.

《Postmodern Times》, Wheaton : Crossway, 1994.

《State of the Arts》, Wheaton : Crossway, 1991.

아리스토텔레스(Aristotle)__ 《아리스토텔레스 수사학》(Art of Rhetoric), 다양한 번역본을 만나볼 수 있다.

퀸틸리아누스(Quintilian)__ 《Institutio Oratoria》. (스피치교육:변론법 수업, 민지사, 2014)

Cicero__ 《Ad Herennium》, 다양한 형태의 책들을 만나볼 수 있다. 전통적으로 키케로의 작품으로 알려져 있다.

주

1강. 교육 영역에서 성경적 세계관이 중요한 이유

1. Cornelius Van Til, 《Foundations of Christian Education》, Phillipsburg: Presbyterian and Reformed Publ. Co., 1988, 4. (개혁주의 교육학, CLC, 2011)

2. John Gresham Machen, 《Education, Christianity and the State》, Jefferson: The Trinity Foundation, 1987, 50.

3. R. L. Dabney, 《On Secular Education》, Moscow: Canon Press, 1993, 12.

4. Mortimer Adler, 《Reforming Education》, New York: Collier Books, 1990, 179.

2강. 교육 영역에서 개인 성결이 중요한 이유

1. 이 기준들은 각 학교에서 권위의 자리에 있는 모든 사람에게 적용된다. 로고스학교의 여섯 가지 기본 목표 중 이런 것이 있다.

"교직원과 운영위원회를 통해 성경적 그리스도인의 삶에 관한 확실한 본을 제시하라"(마 22:37-40). 로고스학교 정책 매뉴얼 2.3.

3강. 기독교 학교에서의 경건한 징계

1. 징계에 관한 성경적 철학을 형성하는 과정에서 브루스 레이(Bruce A. Ray)의 《Withhold Not

Correction》(교정을 미루지 마라)이라는 책에서 아주 실제적인 도움을 받았다. 로고스학교에서는, 특히 자녀가 없는 새로운 교직원의 경우, 직무 예비 교육의 일환으로 반드시 이 책을 읽어야 한다. 이 책은 새로운 교직원에게 징계에 관한 성경적 기초와 철학을 이해하도록 도와준다. 또한 더글라스 윌슨의 책《말씀 위에서 양육하라》(Standing on the Promises, 꿈을이루는사람들 역간)나 훈계에 관한 정보로 가득한 구약성경 잠언도 도움이 될 것이다.

2. 징계 정책의 샘플을 로고스학교에서 구할 수 있다. https://logosschool.com

3. 윌리엄 셰익스피어,《베니스의 상인》(The Merchant of Venice).

4강. 교육을 통해 그리스도의 주권 가르치기

1. 여기서 우리는 기독교 인식론과 '다른 형태의 유신론에서 견지하는' 인식론을 구분하게 된다. 그리스와 로마의 신들, 극동 지방의 여러 신(가령, 힌두교)은 스스로 진위를 주장하지 못한다. 심지어 로마 가톨릭의 하나님 개념조차, 토마스 아퀴나스에 따르면, '존재'에 관한 좀 더 궁극적 개념과 유기적으로 연관해서 설명된다. 그러므로 가톨릭의 하나님은 스스로 진위를 주장하지 못한다. 하나님에 관한 적절한 이해, 그에 따른 건전한 인식론을 위한 기초는 오직 고전 청교도 신학에서만 올바로 유지된다.

5강. 적용 사례: 성경적 세계관과 수학 수업

1. Balbir Singh,《The Philosophy of the Upanishads》, New Delhi: Arnold-Heinemann Publishers, 1983, 92.

2. Morris Kline,《Mathematics and the Search for Knowledge》, New York: Oxford University Press, 1985, 227. (지식의 추구와 수학, 이화여자대학교출판문화원, 1998)

3. 많은 사람이 이것을 그 유명한 피보나치 수열(Fibonacci sequence)로 알고 있을 것이다. 이 수열은 13세기에 피사의 레오나르도(Leonardo of Pisa)가 발견했다.

4. Norman Campbell,《What is Science?》, New York: Dover Publications, 1953, 71.

5. Eugene Wigner,《Symmetries and Reflections: Scientific Essays》, Bloomington & London: Indiana University Press, 1967, 223.

유진 위그너는 계속해서 이렇게 말한다.

"훌륭한 수학자는 충분히, 거의 냉정하게, 이성적 추론이 허용되는 영역을 활용하며, 그것이 허용되지 않는 영역을 피하고 있다. 수학자의 무모함이 그 사람을 온갖 모순으로 가득한 수렁에 빠지도록 이끌지 않는다는 사실 자체가 기적이다. 분명 다윈의 자연 선택 과정설로, 존재하는 것처럼 보이는 추론 능력이 완전한 수준에 도달했다고 믿기란 매우 어렵다. 그러나 이것은 지금 우리가 다뤄야 할 주제는 아니다."

6. Morris Kline, 앞의 책, 146.

7. Nicolaus Copernicus,《Revolutions of Heavenly Spheres》, Great Books of the Western World Series vol.16, Robert M. Hutchins ed., Chicago:Encyclopedia Britannica, 1952, 510.

8. Isaac Newton,《Mathematical Principles of Natural Philosophy》, Great Books of the Western

World Series vol. 34, 369-370.

9. 《Leibniz Selections》, Philip Wiener ed., New York: Charles Scribner's Sons, 1951. Gottfried Leibniz, 《Ethics, Law, and Civilization》, 596.

10. Cornelius Van Til, 《A Christian Theory of Knowledge》, Philadelphia: Presbyterian and Reformed Press, 1953, 193. James Nickel, 《Mathematics: Is God Silent?》, Vallecito: Ross House Books, 1990, 73에서 인용.

11. Vern Poythress, 《Foundations of Christian Scholarship: Essays in the Van Til Perspective》, Gary North ed., Vallecito: Ross House Books, 1979), 176.

12. Cornelius Van Til, 《An Introduction to Systematic Theology》, Philadelphia: Presbyterian and Reformed Publishing Co., 1974, 65. (조직신학 서론, 크리스찬출판사, 2009)

13. Plato, 《The Republic》, Great Books of the Western World Series vol.7, Robert M. Hutchins ed., Chicago: Encyclopedia Britannica, 1952, 393. 〔'국가(론)'라는 제목으로 다양한 번역본이 있다〕

14. 이런 사항을 고려해서, 로고스학교는 고등학교 수학 프로그램으로 스콧 포스맨(Scott Foresman)이 쓴 〈The University of Chicago School Mathematics Project〉라는 커리큘럼을 선택했다.

15. 이 강의에 등장한 많은 개념과 논증은, 제임스 니켈의 책 《Math: Is God Silent?》에서 가져온 것들이다.

6강. 평등주의: 우리의 대적

1. C. S. Lewis, 《The Screwtape Letters》, New York: Macmillan, 1959, 167-168. (스크루테이프의 편지, 홍성사, 2018)

2. R. L. Dabney, 《On Secular Education》, Moscow: Canon Press, 1993, 26.

3. Neil Postman, 《Amusing Ourselves to Death》, New York: Penguin Group, 1985, 142-154. (죽도록 즐기기, 굿인포메이션, 2020)

4. Daniel Seligman, 《A Question of Intelligence》, New York: Birch Lane Press, 1992, 74.

7강. 고전교육 모델: 트리비움

1. The Inside Track, 〈International Learning Systems〉, 1995. 11.

9강. 일곱 가지 교육 법칙

1. John Milton Gregory, 《The Seven Laws of Teaching》, Grand Rapids: Baker, 〔1884〕 1995. (가르침의 절대법칙 7가지, 진흥출판사, 2005)

10강. 논리 교육의 목적과 방법

1. James McCosh, 《The Laws of Discursive Thought》, Robert Carter & Borthers. 뉴욕에서 출판된 매우 훌륭한 논리학 교과서이자 소책자다.

2. 논리학에서 논증(Argument)이라는 말은 '가열된' 논쟁이 아니라, 일련의 진술, 곧 (그 결론이) 다른 것들(전제들)로 말미암아 함축적으로 나타나게 하는 것을 의미한다.

3. 이것이 수학을 언급하는 것이기는 하지만, 나는 논리학이 수학과 같은 종류인지, 아니면 그 반대인지에 관한 해묵은 논쟁을 피하려고 한다. 물론 그런 논쟁이 존재한다는 사실 자체는 여러분도 알고 있어야 한다.

4. Douglas Wilson, 《Recovering the Lost Tools of Learning》.

5. Douglas Wilson, 위의 책.

6. Augustine, 《On Christian Doctrine》.

7. John Frame, 《The Doctrine of the Knowledge of God》, Phillipsburg : Presbyterian and Reformed Publishing Co., 1987, (신지식론, P&R, 2020)

8. 요한복음 1장 1절과 비교해보라. 고든 클라크(Gordon Clark)는 자신의 책《Logic》(논리학, The Trinity Foundation, 1988)에서 요한복음 1장 1절의 '말씀'(Logos)을 '논리'(Logic)로 직접 번역했다. 나는 개인적으로 그의 번역이 그리 편하게 느껴지지 않는다.

9. Charles Hodge, 《Systematic Theology》, Grand Rapids: Eerdmans, 1986.

10. Douglas Wilson, 앞의 책.

11. 이런 식으로 책을 읽는 다양한 기술은, 모티머 애들러의 책《독서의 기술》, (How To Read a Book, New York : Simon & Schuster, 1972)에 효과적으로 묘사되어 있다(8장과 9장).

11강. 라틴어 교육의 목적과 방법

1. Kelsey, 《Latin and Greek in American Education》, New York : Macmillan, 1911, 24.

2. 《아이네이드》(Aeneid)는 아이네이아스의 모험담을 실은 로마의 시인 베르길리우스(Virgil, 70-19 B.C.)의 불멸의 서사시다. 아이네이아스는 안키세스와 사랑의 여신 아프로디테 사이에 태어난 트로이의 왕자이며 용사다. 트로이가 망하자 아이네이아스는 트로이를 떠나 여기저기 지중해를 헤매다가 아프리카의 카르타고에서 배가 좌초했고, 그곳에서 여왕 디도와 사랑에 빠진다. 그러나 제2의 트로이 건설을 위해 카르타고를 떠나라는 신들의 계시로 중대 선택을 해야 하는 기로에 선다. 결국 그는 신의 명령을 따라 지금의 이탈리아로 가서 그곳에서 로마의 위대한 창시자가 된다. 여왕 디도는 자신을 떠나려고 하는 연인에게서 환멸을 느끼고 자살한다. - 역자 주

3. Roy Atwood & Douglas Wilson, 《A Quest for Authentic Higher Education》, Moscow : Canon Press, 1996, 28.

4. "가톨릭계 교구 부속학교에서 라틴어를 이수한 사람이라면, 라틴어 알파벳 'V'를 영어 알파벳 'V'처럼, 이중모음 'ae'를 '선데이'(sundae)에서처럼, 시저(Caesar)를 '케이사르'(CHAY-sahr)처럼 발음하라고 배웠을 것이다. 그렇다면 여러분은 라틴어 순수주의자들, 고전에 통달한 척하는 사람들, 또는 알아듣기 힘든 전문용어를 따분하게 지껄이는 부류의 사람들에게 혹평받게 되겠지만, 바티칸 주변 음식점에서는 그럴싸한 대접을 받을지도 모르겠다." Henry Beard, 《Latin for All Occasions》, New York : Villard Books, 1990, xvii.

5. Sayers, 〈The Teaching of Latin : A New Approach〉, 《The Poetry of Search and the Poetry of

Statement》, London : Golancz, 1963, 190.

6. C. S. Lewis, 《English Literature in the Sixteenth Century》, London : Oxford University Press, 1954, 21.

도로시 세이어즈도 동일한 요점을 강조한다.

"그러나 비록 오늘날 거의 소멸한 상태라도, 그건 단지 고전 학자들이 라틴어를 지나치게 사랑한 나머지 고사시켰기 때문에 그렇게 된 것이다." 도로시 세이어즈, 위의 글.

7. 나는 라틴어 발음이, 제한된 일부 사람에게만 그렇겠지만, 아주 중요한 특정 영역이 있다는 점을 인정할 수밖에 없다. 고등학생 시절부터 고전 공부에 탁월함을 보여서 대학에서도 고전을 전공하려는 학생들에게, 발음법은 라틴어 시가의 운율을 배우는 데 매우 중요하다.

12강. 역사 교육의 목적과 방법

1. W. John Cook, ed., 《The New Testament: Its Literature and History》, Edinburgh: The Banner of Truth Trust, 1976, 10.

2. Croiset, 〈How and Wells〉, 《A Commentary on Herodotus》, London : Oxford, 1928, vol. 1, 53.

3. Diodorus of Sicily, 《Library of History》, C. H. Oldfather trans., Cambridge:Harvard University Press : Loeb Classical Library, 1933, 5, 7.

4. Polybius, 《The Histories of Polybius》, W. R. Paton trans., Cambridge: Harvard University Press : Loeb Classical Library, 1928, vol. 1, 3.

5. Thucydides, 《History of the Peloponnesian War》, Charles Forster Smith trans., Cambridge : Harvard University Press : Loeb Classical Library, 1928, vol. 1, 39. (펠로폰네소스 전쟁사, 숲, 2011)

6. 위의 책, 41.

7. Livy, 《The Early History of Rome》, Aubrey de Selincourt trans., London: Penguin, 1971, 34.

8. Diodorus, 앞의 책, 6-8.

9. J. H. Merle D'Aubigne, 《History of the Reformation》, New York : American Tract Society, 1835, vol. 1, 21.

10. Philip Schaff, 《History of the Christian Church》, Grand Rapids : Eerdmans, [1910] 1991, vol. 1, 2.

11. Tacitus, 《Annals XV.44》, John Jackson trans., Cambridge : Harvard University Press :Loeb Classical Library, 1937, vol. 5, 283.

12. John Gresham Machen, 《Christianity and Liberalism》, Grand Rapids:Eerdmands, 1923, 121.

13. John Gresham Machen, 《The Virgin Birth of Christ》, New York : Harper & Row, 1930, 385.

14. 〈History and Faith〉, 《What is Christianity?》, Ned Stonehouse ed., Grand Rapids : Eerdmans, 1951, 170.

13강. 문학 교육의 목적과 방법

1. C. S. Lewis, 《The Quotable Lewis》, Wheaton : Tyndale House, 1989, 181.

2. C. S. Lewis, 《The Weight of Glory》, Grand Rapids: Eerdmans, 1965, 52. (영광의 무게, 홍성사, 2019)

3. "문학에 등장하는 모든 상황은 어느 정도든 삶으로 스며들기 마련이다." C. S. Lewis, 《The Allegory of Love》, Oxford: Oxford University Press, 1936, 130.

4. T. S. Eliot, 《The Great Critics》, New York: Norton & Co., 1951, 730.

5. C. S. Lewis, 위의 책, 46.

6. 지금은 혁명이 필요할 때다. 전 세계의 난독증 환자들이여, 속박에서 벗어나라!

7. 한 컨퍼런스에서 나는, 내가 기억하기로는, 통문자 접근법이 함정이라고 부드럽게(!) 비평했다. 강의를 마친 뒤에 널리 알려진 복음주의 기독교 대학을 갓 졸업한 학생과 이야기를 나눴는데, 바로 그 통문자 접근법을 학교에서 배웠기 때문에, 상당히 당혹스러워했다. 여러분도 항상 세심하게 주의를 기울이기 바란다.

8. C. S. Lewis, 《The Discarded Image》, London: Cambridge University Press, 1964, 214. (폐기된 이미지, 비아토르, 2019)

9. C. S. Lewis, 《The Quotable Lewis》, Wheaton: Tyndale House, 1989, 181.

10. 이 규범에 관한 적절한 토론은 해럴드 블룸(Harold Bloom)의 책 《The Western Canon》(New York: Harcourt Brace & Company, 1994)에서 만나볼 수 있다. 블룸의 불신앙 때문에 결과적으로 다소 엉뚱한 분석을 내놓고 도저히 믿을 수 없는 배제를 당하기도 하지만, 이 책은 충분한 담론에 필요한 토양을 제시한다. 게다가 마지막 부분에는 멋진 출발을 가능하게 해줄 도서 목록이 포함되어 있다.

11. C. S. Lewis, 《An Experiment in Criticism》, London: Cambridge University Press, 1964, 141. (오독, 홍성사, 2021)

14강. 수사학 교육의 목적과 방법

1. Stanley Bonner, 《The Education in Ancient Rome》, Berkeley: University of California Press, 1977, 11.

2. "나는 수사학자나 웅변가의 기술이 반드시 빈약해야 한다고 생각하지 않는다. (그리고 지금까지 어떤 위대한 문명에서도 그렇게 생각해본 적이 없었다) 물론 다른 대다수 기술과 마찬가지로, 그 기술이 사악하게 사용될 가능성은 존재하겠지만, 그 자체만으로는 매우 고귀한 것이다."
C. S. Lewis, 《A Preface to Paradise Lost》, London:Oxford University Press, 1942, 53. (실락원 서문, 홍성사, 2015)

3. Nancy McPhee, 《The Book of Insults》, New York: Penguin, 1978, 124-125.

4. Peter Dixon, 《Rhetoric》, New York: Methuen, Inc., 1971, 2.

5. Peter Dixon, 위의 책, 23.

6. Peter Dixon, 위의 책, 30.

15강. 변증학 교육의 목적과 방법

1. 파스칼에 관한 말콤 머거리지(Malcolm Muggeridge)의 이 같은 논평을 찬찬히 곱씹어 보라.

   "모든 진실한 신자들과 마찬가지로, 파스칼은 깊이 회의했다. 파스칼의 지성은 경이로울 정도로 엄격하고 비판적이었다. 신자들은 쉽게 속는 감성적인 사람들이며, 당신이 회의적 지성을 갖추기 위해서는 물질주의자와 과학주의자와 인본주의자가 되어야 한다는 것은 20세기의 여러 환상 가운데 하나일 뿐이다. 하지만 정확히 그 반대가 사실이다."

   Malcolm Muggeridge, 《The End of Christendom》, Grand Rapids:Eerdmans, 1980, 4.

16강. 권위의 이해: 정관, 정책, 지침

1. 로고스학교 정관(Logos School By-Laws), 8조 8항.

17강. 커리큘럼 계획과 감독

1. 역사 교육의 추세를 더 철저하게 조사하려면, Wallbuilders 사이트를 참고하라. www.wallbuilders.com

18강. 기독교 학교의 섬김

1. 여기에서 본래 목적에서 약간 벗어나긴 하지만, 누가 '기독교적' 깃발이나 성경에 '경례하는' 행위에 관해 성경적으로 변호하기 위해 내게 기꺼이 설명해줄 수 있을까? 지금은 거기까지 다루지 않을 것이다.

19강. 학교와 부모의 소통: 친권위임론 원리

1. Blackstone, 〈Commentaries on the Laws of England〉, Arval A. Morris, 《The Constitution and American Public Education》, Durham: Carolina Academic Press, 1989, 277.
2. Arval A. Morris, 위의 책, 277.

20강. 학교 설립의 시작 단계들

1. Douglas Wilson, 앞의 책.
2. 국가 인정을 다루고 있는 이 책의 18강을 참고하라.

나가며

1. Rousas Rushdoony, 《The Messianic Character of American Education》, Nutley: The Craig Press, 1963, 29.
2. C. S. Lewis, 《The Quotable Lewis》, Wheaton: Tyndale House, 1989, 178.

옮긴이 임종원

홈스쿨 운동가이자 기독교 번역가이다. 침례신학대학교 신학대학원(M. Div.)을 졸업했으며, 교회 공동체·직장 공동체·가정 공동체가 통합된 공동체를 세우려는 비전을 품고, '왕립가정공동체 홈스쿨'을 운영하며 다양한 사역을 펼치고 있다. 홈스쿨 연구·훈련·자문 사역 기관 '원안크로스+'와 교회·가정·지역 모임·기관의 건강한 홈스쿨 생태계 형성을 위한 네트워크 GPN(Godly Parenting Network)을 섬기고 있으며, 역서로는《우리 자신》,《샬롯 메이슨 교육을 만나다》(이상 꿈을이루는사람들),《홈스쿨링을 시작하는 어머니가 꼭 알아야 할 것들》,《홈스쿨링을 시작하는 아버지가 꼭 알아야 할 것들》(이상 카리스) 외 다수가 있다.

기독교 고전교육을 말하다

초판 1쇄 발행 2013년 1월 14일
개정판 1쇄 발행 2022년 9월 2일

엮은이 더글라스 윌슨
옮긴이 임종원

펴낸곳 ㈜디씨티와이북스
출판등록 제16-3821호
주소 (06258) 서울시 강남구 도곡로 110
전화 02-529-7722
팩스 02-571-5353
홈페이지 www.dctybooks.co.kr
전자우편 dcty@dctybooks.co.kr
ISBN 978-89-6804-064-1 03230